Ron Rhodes

Endzeit-Supertrends
Eine politische, wirtschaftliche
und kulturelle Prognose
zukünftiger Ereignisse

Ron Rhodes

Endzeit-
Supertrends

Eine politische, wirtschaftliche
und kulturelle Prognose
zukünftiger Ereignisse

Drei meiner früheren Mentoren
am Dallas Theological Seminary
in Dankbarkeit gewidmet,
die jetzt nicht mehr im Leib,
sondern daheim beim Herrn sind:

John F. Walvoord
J. Dwight Pentecost
Charles C. Ryrie

DANKSAGUNG

Dieses Buch ist drei ehemaligen Dozenten am Dallas Theological Seminary gewidmet, die dort in den 1980er-Jahren meine Mentoren waren: John F. Walvoord, J. Dwight Pentecost und Charles C. Ryrie. Alle drei sind nun in der himmlischen Herrlichkeit. Die weise Belehrung eines jeden dieser drei Männer hat eine entscheidende Rolle dabei gespielt, meine Ansichten über biblische Prophetie zu prägen. Erst die Ewigkeit mag zeigen, wie vielen Menschen diese Männer durch ihren jahrelangen Lehrdienst zum geistlichen Segen waren.

Weiter gilt mein überreicher Dank Kerri, nicht allein für den Segen, der sie mir als meine Ehefrau ist, sondern auch als Mutter unserer inzwischen erwachsenen Kinder David und Kylie. Worte können gar nicht angemessen genug beschreiben, welcher Segen sie für einen jeden von uns ist. Sie ist «eine tugendhafte Frau», die «weit mehr wert als Perlen» ist (Spr 31,10). Sie hat mir und meiner Arbeit beständig und treu zur Seite gestanden, und ohne sie könnte ich mich nicht derart engagiert dieser Arbeit im geistlichen Dienst widmen.

Mehr aber als allen anderen gilt meine tiefste Dankbarkeit und Wertschätzung unserem Herrn Jesus Christus, der selbst der Dreh- und Mittelpunkt biblischer Prophetie ist. Möge Er durch dieses Buch verherrlicht und erhöht werden.

Herr, komm bald!

Endzeit-Supertrends
Eine politische, wirtschaftliche und kulturelle Prognose zukünftiger Ereignisse
Ron Rhodes

Originally published in English under the title:
End-Times Super Trends
Copyright © 2017 by Ron Rhodes
Published by Harvest House Publishers
Eugene, Oregon 97402
www.harvesthousepublishers.com

Copyright deutsche Ausgabe:
Verlag Mitternachtsruf
Ringwiesenstrasse 12 a
CH-8600 Dübendorf

1. Auflage 2019 (Koproduktion)

Verlag Mitternachtsruf, CH-8600 Dübendorf
www.mitternachtsruf.ch
Bestell-Nr. 180152
ISBN 978-3-85810-491-5

Christliche Verlagsgesellschaft GmbH, DE-35683 Dillenburg
www.cv-dillenburg.de
Bestell-Nr. 271 642
ISBN 978-3-86353-642-8

Bibelzitate folgen meist der Schlachter Version 2000. Weitere verwendete Bibelausgaben:
Elberfelder Bibel 2006; Lutherbibel 1984; Die Heilige Schrift, übersetzt von Hermann Menge
(1939); Neue Genfer Übersetzung; Zürcher Bibel 2007/2008.

Übersetzung aus dem Amerikanischen: Uli Dossim
Umschlag, Satz und Layout: Cicero Studio AG, CH-9442 Berneck, www.cicero-studio.ch
Herstellung: GU-Print AG, CH-6312 Steinhausen
Bildnachweis Titelseite: shutterstock.com/Kutlayev Dmitry

INHALT

ENDZEIT-SUPERTRENDS: EINE EINFÜHRUNG

Viele Trends, die wir heute beobachten, sind verstörend. Die Barna-Gruppe kommt nach einer ausgiebigen Studie im Jahr 2016 zu dem Schluss: «Vom verstocktesten Sozialkritiker bis zur optimistischsten Kirchgängerin erkennen die Amerikaner, dass sie in gefährlichen und verwirrenden Zeiten leben. Die Beweise dafür sind allgegenwärtig und unleugbar.»[1] Nachfolgender Text fasst zusammen, was Amerikaner heute gewöhnlich erfahren:

Die Wahrscheinlichkeit, dass Terrorismus immer näher am eigenen Zuhause zuschlägt, schürt erhebliche und zunehmende Ängste. Immer weniger amerikanische Eltern seit Beginn wissenschaftlicher Meinungsumfragen glauben, dass ihre Kinder es einmal besser haben werden als sie selbst. Gewaltverbrechen sind mittlerweile alltäglich, während das Vertrauen in die Polizei abstürzt. Das Misstrauen gegenüber der Regierung, sozialen Einrichtungen und Firmen liegt auf Rekordhöhe. Die Leute empfinden wie nie zuvor, dass sie zu Opfern werden, machtlos sind und sozial abgehängt werden. Klimawandel und andere Umweltprobleme verwirren die Menschen und verstärken ihren Eindruck, dass die Welt aus den Fugen gerät. Die nukleare Bewaffnung von Amerika feindlich gesinnten Nationen wie dem Iran, Russland und Nordkorea verstärkt das öffentliche Angstgefühl noch. Religion hat sich von etwas

---

[1] George Barna, *America at the Crossroads* (Grand Rapids, MI: Baker Books, 2016), S. 9.

Friedensstiftendem, Sinngebendem und Ordnungsstiftendem zu einer Quelle von Spaltung und Verwirrung gewandelt.[2]

Liebe Freunde, je besser ich die biblische Prophetie verstehe, desto klarer wird mir, dass wir in den letzten Tagen leben. Die prophetischen «Zeichen der Zeit» (Zeichen, die die derzeitigen prophetischen Trends begleiten) führen mich zu diesem Schluss. Ein «Zeichen der Zeit» ist ein Ereignis von prophetischer Bedeutsamkeit, das auf die Endzeit hinweist. Man könnte sagen: Die Zeichen der Zeit, die in der Bibel geschrieben stehen, sind sozusagen Gottes «Intel in Advance»[3], die uns zeigen, wie die Welt aussehen wird, wenn die letzten Tage anbrechen.

Falls wir jetzt wirklich in den «letzten Tagen» leben, sollten wir erwarten, dass sich bestimmte Entwicklungen in der Welt vor unseren Augen vollziehen – Entwicklungen, welche die Schrift ausdrücklich für die letzten Tage voraussagt. Zu diesen Entwicklungen zählen: der Abfall von der Wahrheit; das weitverbreitete Annehmen von Irrlehren; ein bezeichnender moralischer Verfall; zunehmende Toleranz gegenüber allem Bösen; das weitverbreitete Überhandnehmen einer Vielzahl sexueller Sünden und Perversionen; eine stetige Verschlechterung der Glaubensfreiheit; die weltweite Verfolgung des Volkes Gottes; dass Israel zum Pulverfass für den Weltfrieden wird; immer weiter verschärfte Konflikte im Nahen Osten; Bemühungen um den Wiederaufbau des jüdischen Tempels; dass der Weg für eine massive Invasion islamischer Nationen in Israel geebnet wird; eine stetig zunehmende Globalisierung; politische und wirtschaftliche Schritte hin zur Wiederherstellung des Römischen

---

[2] Ebd., S. 9–10.
[3] Wörtlich: «Intel im Voraus»; Name einer Forschungsabteilung beim Computerchip-Hersteller Intel (Anm. d. Übers.).

Reiches (den Vereinigten Staaten von Europa); die Einführung eines rein bargeldlosen Zahlungssystems, um die totale Kontrolle der Weltwirtschaft durch den Antichrist während der Drangsalszeit vorzubereiten, und vieles mehr. Es ist ernüchternd – *ja, sogar etwas beängstigend* – zu erkennen, dass all diese Trends in unseren Tagen eintreten. Das werde ich im vorliegenden Buch beweisen.

Trends sind wichtig

Trends sind wichtig. Sie helfen uns oft, klarer zu verstehen, was in unserer Welt geschieht, und sie helfen uns, wichtige Entscheidungen zu treffen.

- Wirtschaftstrends helfen sowohl der Regierung als auch der Wirtschaft, im Blick auf die Zukunft finanzielle Entscheidungen zu treffen.
- Investmenttrends ermöglichen es Investoren, die lukrativsten Aktien und Anlagefonds in ihr Portfolio aufzunehmen.
- Verbrauchertrends helfen Verkäufern, Profit aus den am besten verkäuflichen Produkten zu ziehen.
- Modetrends helfen Modedesignern, ihre neuen Kollektionen zusammenzustellen.
- Gesundheitstrends versetzen Seuchenschutzbehörden in die Lage, rasch zu reagieren, um Seuchenausbrüche verhindern oder wenigstens begrenzen zu können.
- Kriminalitätstrends ermöglichen es örtlichen Polizeibehörden, den Streifendienst vor Ort effektiv einzusetzen.
- Wettertrends ermöglichen es Meteorologen, uns vor herannahenden schweren Stürmen zu warnen.
- Trends bei Twitter helfen uns, ein Gespür dafür zu entwickeln, was unter der Bevölkerung allgemein für Gesprächsstoff sorgt.

Endzeittrends – Trends, die sich auf die in der Bibel genannten prophetischen Zeichen der Zeit beziehen – helfen uns zu verstehen, dass wir tatsächlich in den letzten Tagen leben. Sie vermitteln uns auch ein Gespür dafür, welche Erfüllungen von Prophetie wir aus gutem Grund für die nächste Zeit erwarten dürfen.

Ich werde im vorliegenden Buch sehr viel über diese Zeichen sagen. Anfangs aber muss ich betonen: Aus biblischer Sicht heisst es von vielen dieser Zeichen ausdrücklich, dass sie während der siebenjährigen Drangsalszeit auftreten, die der Wiederkunft Christi vorangeht. Woher wissen wir das? In Matthäus 24,3 fragen die Jünger Jesus: «Sage uns, wann wird das geschehen? Und was wird das Zeichen sein für dein Kommen und für das Ende der Welt?» In den Versen 4 und folgende nennt Jesus eine ganze Reihe von Zeichen, die während dieser siebenjährigen Periode vor Seiner Wiederkunft vorherrschend sein werden.

Jesus unterweist sie dann (Mt 24,32-33): «Von dem Feigenbaum aber lernt das Gleichnis: Wenn sein Zweig schon weich geworden ist und die Blätter hervortreibt, so erkennt ihr, dass der Sommer nahe ist. So sollt auch ihr, wenn ihr dies alles seht, erkennen, dass es nahe an der Tür ist.» Mit anderen Worten: Jesus sagt, Seine Nachfolger sollen wachsam in Bezug auf prophetische Zeichen sein.

Für Sie und mich stellt sich die Frage: *Sind die prophetischen Zeichen, die während der siebenjährigen Drangsalszeit auftauchen werden, auch für uns heute relevant, obwohl diese Periode noch nicht da ist?* Meine Antwort lautet: *mit grösster Gewissheit!* Betrachten Sie es einmal so: So wie schweren Erdbeben auch Erdstösse oder Vorbeben vorausgehen, so tauchen auch in unseren Tagen Vorab-Manifestationen mancher dieser «Zeichen der Zeit» der Drangsal auf. Jemand hat einmal gesagt, dass Prophetien ihre Schatten vorauswerfen. Ich denke, das ist wahr. Prophetien, die sich insbesondere auf die Drangsalszeit beziehen, werfen jetzt ihre Schatten voraus. Wir können daraus den logischen Schluss ziehen, dass jetzt die Bühne für die künftige Drangsalszeit vorbereitet wird – und für die Wiederkunft Christi, die darauf folgt. Dr. John F. Walvoord, einer meiner Mentoren am Dallas Theological Seminary, hat einmal hervorragend veranschaulicht, wie man die Entrückung erahnen könne – ein Ereignis, das jederzeit stattfinden kann. Er verglich die Entrückung mit Thanksgiving[4] und die Wiederkunft Jesu Christi mit Weihnachten (wobei er im Hinterkopf behielt, dass die Entrückung der Drangsalszeit vorausgeht, während die Wiederkunft ihr folgt). Es gibt allerlei Arten von Zeichen – Fernsehwerbung, Radiowerbung, Zeitungswerbung, Weihnachtskrippen, -beleuchtung und -dekoration –, die zeigen, dass Weihnachten nahe ist. Die Zeichen sind allgegenwärtig. Doch das Erntedankfest kann sich an uns heranschleichen. Wir können wirklich keine offenkundigen Anzeichen dafür sehen, dass das Erntedankfest nahe ist. Eins aber ist sicher: Wenn das Erntedankfest noch nicht stattgefunden hat, wir aber dennoch schon klare Anzeichen für das nahende Weihnachtsfest sehen, wissen wir, dass das Erntedankfest noch viel näher ist. Dementsprechend gilt: Wenn wir Zeugen dessen werden, wie heute für Ereignisse die Bühne bereitet wird, die sich während der Drangsalszeit als Vorzeichen der Wiederkunft Christi ereignen, dann können wir daraus den logischen Schluss ziehen, dass die Entrückung noch viel näher gekommen ist.

Das «Superzeichen», das gegenwärtigen prophetischen Trends so grosse Bedeutung verleiht

Wenngleich ich im vorliegenden Buch hauptsächlich die Gegenwart und die nahe Zukunft behandle, muss ich doch zunächst

---

[4] Anm. d. Übers.: «Thanksgiving» wird in den USA am vierten Donnerstag im November gefeiert und liegt damit viel näher an Weihnachten als die in Europa üblichen Termine für Erntedank.

kurz auf die 1940er-Jahre eingehen, denn dieses Jahrzehnt stellt einen Schlüssel zur prophezeiten Zukunft dar. Am 14. Mai 1948 wurde das jüdische Volk mit der Ausrufung des Staates Israel wieder zu einer souveränen Nation. Und dieses Ereignis ist aus biblisch-prophetischer Perspektive (Hes 37,1-14) von phänomenaler Bedeutung! Tatsächlich können wir das ein «Superzeichen» der Endzeit nennen. Immerhin bahnt Israels Wiedergeburt einer Reihe weiterer biblischer Prophetien den Weg – darunter der Rückkehr der Juden aus aller Welt ins Heilige Land (Hes 36,14); dem Wiederaufbau des jüdischen Tempels (Dan 9,27; Mt 24,15-16); dem Abschluss eines Bundes zwischen Israel und einem noch kommenden Weltherrscher, dem Antichrist (Dan 9,27) und anderem mehr. Ohne die Wiedergeburt Israels ergäben diese und viele andere biblische Prophetien keinen Sinn. Man kann auch sagen: Ohne die Wiedergeburt Israels sollten wir nicht unsere Zeit damit verschwenden, auf Endzeittrends achtzugeben. Doch weil Israel tatsächlich wieder zu einem Staat geworden ist, haben Endzeittrends gewaltig an Bedeutung gewonnen. Weil das Superzeichen jetzt erfüllt ist, dienen uns die einzelnen Zeichen der Zeit zur Information darüber, auf welcherlei Trends wir achtgeben sollten, da wir uns immer mehr den letzten Tagen nähern.

Damit Ihnen dieser entscheidend wichtige Punkt nicht entgeht, möchte ich sicherstellen, dass Sie die biblische Grundlage dafür verstehen, warum Israel als Nation neu geboren werden muss. In Hesekiel 36,10 verheisst Gott konkret: «Und ich will viele Menschen auf euch wohnen lassen, das ganze Haus Israel insgesamt, und die Städte sollen wieder bewohnt und die Trümmer aufgebaut werden.» Anschliessend verheisst Er: «Denn ich will euch aus den Heidenvölkern herausholen und aus allen Ländern sammeln und euch wieder in euer Land bringen» (V. 24).

Dieser Hinweis, Gott werde sie «aus den Heidenvölkern ... sammeln», ist von höchster Bedeutung. Zu biblischer Zeit war Israel immer in Gefangenschaft einzelner Nationen, von denen die Babylonier besonders herausragen. Nach 70 Jahren befreite Gott die Juden aus Babylon und führte sie ins Heilige Land zurück. Doch niemals zuvor wurden die Juden «aus allen Völkern» ins Heilige Land zurückgeführt. Erst seit der Wiederbegründung des Staates Israel 1948 erleben wir, wie diese Prophetie sich erfüllt.

Israels Wiedergeburt wird auch klar in der Vision des Tales voller Totengebeine in Hesekiel 37 prophezeit. An dieser Stelle fügt der HERR auf wundersame Weise die Knochen wieder zu einem Skelett zusammen, auf dem Skelett wachsen Sehnen, Fleisch und Haut, und zuletzt haucht Gott dem Leib Leben ein. Zweifellos spricht dieses Kapitel von Israel, denn es heisst dort: «diese Gebeine sind das ganze Haus Israel» (37,11). Somit stellt dieses Kapitel dar, wie Israel wieder zu einer lebendigen Nation wird, die von den Toten auferweckt wurde – ganz so, wie es geschehen ist.

«Tot» ist eine treffende Beschreibung des Zustandes Israels vor seiner Wiedergeburt. Im Jahr 70 n. Chr. zertraten und zerstörten Titus und seine römischen Soldaten Jerusalem und den Tempel, wodurch Israel endgültig und vollständig aufhörte, als politische Grösse zu bestehen (siehe Lk 21,20-24). Seitdem waren die Juden jahrhundertelang weltweit in viele Länder zerstreut. Noch im Jahr 1940 hätte sich niemand vorstellen können, dass Israel innerhalb eines Jahrzehnts wieder ein souveräner Staat würde. Und doch geschah es so. Der Staat Israel wurde 1948 ausgerufen, und seitdem kehren die Juden beständig in ihr Heimatland zurück.

Beachten Sie, dass Hesekiels Vision von den Totengebeinen auf einen Prozess hindeutet. Die Knochen rücken zusammen und bilden ein Skelett; anschliessend wird das Skelett mit Sehnen, Fleisch und Haut überzogen, und zuletzt haucht Gott dem Leib Leben ein. Der Prozess beginnt mit Israels Wiedergeburt. Er fährt fort, indem fortlaufend Juden ins Heilige Land zurückströmen. Der Prozess wird darin gipfeln, dass Israel gegen Ende der Drangsalszeit geistlich wiedergeboren wird. Dann wird der jüdische Überrest endlich erkennen, dass Jesus tatsächlich der göttliche Messias ist, und Israel wird geistlich wiedergeboren (siehe Hes 37,5.14; Sach 12,10; Röm 9–11).

Ich kann es gar nicht genug betonen: Die Neugründung des Staates Israel 1948 war ein unglaubliches Wunder. Gottes Hand war dabei allenthalben überdeutlich im Spiel. Nur ein göttliches Eingreifen konnte das zustande bringen. Ich liebe es, wie der Prophetie-Gelehrte Randall Price das beschreibt:

Die neuzeitliche Rückkehr der Juden ins Land Israel wurde als «Mirakel am Mittelmeer» bezeichnet. Diese Rückkehr einer Volksgruppe, die unter die Völker zerstreut war, steht in der Weltgeschichte einzigartig da. Tatsächlich sind die Juden das einzige Volk, das im Exil als klar erkennbares Volk erhalten blieb, während es 20 Jahrhunderte lang unter mehr als 70 verschiedene Länder zerstreut war. Ihr Land wurde von den Grossreichen Ägypten, Assur, Babel, Persien, Griechenland und Rom verwüstet, die das Volk in Gefangenschaft führten und über die ganze Erde zerstreuten. Auch danach erlitten sie in den Ländern, in denen sie im Exil waren, Verfolgung, Pogrome und Massenvernichtung. Doch all diese antiken Reiche sind zu Staub zerfallen, und von ihrer früheren Herrlichkeit sind nur noch Museumsrelikte übrig. Auch erlebten viele der Nationen, die gegen die Juden stritten, einen wirtschaftlichen, politischen oder religiösen Niedergang. Das jüdische Volk jedoch, das sie versklavten und zu vernichten trachteten, lebt wieder in Freiheit als starke Nation![5]

Erstaunlich! Einfach nur erstaunlich!

Nicht allein der Staat Israel wurde 1948 von Neuem geboren; darüber hinaus strömen die Juden seitdem wie prophezeit «aus allen Völkern» ins Heilige Land zurück. Man wird jedes Mal an diese Rückkehr der Juden in das Land erinnert, wenn man nach Israel fliegt und am Ben Gurion-Flughafen landet. Nachfolgend ein Bericht aus erster Hand über die Inschrift, die die Ankommenden an diesem Flughafen willkommen heisst:

Wenn die Leute ins Land kommen, begrüsst sie ein riesiger bunter Wandteppich. Darauf sind Menschenmassen abgebildet, die durch die Stadttore nach Jerusalem hineinströmen. Auf dem Wandteppich steht in hebräischer Sprache ein prophetischer Text aus Jeremia, der von der Sammlung der Verbannten spricht: «Ja, es gibt Hoffnung für deine Zukunft, spricht der HERR, und deine Kinder werden in ihr Gebiet zurückkehren» (Jer 31,17). Ob die einreisenden Juden die Worte bereits lesen können oder nicht – was sie lehren, ist verständlich, denn die Heimkehrer sind Teil dessen, was Gott derzeit mit der Sammlung seines Volkes bezweckt, um seine Verheissung zu erfüllen.[6]

Wenn wir die Zukunft betrachten, so glaube ich, dass die Juden weiterhin aus den Vereinigten Staaten, den Völkern Europas und buchstäblich aus allen Völkern der Welt nach Israel strö-

---

[5] Randall Price, «The Divine Preservation of the Jewish People», *World of the Bible Ministry Update*, 1. Oktober 2009.
[6] Randall Price, *Jerusalem in Prophecy: God's Final Stage for the Final Drama* (Eugene, OR: Harvest House, 1998), S. 220.

men werden, genau wie geweissagt ist. Unterdessen bleibt mein Hauptpunkt bestehen: *Israels Wiedergeburt ist ein «Superzeichen», das allen nachfolgenden prophetischen Zeichen der Zeit Bedeutung verleiht.* Und es sind diese Zeichen der Zeit, die uns die prophetischen Trends mitteilen, auf die wir in den letzten Tagen achten müssen.

Ich werde nun für den gesamten Rest des Buches mein Augenmerk auf diese Zeichen und Trends richten. Dabei werde ich Folgendes ausführen:

- *Eine politische Prognose* – beispielsweise in Bezug auf den Nahostkonflikt; auf die Völker, die sich an der von Hesekiel prophezeiten Invasion gegen Israel beteiligen werden; den Aufstieg eines erneuerten Römischen Reiches; die Verbindung der Völker der Welt über das Internet sowie die zunehmende Globalisierung.
- *Eine wirtschaftliche Prognose* – beispielsweise in Bezug auf die weltweit zunehmende Abschaffung des Bargeldes; die Tendenz zur Welt-Einheitswährung; sowie darauf, dass der Antichrist schliesslich die Kontrolle über die Weltwirtschaft übernehmen wird.
- *Eine kulturelle Prognose* – beispielsweise in Bezug auf Religion, Moral, Sexualität, Toleranz und die Familie.

Freuen Sie sich: Gott hält alles fest in Seiner Hand!

Wie bei allen meinen Veröffentlichungen ist mein Gebet auch für dieses Buch, dass es nicht nur Informationen für Ihren Verstand bietet, sondern ebenso Ihr Herz berührt. Mein Gebet ist, dass Sie nicht nur an Erkenntnis gewinnen, von welcher Bedeutung Prophetie für unsere Zeit ist, sondern auch dass Ihr Herz angeregt werden möge, der Zukunft freudig entgegenzublicken. Unser Herr regiert – *und Er handelt auch in unserer Welt von heute aktiv!*

Unser Gott ist ein wunderbarer Gott, dessen souveräner Plan sich in der Menschheitsgeschichte entfaltet. Gott unterstreicht: «Was ich beschlossen habe, geschieht, und alles, was ich mir vorgenommen habe, das tue ich» (Jes 46,10). Er sichert uns zu: «Fürwahr, es soll geschehen, wie ich es mir vorgenommen habe, und es soll zustandekommen, wie ich es beschlossen habe» (Jes 14,24). Angesichts solcher biblischer Fakten lehrt uns der Theologe Robert Lightner:

Aus biblischer Perspektive ist Geschichte mehr als eine Niederschrift der Ereignisse der Vergangenheit. Vielmehr ist all das, was in der Vergangenheit geschah, was jetzt geschieht und was künftig geschehen wird, Beweis dafür, dass sich der sinnvolle Plan erfüllt, den der persönliche Gott der Bibel ersonnen hat. Alle Lebensumstände – in Vergangenheit, Gegenwart und Zukunft – passen wie Puzzleteile in diesen souveränen Plan.[7]

C. S. Lewis, der wohlbekannte Autor und Professor der Universität Oxford, merkte einmal ähnlich an: «Geschichte ist eine Geschichte, die von Gottes Finger geschrieben wird.» Damit bringt er auf den Punkt, dass Gott über die Völker herrscht (Hi 12,23-24; Ps 22,29; Jer 27,5-6; Dan 4,17), Könige einsetzt und absetzt (Dan 2,21) und alles nach Seinem souveränen göttlichen Plan vollzieht (Apg 4,27-28). Unser Gott ist ein wunderbarer Gott, und Er hält letztlich alles in der Hand. Das ist ein guter Grund zur Freude!

---

[7] Robert P. Lightner, *Evangelical Theology* (Grand Rapids, MI: Baker Books, 1986), S. 57.

Welchen Nutzen hat es, Endzeittrends zu erkennen?

Lassen Sie mich diese Einleitung damit schliessen, dass ich den Nutzen anreisse, der sich daraus ergibt, Endzeittrends zu erkennen:

1. *Diese Trends zu erkennen hilft uns, zu verstehen, dass wir tatsächlich in den letzten Tagen leben.* Aus diesem Grund müssen wir dem biblischen Gebot folgen, gerecht zu leben, während wir die Ankunft des Herrn erwarten (siehe Röm 13,11-14; 2Petr 3,10-14; 1Jo 3,2-3). Darüber werde ich im Nachwort dieses Buches noch mehr sagen.

2. *Endzeittrends zu erkennen hilft uns, den heute derart vorherrschend gewordenen prophetischen Agnostizismus zu vermeiden.* Das Wort Agnostizismus stammt aus dem Griechischen und setzt sich aus zwei Bestandteilen zusammen: Die Vorsilbe *a-* bedeutet «nicht» oder «ohne»; *gnosis* bedeutet «Wissen» oder «Erkenntnis». Agnostizismus bedeutet buchstäblich «Unwissenheit» oder «Nichtwissen». Ein Agnostiker im engeren Sinne ist jemand, der behauptet, unsicher zu sein – *nicht zu wissen* –, ob es Gott gibt.

Viele sind heutzutage einem *prophetischen Agnostizismus* anheimgefallen und behaupten, sie seien über Einzelheiten der Prophetie unsicher (sie hätten «keine Erkenntnis» darüber). Sie sagen in der Regel, weil es so viele Ansichten über die Entrückung gebe (Prätribulationismus, Midtribulationismus, Posttribulationismus, die Theorie der Teilentrückung sowie die der Entrückung vor der Ausgiessung des Zornes Gottes), könne man über den Zeitpunkt der Entrückung nicht sicher sein. Ebenso könne man über die Natur des Millenniums nicht sicher sein,

---

[8] Wenn Sie mit diesem «christlichen Fachchinesisch» nicht vertraut sind, keine Bange: Ich werde jeden einzelnen dieser Begriffe, den Sie kennen müssen, im Verlauf des Buches klar definieren.

weil es so unterschiedliche Ansichten darüber gebe wie Prämillennialismus, Amillennialismus und Postmillennialismus.[8] Und weil wir in solchen Fragen nicht sicher sein könnten, sollten wir nicht allzu viel Zeit mit dem Studium der Prophetie verbringen. Eine solche Ansicht ist tragisch, wenn man bedenkt, wie viel der Bibel prophetischer Natur ist. Von den 23 210 Versen des Alten Testaments sind 6641 prophetisch (das sind 28,6 Prozent). Von den 7914 Versen des Neuen Testaments sind 1711 prophetisch (das sind 21,6 Prozent). Nimmt man Altes und Neues Testament zusammen, sind 26,8 Prozent – über ein Viertel – Prophetie. *Das ist zu viel, um ignoriert zu werden.*

Das Heilmittel gegen prophetischen Agnostizismus besteht darin, bei der Auslegung biblischer Prophetie diese wörtlich zu nehmen. Ebenso wie sich die Prophetien, die das erste Kommen Christi betreffen, wörtlich erfüllt haben, so werden sich auch die Prophetien, die das zweite Kommen Christi betreffen (und all die Ereignisse, die darauf abzielen), wörtlich erfüllen. Wie wir im vorliegenden Buch noch sehen werden, finden die in der Schrift angesprochenen Endzeittrends anscheinend in unseren Tagen den Anfang ihrer Erfüllung – oder ihrer Erfüllung wird heute der Weg bereitet. Wir leben in aufregenden Zeiten!

3. Endzeittrends zu erforschen hilft uns, Spöttern etwas erwidern zu können. 2. Petrus 3,3-4 warnt die Christen vor dem Unglauben, der auf der Erde kurz vor der Wiederkunft Jesu Christi vorherrschen wird. Es heisst dort, «dass in den letzten Tagen Spötter kommen werden, die ihren Spott treiben [und] ihren eigenen Begierden nachgehen» (V. 3). Sie werden spotten, indem sie sagen: «Wo ist die Verheissung seiner Wiederkunft? Denn seitdem die Väter entschlafen sind, bleibt alles so, wie es von Anfang der Schöpfung an gewesen ist» (V. 4; vgl. Joh 14,1-3; Apg 1,11; 1Kor 15,23; 2Kor 1,14; Phil 1,6; 1Thes 3,13; 4,14-18; 2Thes 1,10; 2,1; 1Tim 6,14; 2Tim 4,8; Tit 2,12-13; Hebr 9,27-28;

Jak 5,7). Ebenso warnt uns Judas 18: «In der letzten Zeit werden Spötter auftreten, die nach ihren eigenen gottlosen Lüsten wandeln.»

Christen werden zunehmend verspottet und ihre Ansichten lächerlich gemacht – besonders durch eine neue und noch bissigere Sorte Atheisten, Agnostiker und Skeptiker. Solchen Angriffen kann man jedoch leicht damit parieren, indem man auf das verweist, was die Schrift über Endzeittrends sagt und wie diese Prophetien in unseren Tagen entweder sich erfüllen oder ihre Erfüllung vorbereitet wird. Unter anderem können wir Atheisten das sagen: «Alles, was ich weiss, ist: Israel wurde als Nation wiedergeboren, genau wie es die Propheten voraussagten, und seitdem strömen die Juden Jahr für Jahr zurück ins Heilige Land, genau wie die Propheten ebenso voraussagten. Schauen Sie sich einmal Hesekiel 36 und 37 an. Ich weiss nicht, wie es Ihnen dabei geht, aber ich kann unmöglich etwas ignorieren, was die Propheten derart offenkundig auf den Punkt bringen.»

4. Ein weiterer Nutzen daraus, Endzeittrends zu verstehen, betrifft die nahe Entrückung der Gemeinde. Der Ausdruck «nahe» bedeutet «bereit zu geschehen» oder «bevorstehend». Das Neue Testament lehrt uns, dass die Entrückung nahe ist – d. h. dass es nichts gibt, was noch erfüllt werden müsste, bevor die Entrückung stattfindet (siehe 1Kor 1,7; 16,22; Phil 3,20; 4,5; 1Thes 1,10; Tit 2,12-13; Hebr 9,27-28; Jak 5,7-9; 1Petr 1,13; Jud 21). Die Entrückung ist ein Ereignis ohne Vorzeichen, das jederzeit stattfinden kann. Das steht im Gegensatz zur Wiederkunft Christi, der viele Ereignisse der siebenjährigen Drangsalszeit vorausgehen (siehe Offenbarung 4–18). Die Tatsache, dass wir jetzt Zeugen der Anfangsphase der Erfüllung der biblischen Prophetien über Endzeittrends werden, zeigt an, dass die Entrückung umso näher sein muss.

Angesichts dieser aufregenden Wirklichkeit wollen wir nicht länger hier verweilen. Lassen Sie uns jetzt unsere Reise durch die prophetischen Schriften beginnen und dabei unser Hauptaugenmerk auf die Endzeit-Supertrends richten.

Herr, bitte befähige meine Leser durch die Kraft Deines Geistes, die prophetischen Verse zu verstehen, die wir im Laufe dieses Buches untersuchen werden. Bitte rege sie durch Dein Wort an und flösse ihnen Ehrfurcht vor der Person unseres Herrn Jesus Christus ein, der selbst der Kern und Mittelpunkt der biblischen Prophetie ist. Ich danke Dir in Seinem wunderbaren Namen. Amen.

1. DIE ABKEHR VOM GLAUBEN: DER ABFALL IN DEN LETZTEN TAGEN

Ich besuchte einmal eine theologisch liberale Kirchengemeinde. Der Hauptpastor sagte mir, dass die Bibel ebenso inspiriert wäre wie Shakespeare – d. h., sie sei eine inspirierende Lektüre. Er sagte auch, Menschen wären in Wahrheit keine Sünder; sie würden nur gelegentlich Fehler machen. Ich sprach auch mit seinem Amtskollegen. Er sagte mir, es wäre nie Gottes Plan gewesen, dass Jesus am Kreuz stirbt. Die Anführer der Juden wären schlicht wütend auf Jesus geworden und hätten Ihn hingerichtet.

Ein weiterer Pastor derselben Gemeinde liess mich wissen, die «Wiederkunft» Jesu geschähe immer dann, wenn jemand Gott in seinem Herzen finde. Es gäbe keine buchstäbliche, zukünftige Wiederkunft Christi. Diese Gemeinde war offenkundig im festen Würgegriff des Abfalls vom Glauben.

Der Begriff «Abfall» (vom Glauben) ist eine wörtliche Lehnübersetzung des griechischen *apostasia*, was «Wegfall» (von etwas) bedeutet. Im Kontext dieses Kapitel bezieht er sich auf ein Abfallen von der Wahrheit. Er beschreibt eine entschlossene, willentliche «Abtrünnigkeit von der Wahrheit» oder ein «Verwerfen des Glaubens».

In der Bibel finden wir viele Beispiele für einen solchen Abfall. Im Neuen Testament ist Judas Iskariot, der Jesus für 30 Silberlinge verriet, ein klassisches Beispiel des Abfalls und dessen bösen Folgen (siehe Mt 26,14-25.47-57; 27,3-10). Er wurde aus Geldgier von der Nachfolge Christi abtrünnig. Später bereute er seinen Verrat und erhängte sich (Mt 27,5); danach stürzte seine

Leiche «kopfüber hinab, barst mitten entzwei, und alle seine Eingeweide traten heraus» (Apg 1,18).

Wir können auch Hymenäus und Alexander erwähnen, die Schiffbruch im Glauben erlitten und offenbar Gott lästerten (1Tim 1,19-20). Ein weiteres Beispiel ist Demas, der sich vom Apostel Paulus abwandte, weil er «diese Welt liebgewonnen» hatte (2Tim 4,10).

Die Bibel warnt uns konkret vor verschiedenen Arten, auf die man vom Glauben abfallen kann. Dazu zählt, Gott zu verleugnen (2Tim 3,4-5), Christus zu verleugnen (1Jo 2,18-23), Christi Wiederkunft zu leugnen (2Petr 3,3-4), den Glauben zu verleugnen (1Tim 4,1-2), die gesunde Lehre zu verleugnen (2Tim 4,3-4), die guten Sitten zu verwerfen (2Tim 3,1-8) sowie jede Herrschaft zu verachten (2Petr 2,10).

Der Apostel Paulus, der sich der Gefahr derartiger Verleugnung sehr wohl bewusst war, warnte die Ältesten von Ephesus davor, dass nach seinem Tod Irrlehrer auftreten würden, die versuchen würden, die Gemeindeglieder zum Abfall zu verführen: «Denn das weiss ich, dass nach meinem Abschied reissende Wölfe zu euch kommen, die die Herde nicht verschonen werden» (Apg 20,29). Paulus warnte sie, sogar aus ihrer eigenen Mitte würden «Männer aufstehen, die Verkehrtes lehren, um die Jünger an sich zu ziehen» (V. 30).

Die Schrift warnt uns nüchtern davor, dass der Abfall in den letzten Tagen beträchtlich zunehmen wird. In 1. Timotheus 4,1-2 beklagt Paulus, «dass in späteren Zeiten manche vom Glauben abfallen werden, indem sie auf betrügerische Geister und Lehren von Dämonen achten, durch die Heuchelei von Lügenrednern, die in ihrem eigenen Gewissen gebrandmarkt sind».

Es ist höchst bedeutsam, dass viele Sekten und Irrlehren, vor denen die religiöse Welt von heute nur so wimmelt, ursprünglich aus dem Christentum stammen. In vielen Fällen nahmen sie ihren Anfang damit, dass die Führer dieser Gruppen angeblich eine Offenbarung von einem «Engel» empfingen – von dem wir wissen, dass er ein gefallener Engel oder Dämon war. Ein klassisches Beispiel dafür ist das Mormonentum, das Joseph Smith begründete, nachdem er angeblich eine Offenbarung des Engels Moroni empfangen hatte. Ein weiteres Beispiel ist der Islam, der auf den angeblichen Offenbarungen gründet, die «der Engel Gabriel» (in Wahrheit aber ein Lügengeist) Mohammed überbrachte. In beiden Fällen widerspricht die Offenbarung dieser Engel mehrfach den Hauptlehren der Bibel.

Paulus warnt auch in 2. Timotheus 4,3-4 vor dem Abfall in den letzten Tagen: «Denn es wird eine Zeit kommen, da sie die heilsame Lehre nicht ertragen werden; sondern nach ihren eigenen Gelüsten werden sie sich selbst Lehrer aufladen, nach denen ihnen die Ohren jucken, und werden die Ohren von der Wahrheit abwenden und sich den Fabeln zukehren.» Liebe Leser: Wer will bezweifeln, dass diese Worte genau unsere Zeit beschreiben? Wenn Sie durch die Fernsehkanäle zappen, werden Sie auf zahlreiche Beispiele von Irrlehrern stossen, die mit den Lehren, die sie vermitteln, menschliche Begierden ansprechen – wie etwa das Wohlstandsevangelium.[1]

In 2. Timotheus 3,1-5 geht Paulus noch konkreter auf den Abfall ein, der in den letzten Tagen kommen wird:

Das aber sollst du wissen, dass in den letzten Tagen schlimme Zeiten eintreten werden. Denn die Menschen werden sich selbst lieben, geldgierig sein, prahlerisch, überheblich, Lästerer, den Eltern ungehorsam, undankbar, unheilig, lieblos, unversöhnlich, verleumderisch, unbeherrscht, gewalttätig,

---

[1] Dies betrifft weniger die Situation in Europa, sondern vor allem Amerika, wo es zahlreiche religiöse Fernsehsendungen und -sender gibt (Anm. d. Übers.).

dem Guten feind, Verräter, leichtsinnig, aufgeblasen; sie lieben das Vergnügen mehr als Gott; dabei haben sie den äusseren Schein von Gottesfurcht, deren Kraft aber verleugnen sie. Von solchen wende dich ab!

Beachten Sie: Die Menschen der letzten Tage werden *sich selbst lieben* (man könnte das Humanismus nennen), *das Geld lieben* (Materialismus) und *das Vergnügen lieben* (Hedonismus). Humanismus, Materialismus und Hedonismus sind die drei bedeutendsten Weltanschauungen in unserer heutigen Welt; und oft gehen sie einander ergänzend Hand in Hand. Diese Weltanschauungen werden Tag für Tag immer populärer.

Natürlich bekräftigt die biblische Prophetie, dass der Abfall während der zukünftigen siebenjährigen Drangsalszeit seinen Höhepunkt finden wird. Jesus selbst warnt: «Dann werden viele abfallen und werden sich untereinander verraten und werden sich untereinander hassen. Und es werden sich viele falsche Propheten erheben und werden viele verführen» (Mt 24,10-11). Jesus warnt auch: «Denn es werden falsche Christusse und falsche Propheten aufstehen und grosse Zeichen und Wunder tun, sodass sie, wenn es möglich wäre, auch die Auserwählten verführten» (Mt 24,24). Es versteht sich von selbst, dass ein falscher Prophet oder ein falscher Christus, der ein falsches Evangelium predigt, auch immer eine falsche Erlösung bietet, die in Wahrheit alles andere als Erlösung bringt (siehe Gal 1,6-9). Genau das macht den Abfall so unglaublich gefährlich.

Der Abfall und die religiöse Situation in Amerika

Die Beweise dafür, dass der Abfall sich in Amerika fest etabliert hat, sind mannigfaltig. Die religiöse Situation hat sich im Laufe der letzten paar Jahrzehnte dramatisch verändert. Ein alarmierender Befund ist, dass diejenigen Amerikaner, die keiner christlichen Kirche angehören (das sind über 150 Millionen!), treffender als «entkirchlicht» bezeichnet werden können. Ich sage das, weil die Entkirchlichten laut zuverlässigen Umfragen früher Gottesdienstbesucher zu sein pflegten, sich jetzt aber von der Gemeinschaft der Gläubigen gänzlich abgewandt haben.[2] In der Tat kappen etwa 59 Prozent der Amerikaner im Alter zwischen 15 und 29 Jahren vollständig ihre Verbindung zum Gemeindeleben.[3] Das, liebe Leser, muss man eine Abkehr vom Glauben nennen!

Es ist nicht nur so, dass die Leute von heute dem Gottesdienst fernbleiben. Auch andere religiöse Aktivitäten wie die Teilnahme an religiösen Kleingruppen jeglicher Art, Bibellesen und sogar Beten haben im vergangenen Jahrzehnt signifikant abgenommen. Viele Amerikaner scheinen sich noch vage daran zu erinnern, einst «Christen» gewesen zu sein, aber das Christentum spielt keine Rolle mehr dabei, wo sie ihre Prioritäten setzen oder welchen Lebenswandel sie führen. Christen und Christentum sind nun für viele nur noch ein Hintergrundgeräusch.

Solche Personen halten mit den Gründen nicht hinterm Berg, warum sie das Christentum aufgegeben haben. Sie halten die christliche Gemeinde für zu restriktiv, zu bevormundend, zu wertend in Fragen der Sexualität, zu unfreundlich gegenüber Zweiflern oder für wissenschaftsfeindlich – und sie betonen sehr, dass der Ausschliesslichkeitsanspruch der Christen sie wirklich abschreckt.[4]

Ein weiterer alarmierender Befund ist der starke und zunehmende Widerstand gegen alles Christliche unter den jünge-

---

[2] The Barna Group, *The Bible in America: The Changing Landscape of Bible Perceptions and Engagement* (Ventura, CA: Barna Group, 2016), S. 19.
[3] George Barna, *America at the Crossroads* (Grand Rapids, MI: Baker Books, 2016), S. 41.
[4] Ebd., S. 39–40.

ren Menschen unserer Zeit. In ihrem Buch *Good Faith: Being a Christian When Society Thinks You're Irrelevant and Extreme* stellen David Kinnaman und Gabe Lyons fest: «Wenn ein Drittel der jungen Erwachsenen Anfang Zwanzig nichts mehr mit dem Glauben zu tun haben will und 59 Prozent der jungen erwachsenen Christen irgendwann in ihren Zwanzigern aus der Gemeinde austreten, dann ist das die neue Vor-Ort-Wirklichkeit.»[5]

Mittlerweile ist es so, dass die Angehörigen der «Generation Y» (diejenigen, die zwischen den 1980er- und 2000er-Jahren geboren wurden; Anm. d. Übers.) «anscheinend bereit sind, sich vollständig vom biblischen Christentum abzuwenden und sich neuen Glaubensvorstellungen hinzuwenden». Sie haben kaum noch Interesse, einen christlichen Gottesdienst zu besuchen. Sie neigen dazu, Religion als «Privatsache» zu sehen, die «jeder nach seinen eigenen Vorstellungen zur ihm angenehmen Zeit ausüben solle».[6] Solche Personen behaupten oft, religiös zu sein, nicht aber gläubig im christlichen Sinn. Viele ihrer religiösen Vorstellungen beziehen sie aus den Sozialen Medien, dem Internet und anderen technischen Informationsmitteln. Ihr «Glaube» beinhaltet wesentlich eine privatisierte digitale Glaubenserfahrung.

Im Einklang mit alledem berichtet ein Newsweek-Artikel aus dem Jahr 2016 mit dem Titel «Werden die Amerikaner genauso gottlos wie die Europäer?», dass «die Religiosität in Amerika seit Jahrzehnten auf dem absteigenden Ast ist». Tatsächlich «haben die Mitgliederzahlen, der Gemeindebesuch und der Glaube an Gott in den USA allesamt stark nachgelassen ... Das Gesamtniveau des Glaubens erodiert zusehends, während die Leute, die anfangs des 20. Jahrhunderts geboren wurden, durch Ange-

---

[5] David Kinnaman u. Gabe Lyons, *Good Faith: Being a Christian When Society Thinks You're Irrelevant and Extreme* (Grand Rapids, MI: Baker Books, 2016), S. 41.
[6] Barna, *America at the Crossroads*, S. 29; 38 f.

hörige nachfolgender Generationen ersetzt werden, die schwächere Glaubensüberzeugungen haben». Der Artikel zieht den Schluss, dass «Kinder, die von Eltern erzogen wurden, die weniger gläubig sind, als ihre Eltern waren, sodass die Kultur mit dem Wegsterben jeder weiteren Generation umgestaltet wird».[7]

Zunehmende Skepsis gegenüber der Bibel

Als jemand, der es liebt, die Bibel zu lesen, finde ich die zunehmende Skepsis vieler Leute gegenüber der Bibel besonders besorgniserregend. Früher war die Bibel von entscheidender Bedeutung, die amerikanische Kultur zu formen, besonders deren moralische Werte. Heute ist die Bibel in der amerikanischen Kultur so sehr an den Rand gedrängt, dass sie – wenn überhaupt – kaum noch eine Rolle spielt.

Die Barna-Gruppe hat kürzliche ein Buch mit dem Titel veröffentlicht: *The Bible in America: The Changing Landscape of Bible Perceptions and Engagement* («Die Bibel in Amerika: veränderte landläufige Vorstellungen und Einstellungen zur Bibel»). Die darin genannten Umfrageergebnisse sind alarmierend:

Die stetig zunehmende Skepsis schafft eine kulturelle Atmosphäre, die den Ansprüchen des Glaubens zunehmend unfreundlich, manchmal sogar offen feindlich gesinnt ist. Für eine Gesellschaft, die Wissenschaft und Rationalismus verehrt, stellt es zunehmend eine schwer zu schluckende Pille dar, dass eine Auswahlsammlung alter Geschichten, Gedichte, Predigten, Weissagungen und Briefe, die im Verlauf von dreitausend Jahren verfasst wurden, irgendwie das heilige «Wort Gottes» sein soll ... Die Daten zeigen einen Trend

---

[7] David Vos, «Are Americans Becoming as Godless as Europeans?», *Newsweek*, Online-Ausgabe vom 17. September 2016.

hin zum Bibel-Skeptizismus. Jahr für Jahr nimmt die Zahl der Christen zu, die glauben, die Bibel sei «nur irgendein Buch von vielen, das Menschen geschrieben haben». Das trifft auch auf die Meinung zu, dass die Bibel tatsächlich schädlich sei und Menschen, die nach ihren Grundsätzen leben, religiöse Fanatiker.[8]

Die Umfragen zeigen auch, dass viele Amerikaner die Bibel nicht mehr als Richtschnur dafür ansehen, ein sinnvolles Leben zu führen.[9] Nichtchristen der Generation Y erkennen auf ihren Seiten nichts Göttliches mehr. Die Bezeichnungen, die sie für die Bibel verwenden – sie verwenden typischerweise mehr als eine –, sind höchst aufschlussreich:

50 Prozent sagen, die Bibel sei eine «Geschichte»; 38 Prozent sagen, sie sei «Mythologie»; 36 Prozent sagen, sie sei «symbolisch gemeint»; 30 Prozent sagen, sie sei ein «Märchenbuch»; 27 Prozent sagen, sie sei «ein gefährliches Buch voller Glaubensdogmen».[10]

Kann angesichts solcher trüber Statistiken sich noch irgendjemand darüber wundern, warum im heutigen Amerika eine derart gravierend Unkenntnis der Bibel besteht? Nicht einmal die Hälfte der Amerikaner kann die vier Evangelien namentlich nennen! Die Hälfte der Amerikaner glauben, der Spruch «Hilf dir selbst, dann hilft dir Gott!» wäre eine der Hauptlehren der Bibel. (In Wahrheit hilft Gott den Hilflosen.) Millionen von Amerikanern glauben, Sodom und Gomorrha wären – ein Ehepaar ...[11]

---

[8] The Barna Group, *The Bible in America*, S. 8; 56. Siehe auch The Barna Group, «Bible Engagement in a New World», im Internet unter www.barna.com veröffentlichter Bericht vom 18. Mai 2016.
[9] The Barna Group, «The Bible in America: 6-Year Trends», Online-Report unter www.barna.com vom 15. Juni 2016.
[10] The Barna Group, *The Bible in America*, S. 57–58.
[11] Barna, *America at the Crossroads*, S. 51.

Obwohl heutzutage fast jeder eine Bibel besitzt, ist diese inzwischen eines der am wenigsten gelesenen Bücher in Amerika. Kenneth Briggs schreibt in seinem Buch *The Invisible Bestseller: Searching for the Bible in America* («Der unsichtbare Bestseller: Auf der Suche nach der Bibel in Amerika»): «Man findet sie zwar überall in Amerika ... und sie ist ein Standardwerk in öffentlichen Einrichtungen von Büchereien bis zu Gerichten; es ist aber zugleich höchst unwahrscheinlich, dass man von ihr Notiz nimmt, geschweige denn, dass man sie zur Hand nimmt und liest. Sie ist zunehmend der am meisten verehrte und zugleich unsichtbarste Gegenstand unserer Umgebung geworden. Sie ist überall und nirgendwo zugleich.»[12] Er schreibt weiter: «Für immer mehr Amerikaner ist die Bibel zu einem Museumsstück geworden, das man als Schatz verehrt, aber für unverständlich hält und nicht anrührt.»[13]

Tragischerweise schmälern sogar viele Kirchen die Bedeutung der Bibel für Gottesdienst und Gemeindeleben. Übereinstimmend mit diesem geschmälerten Gebrauch der Bibel ist auch die Mehrheit der Gottesdienstbesucher in keinerlei Weise mehr damit beschäftigt, das Evangelium zu verkünden. Die Mehrheit der Christen – 65 Prozent – sagen das Evangelium nicht mehr an Ungläubige weiter. Viele sind verstummt, um ihre persönlichen Glaubensüberzeugungen zur Privatsache zu machen. Weniger als einer von fünf «geben sich völlig der Förderung ihres geistlichen Wachstums hin». Nur einer von fünf sagt, die wichtigste Entscheidung in seinem Leben sei es gewesen, sich Jesus Christus anzuvertrauen, um gerettet zu werden.[14]

---

[12] Kenneth Briggs, *The Invisible Bestseller: Searching for the Bible in America* (Grand Rapids, MI: Eerdmans, 2016), S. 1.

[13] Ebd., S. 5.

[14] Siehe Barna, *America at the Crossroads*, S. 33 u. 67.

Pastoren fallen vom Glauben ab

Eine steigende Anzahl Pastoren fällt heutzutage vom Glauben ab. Ein Beispiel von vielen ist Jerry DeWitt, über den die Zeitungen weit und breit im Land berichteten. DeWitt war Pastor im Bible Belt, doch ihn quälte das Problem des Bösen. Er konnte darin keinen Sinn erkennen. Schliesslich kam er zu der Überzeugung, dass es keinen Gott geben könne. Prompt schrieb er ein Buch mit dem Titel *Hope after Faith: An Ex-Pastor's Journey from Belief to Atheism* («Hoffnung jenseits des Glaubens: Die Reise eines Ex-Pastors vom Glauben zum Atheismus»).

Heute gibt es Internetseiten, die Pastoren und christlichen Leitern dabei helfen sollen, ihr Leben neu auszurichten, nachdem sie vom Glauben abgefallen sind. Die Webseite *Clergy Project* beansprucht, eine vertrauliche Online-Gemeinschaft für aktive und ehemalige Geistliche zu sein, die nicht mehr an etwas Übernatürliches glauben können. Die Webseite unterstützt Mitglieder auch beim «Coming Out» – d. h., sie hilft ihnen dabei, wie sie ihren Angehörigen sagen können, dass sie nicht mehr glauben.

Eine andere Webseite heisst *Recovering from Religion* («Vom Glauben gesunden»), die hervorhebt: «Wenn Sie einer der vielen Menschen sind, die festgestellt haben, dass Sie mit dem Glauben nichts mehr am Hut haben, aber immer noch unter deren Nachwirkungen leiden, dann dürfte *Recovering from Religion* genau das Richtige für Sie sein.» *Recovering from Religion* legt den Hauptschwerpunkt darauf, «Einzelne fortlaufend persönlich darin zu unterstützen, ihre Glaubensüberzeugungen aufzugeben».[15]

Manche Abgefallene bleiben im Pastorenamt. Ein Beispiel dafür ist eine «dynamische Pastorin und Aktivistin», die nun bekennende Atheistin ist, aber in einer protestantischen Gemeinde eine treue Anhängerschaft hat. Pastorin Gretta Vos-

---

[15] www.recoveringfromreligion.org

per sagt: «Wir reden nicht über Gott.» Es sei an der Zeit, dass die Kirche «den Götzendienst eines theistischen Gottes» aufgeben müsse. Ihre Gemeinde gilt als Zufluchtsort für Ungläubige, die «nach einer Gemeinschaft suchen, die ihnen dabei hilft, einen sinnvollen Lebensentwurf ohne Gott zu erschaffen».[16]

Dabei beharrt man auf der bizarren Behauptung mancher, man könne geistlich gesinnt und zugleich Atheist sein. Dr. Anthony Pinn, Professor an der Rice University, merkt an: «Eine immer grössere Anzahl von Menschen in den Vereinigten Staaten bekennt sich dazu, keiner Religionsgemeinschaft anzugehören, und innerhalb dieser Gruppe bezeichnen sich manche als Agnostiker, Humanisten oder Atheisten.» Er sagt weiter: «Manche der Generation Y behaupten, sie seien Atheisten und geistlich zugleich. Wir halten beides gewöhnlich für Gegensätze: Ein Atheist glaubt, dass nichts davon real ist, sondern rein fiktiv; diejenigen hingegen, die sich sprituell nennen, glauben gewöhnlich, dass es etwas jenseits von uns gibt, das uns sich mitteilt und uns beeinflusst, kommen aber mit den etablierten Glaubensvorstellungen nicht klar. Man kann also feststellen, dass diese Bevölkerungsgruppe jene Begriffe vermischt, die man vorher strikt unterschied.» Pinn meint: «Ich denke, was gerade geschieht, ist mehr als ein Trend; dies wird der ‹künftige Normalzustand› sein.»[17]

Glaubensabfall durch Religionsvermischung

Inzwischen entstehen vor unseren Augen Bewegungen, die sich durch Religionsvermischung auszeichnen; und diese repräsentieren noch eine weitere Form des Abfalls, der die christliche

---

[16] Alan Freeman, «Can an Atheist Lead a Protestant Church? A Battle Over Religion in Canada», Online-Ausgabe der *Washington Post* vom 29. September 2016.

[17] Shelby Webb, «Religious ‹Free-Thinkers› as Old as the Country, But Becoming the New Norm», Online-Ausgabe der *Houston Chronicle* vom 26. Oktober 2016.

Kirche durchdringt. Ein Beispiel dafür ist «christlicher Wicca» oder christliche Hexerei. Dazu gehört, die heidnischen Grundsätze des Wicca mit dem Glauben an Jesus Christus zu vermischen. Christliche Wiccas definieren die Dreieinigkeit als Gott, Göttin und Jesus, die allesamt in «dem Einen» zusammengehen. Manche behaupten sogar, Jesus hätte mit Seinen männlichen Jüngern einen eigenen Hexenzirkel betrieben. Das ist unter vielen Teenagern und Studenten zu einem populären Glauben geworden. (Falls Sie noch nie davon gehört haben, dann bedenken Sie, dass eine ihrer Regeln lautet: Sage deinen Eltern niemals etwas davon!)

Eine weitere neue Bewegung nennt sich «Chrislam» – die Lehre, dass Christentum und Islam miteinander vereinbar wären. Man behauptet, in Christentum und Islam würde derselbe Gott angebetet, beide hätten dieselben ethischen Grundsätze, sowie Bibel und Koran wären beides heilige Bücher.[18]

Es klingt schon seltsam, aber inzwischen sind im Bereich der Religionen sogar schon «christliche Hellseher» aufgetreten. Die verstorbene Sylvia Brown, die sehr christlich klang, war zutiefst in Okkultismus verstrickt. Bei ihren Fernsehauftritten führte sie oft die Worte Gott, Christus und Heiliger Geist im Munde. Schon zu ihren Lebzeiten wurde auf ihrer Webseite behauptet, der Heilige Geist wirke durch Sylvia und befähige sie, im Auftrag Lebender Kontakt zu den Toten aufzunehmen. Gott selbst, so versichert man uns, hätte ihr ihre Hellsichtigkeit verliehen. Zugleich vermischte sie das mit einer Vielzahl heidnischer Vorstellungen, wie etwa dass sowohl der Vatergott als auch die Muttergöttin unendlich liebevoll wären und praktisch keinen Zorn kennen würden.

---

[18] Zur Widerlegung dieser Behauptung siehe mein bei Harvest House erschienenes Buch *Reasoning from the Scriptures with Muslims.*

Tragischerweise musste Sylvia feststellen, dass sie sich auf einem Irrweg befunden hatte – direkt nach ihrem Tod, zu spät, um an den wahren Jesus und das wahre Evangelium zu glauben.[19]

Mystik, Inklusivismus und die Emerging Church

Die Kirche von heute ist zahlreichen Erscheinungsformen der Mystik anheimgefallen. Man legt den Schwerpunkt sehr auf Gefühle und Zuneigung statt auf vernünftiges Denken. Man hat einen auf Beweisen und Tatsachen gründenden Glauben gegen einen auf Erfahrungen gründenden Glauben ausgetauscht. Innerhalb der Kirchen begegnen uns nun Dinge wie Atem- und Körperhaltungsübungen (Yoga), meditatives Singen (wie Benediktinermönche), der Gebrauch von Mantras (heilige Wörter, die beständig wiederholt werden, um einen tief meditativen Zustand zu erreichen), sowie kontemplatives Gebet (eine mystische Form des Gebets, durch das man ein Gefühl der Vereinigung mit Gott erfährt). Bei solcher Mystik befindet man sich wahrhaftig auf der Überholspur zum Abfall.

Inzwischen sind die Leiter der Emerging Church eifrig bemüht, sich das Christentum «neu auszumalen». Einer davon ist Brian McLaren, den das Time-Magazin zu den 25 einflussreichsten Evangelikalen zählt. Die inzwischen verstorbene Phyllis Tickle, damals Mitherausgeberin von *Publisher's Weekly*, nannte McLaren den Martin Luther des 21. Jahrhunderts. McLaren betont nachdrücklich, wir könnten heute einer ganzen Reihe theologischer Fragen nicht mehr sicher sein. Wir könnten weder über die Unfehlbarkeit der Bibel sicher sein noch über die Souveränität Gottes, die ewige Verdammnis, religiöse Ausschliesslichkeits-

---

[19] Weitere Informationen über sie und ihr Gleichgesinnte finden Sie in meinem bei Harvest House erschienenen Buch *The Truth Behind Ghosts, Mediums, and Psychic Phenomena*.

ansprüche, jegliche Lehrunterschiede sowie über jede Lehre, die andere Religionen vom Heil ausschliesst. Er erklärt sogar: «Falls es so scheint, als ob ich Ihrer Meinung oder Denkweise zu wenig Respekt erweise, dann seien Sie versichert: Ich zweifle ebenso an meiner eigenen Meinung und nehme es Ihnen nicht übel, wenn Sie denken, dass ich falschliege. Ich bin sicher, mich in vielen Dingen zu irren, wenngleich ich nicht sicher bin, worin genau. Ich bin sogar sicher, mich in dem zu irren, von dessen Richtigkeit ich überzeugt bin – zumindest in manchen Fällen. Wann immer Sie also meinen, dass ich falschliege, könnten Sie recht haben.»[20] Das also soll der Martin Luther des 21. Jahrhunderts sein? Das glaub ich nicht!

McLaren zweifelt sogar an, dass Jesus der einzige Weg zur Errettung ist. Er sagt: «Es stört mich, ‹ausschliesslich› und ‹Jesus› im selben Satz zu benutzen.»[21] Er schlägt vor, dass Gottes Heilsplan vielleicht eher ein *Opt-out*-Plan sei statt ein *Opt-in*-Plan: Wenn Sie nicht mit von der Partie sein wollen, stehe Ihnen das frei. Ansonsten seien Sie automatisch gerettet – egal, ob Sie nun Christ, Hindu, Moslem, Buddhist oder Angehöriger irgendeiner anderen Religion oder Sekte sind.

McLaren pflichtet anschliessend all denen ausdrücklich bei, die behaupten, der Tod Christi am Kreuz sei nichts anderes als Kindesmissbrauch in kosmischem Ausmass durch Gott den Vater. Alan Jones, dessen Buch *Reimagining Christianity* («Christentum neu ausmalen») McLaren ausdrücklich empfiehlt, nennt das Kreuz Jesu eine abscheuliche Lehre: «Die Fixierung der Kirche auf den Tod Jesu als universellen Heilsakt muss ein Ende haben und das Kreuz einen neuen Platz im Christentum finden.

[20] Brian D. McLaren, *A Generous Orthodoxy* (Grand Rapids, MI: Zondervan, 2006), S. 19–20.
[21] Brian D. McLaren, *The Last Word and the Word After That* (San Francisco: Jossey-Brass, 2008), S. 35.

Warum? Weil ... dahinter ein rachsüchtiger Gott steht.» Jones behauptet: «Das Kreuz beinhaltet [die Vorstellung], Jesu Opfertod habe dazu gedient, einen zornigen Gott zu besänftigen. Der Name dieser abscheulichen Lehre lautet ‹stellvertretendes Sühneopfer›.»[22] Ich könnte noch viele weitere Beispiele anführen. Es mag genügen zu sagen, dass der Abfall vom Glauben wie ein riesiger Oktopus geworden ist, dessen massive Tentakel sich an alles geheftet haben, was religiös ist.

Ein Ausblick auf die Zukunft

Die verschiedenen Ausprägungen des Abfalls vom Glauben werden in den vor uns liegenden Jahren weiter eskalieren. Die *Gegenwart* hilft uns, die *Zukunft* vorherzusagen. Ich denke, es gibt sechs Hauptschlachtfelder, an denen der Abfall seine hässliche Fratze immer deutlicher zeigen wird:

1. Die Bibel wird durch Bibelkritiker zunehmend untergraben. Man wird sie als rein menschliches Buch voller menschlicher Fehler hinstellen. Kritiker werden fortfahren zu behaupten, unterschiedliche Lesarten in den Handschriften bewiesen, dass die Bibel in Wahrheit nicht das Wort Gottes sei.
2. Hochschulen werden unsere Jugend weiter mit aller Munition versorgen, die sie braucht, um die Bibel, das Christentum und die «extremistische» christliche Moral zu verwerfen. Man wird dabei insbesondere auf die Bibel abzielen und sie als reine Mythen-, Legenden- und Märchensammlung hinstellen.

---

[22] Alan Jones, *Reimagining Christianity* (Hoboken, NJ: John Wiley and Sons, 2004), S. 132.

3. Besonders die Jugend wird die Bibel zunehmend als irrelevantes Buch ansehen, das von keinerlei Bedeutung ist, um Menschen im modernen Amerika irgendwelche Lebenshilfe zu bieten. Dementsprechend wird sich eine steigende Anzahl von Menschen fortwährend aus dem Gemeindeleben ausklinken.

4. Mystik und Subjektivismus werden zunehmend das Mittel sein, wodurch Menschen «religiöse Wahrheit» entdecken. Die Vorstellung ist: Wenn es sich gut anfühlt, muss es wahr sein. Man wird alle Erfahrungen für gültig erachten, einschliesslich derer in verschiedenen Religionen. In diesem Fall werden biblisch und faktisch begründete Spiritualität fortwährend schwinden.

5. Die Einzigartigkeit des Christentums wird fortwährend untergraben. Man wird behaupten, Wahrheit finde sich in allen Religionen, und es gebe viele heilige Bücher: die Bibel, die Veden der Hindus, den Koran der Moslems, das «Wassermann-Evangelium von Jesus dem Christus» der New Age-Anhänger, und viele mehr.

6. Einhergehend mit der Verwerfung der Bibel wird auch das rettende Evangelium fortwährend angegriffen und untergraben. Die Vorstellung, dass Jesus der einzige Weg zum Heil sei, wird für viele ein Gräuel sein. Das Wort der Stunde wird *Inklusivismus* lauten.

Ich habe schon in einigen meiner Bücher angemerkt, dass der Abfall zunehmend eskalieren wird, nachdem erst einmal die Entrückung der Gemeinde geschehen ist – ein Ereignis, das der siebenjährigen Drangsalszeit vorausgeht. Das ist eine wichtige Feststellung, denn derzeit hält der Heilige Geist das Böse zurück und verhindert das Auftreten des Antichrists (2Thes 2,3-7). Da der Heilige Geist allen Gläubigen innewohnt (Joh 3,16; 14,16-17;

1Kor 3,16-17), wird er bei der Entrückung der Gemeinde wesenhaft von der Erde «entfernt». Das ermöglicht eine weltweite Explosion der schlimmsten Apostasie, die je geschehen ist. Für den Antichrist wird es ein Leichtes sein, die Glut der Apostasie zur Flamme anzufachen.

Ernüchternde Zeiten liegen vor uns!

2. ALTERNATIVE RELIGIONEN IN DER ENDZEIT

Ich erforsche seit Jahrzehnten das Gebiet der Sekten und falscher Religionen. Ich habe auch über ein Dutzend Bücher zum Thema verfasst.[1] Ich glaube, dass die prophetischen Schriften, die uns vor dem Kommen falscher Christusse und falscher Propheten warnen, darauf hinweisen, dass Sekten und falsche Religionen sich in dieser letzten Zeit ausweiten werden. Diese Sekten und falsche Religionen dienen letztlich dazu, den Verführungen den Weg zu bereiten, die sich während der siebenjährigen Drangsalszeit entfalten werden. (Mehr dazu gleich.)

In Seiner Endzeitrede warnt Jesus: «Viele werden unter meinem Namen kommen und sagen: Ich bin der Christus! Und sie werden viele verführen» (Mt 24,5). Ebenfalls warnt Er davor, dass «viele falsche Propheten auftreten und werden viele verführen» (Mt 24,11). Er ermahnt eindringlich:

Wenn dann jemand zu euch sagen wird: Siehe, hier ist der Christus!, oder: Da!, so sollt ihr's nicht glauben. Denn es werden falsche Christusse und falsche Propheten aufstehen und grosse Zeichen und Wunder tun, sodass sie, wenn es möglich wäre, auch die Auserwählten verführten. Siehe, ich habe

---

[1] Siehe z. B. *The Challenge of the Cults and New Religions, Find It Quick Handbook on Cults and New Religions, Correcting the Cults, Reasoning from the Scriptures with Jehovah's Witnesses, Reasoning from the Scriptures with Mormons, Reasoning from the Scriptures with Masons, Reasoning from the Scriptures with Muslims, The 10 Most Important Things You Can Say to a Jehovah's Witness, The 10 Most Important Things You Can Say to a Mormon, The 10 Most Important Things You Need to Know About Islam, Conversations with Jehovah's Witnesses* u. a.

es euch vorausgesagt. Wenn sie also zu euch sagen werden: Siehe, er ist in der Wüste!, so geht nicht hinaus; siehe, er ist drinnen im Haus!, so glaubt es nicht (Mt 24,23-26).

Der Apostel Paulus warnt ebenfalls davor, «dass in den letzten Zeiten einige von dem Glauben abfallen werden und verführerischen Geistern und teuflischen Lehren anhängen» (1Tim 4,1). Mehr noch: «Denn es wird eine Zeit sein, da sie die gesunde Lehre nicht ertragen, sondern nach ihren eigenen Begierden sich selbst Lehrer aufhäufen werden, weil es ihnen in den Ohren kitzelt; und sie werden die Ohren von der Wahrheit abkehren und sich zu den Fabeln hinwenden» (2Tim 4,3-4). Die Schrift warnt auch eindringlich vor denen, die einen anderen Jesus, einen anderen Geist und ein anderes Evangelium verkünden (2Kor 11,4; Gal 1,8; 1Jo 4,1).

Liebe Leser, diese Worte beschreiben treffend nicht nur den Abfall, von dem im vorigen Kapitel die Rede war, sondern auch die falschen Religionen und Sekten, die derart überhandnehmen. In der ganzen Menschheitsgeschichte gab es noch nie eine Zeit, in der man eine grössere religiöse Auswahl gehabt hätte als heute. Unsere Gesellschaft ist pluralistischer als je zuvor und das Christentum nur eines von vielen Angeboten im Supermarkt der Religionen. Wir können nicht mehr glauben oder behaupten, die USA seien ein christliches Land, in dem der christliche Glaube die einzige echte Wahl wäre. Eine Vielzahl falscher Religionen und Sekten bevölkern nun unsere religiöse Landschaft.

Betrachten wir ein paar Details.

Der Begriff «Religion» ist etwas schwierig zu definieren. Im eigentlichen Sinne des Wortes bezeichnet er eine Menge von Glaubensgrundsätzen, an denen man festhält, und Werten, nach denen man lebt. Die meisten Religionen haben Eigenschaften wie diese gemeinsam:

- sie geben Antwort auf die letzten Fragen, wie: «Wer bin ich? Warum gibt es mich?»;
- sie haben heilige Schriften, sei es eine oder mehrere;
- sie haben religiöse Glaubenssätze und Praktiken (Rituale);
- es gibt individuelle (daheim) und gemeinschaftliche Glaubensausübung (in Kirchen, Tempeln oder Moscheen);
- sie lehren moralische Grundsätze, nach denen man lebt;
- der Glaube an eine geistliche Welt jenseits der materiellen;
- der Glaube an irgendeine Art von Leben nach dem Tod.

Neben dem Christentum gibt es Weltreligionen wie den Islam, Hinduismus, Buddhismus, Zoroastrismus, Jainismus, Sikhismus, Taoismus, Konfuzianismus, Shintoismus und Judentum. Jede davon lehrt falsche Vorstellungen über Gott, wie man gerettet wird und andere wichtige Dinge.

Was ist mit dem Begriff «Sekte»? Wenn ich dieses Wort benutze, dann meine ich es nicht herabsetzend, hetzerisch oder verletzend, sondern schlicht als Hilfsmittel, um bestimmte religiöse oder quasi-religiöse Gruppen einzuordnen. Theologisch gesehen ist eine Sekte eine religiöse Gruppe, die aus einer Mutterreligion (wie dem Christentum) hervorgeht, von dieser aber abweicht, indem sie – explizit oder implizit – eine oder mehrere wesentliche Lehren dieser Religion leugnet. Zu den Sekten zählen Gruppen wie die Zeugen Jehovas, die Mormonen, die Vereinigungskirche (offizielle Selbstbezeichnung seit 2015: «Familienföderation für Weltfrieden und Vereinigung»), die «Mind Science»-Bewegungen, Satanismus, Spiritismus, die Baha'i-Bewegung, The Way International, Wicca sowie die «Unitarian Universalists»[2].

---

[2] Eine Religionsgemeinschaft in den USA, die 1961 durch die Vereinigung der weit älteren Religionsgemeinschaften der Unitarier und der «Universalists» (Allversöhner) entstand; ihr Kennzeichen ist, jedes Credo abzulehnen und jede Glaubensüberzeugung stehenzulassen – offenbar ausser, sie ist biblisch (Anm. d. Übers.).

Sie alle verbreiten falsche Vorstellungen über die Bibel, Gott, Jesus, das Evangelium des Heils und vieles mehr.

Vielen heutigen Christen scheinen falsche Religionen und Sekten egal zu sein. Allerdings ist das explosive und unaufhörliche Wachstum solcher Religionen und Sekten eines von mehreren Anzeichen, dass wir in der Endzeit leben.

Die Zahlen lügen nicht

Statistiken belegen zweifellos, dass falsche Religionen und Sekten schon zahllose Menschen verführt haben. Und die Verführung wird mit jedem Tag schlimmer.

Der Islam zum Beispiel wächst in einem ungeahnten Ausmass. Diese Religion rühmt sich, über 1,3 Milliarden Anhänger zu besitzen, was 20 Prozent der Weltbevölkerung entspricht. Von diesen 1,3 Milliarden Anhängern sind zwischen 130 und 260 Millionen radikale Extremisten. Allein in den USA gibt es Tausende Moscheen, und jede Woche wird eine neue gebaut. Über 65 Nationen der Welt sind islamisch. Derzeit ist ein grosser Teil der Bevölkerung Grossbritanniens und Frankreichs islamisch. Nichts scheint diese Religion aufhalten zu können.

Auch andere Weltreligionen verführen grosse Menschenmassen. Der Hinduismus hat 851 Millionen Anhänger, der Buddhismus 375 Millionen, der Sikhismus 25 Millionen, der Konfuzianismus 6,4 Millionen, der Jainismus 4,5 Millionen und der Shintoismus 2,8 Millionen Anhänger.

Die Sekten schienen früher am Rand unserer Gesellschaft zu stehen, aber heute gehören sie zum Mainstream. Jahr für Jahr versinken immer mehr Menschen im Sumpf der Sekten.

Zum Beispiel gibt es heute etwa acht Millionen Zeugen Jehovas, von denen über 750 000 regelmässig 50 oder mehr Stunden pro Monat damit verbringen, die Wachtturm-Lehren von Tür zu Tür zu verbreiten. Der *Wachtturm*, die Zeitschrift der Zeugen

Jehovas, hat eine durchschnittliche Druckauflage von 42 Millionen Exemplaren. Die Bücher der Zeugen Jehovas sind in über 300 Sprachen veröffentlicht. Weltweit entstehen pro Woche über 50 neue Versammlungen der Zeugen Jehovas, und jeden Monat werden fünf Millionen Bibelstudien mit voraussichtlichen Bekehrten abgehalten.

Einer der bedeutendsten Befunde meiner Forschung ist, dass ein Grossteil der amerikanischen Öffentlichkeit an spiritistische Phänomene glaubt. Eine Gallup-Umfrage ergab, dass 32 Prozent der US-Amerikaner – das sind über 100 Millionen Amerikaner – an paranormale Aktivitäten verschiedener Art glaubt.[3] Darüber hinaus glauben 38 Prozent der US-Amerikaner, dass Geister (d. h. Totengeister) in bestimmten Situationen ins Diesseits zurückkehren können. Ebenso meinen 28 Prozent, dass man mit den Toten kommunizieren oder innerlich reden könne.[4]

Man kann den Spiritismus (die Kontaktaufnahme zu Geistern) nicht mehr als eine Randerscheinung betrachten, die auf die Aussenseiter der Gesellschaft beschränkt wäre. Brooks Alexander, ein Mitbegründer des Spiritual Counterfeits Project («Projekt [zur Entlarvung] geistlicher Betrügerei»), meint: «Der Spiritismus hat sich von etwas Verschrobenem und Übernatürlichen zu etwas Normalem und Mondänen entwickelt.»[5]

Eine weitere Umfrage der Barna-Gruppe ergab, dass sieben Millionen Teenager in den USA sagen, sie seien schon einmal persönlich einem Geistwesen begegnet, und zwei Millionen von ihnen behaupten, hellseherische Kräfte zu haben.[6] Sie haben

[3] Pauline Chiou, «Listening to the Voices of Ghosts», *CBS News* vom 3. Februar 2006.
[4] Marcia Montenegro, «I See Dead People», *Christian Research Journal*, Bd. 25, Nr. 1/2003.
[5] Brooks Alexander, zit. in John Ankerberg u. John Weldon, *Cult Watch* (Eugene, OR: Harvest House Publishers, 1991), S. 249.
[6] The Barna Group, «New Research Explores Teenage Views and Behavior Regarding the Supernatural», barna.com, 23. Januar 2006.

keine Ahnung, mit welch grosser geistlicher Gefahr sie dabei spielen!

Inzwischen erfährt Wicca (Hexerei) in den USA ein erstaunliches Wachstum. Manche schätzen, dass sich die Zahl der Amerikaner, die dem Wicca anhängen, alle 30 Monate verdoppelt. In jeder grösseren Stadt der USA gibt es Hexenzirkel. Heute gibt es über 200 000 Mitglieder eines als Religionsgemeinschaft registrierten Wicca-Zirkels sowie ca. acht Millionen, die Wicca praktizieren, ohne einer registrierten Gemeinschaft anzugehören. Die Buchläden sind voller populärer Bücher zum Thema.

Ich könnte noch weitere 25 Seiten nur mit Statistiken füllen; doch diese kurze Auswahl soll genügen, um zu zeigen, dass wir eine explosionsartige Vermehrung von Sekten und falscher Religionen erleben – und das geschieht *weltweit!* Die Verführung ist enorm. Die Menschen werden im weltweiten Massstab von dem wahren Jesus und dem wahren Evangelium weggeführt. Dies – zusammen mit dem Abfall innerhalb der Gemeinde, den wir im vorigen Kapitel ansprachen – buchstabiert man D E S A S T E R.

Eine repräsentative Auswahl von Irrlehren

Da Jesus selbst uns vor den Endzeitlügen aus dem Mund falscher Christusse und falscher Propheten warnt und auch der Apostel Paulus ähnliche Warnungen ausspricht, ist es unsere Pflicht zu begreifen, welche Irrlehren heutzutage verbreitet werden. Das gibt uns eine Handhabe gegen Satans Endzeit-Verführungsstrategie – denn sein letztes Ziel ist, Menschen vom wahren Gott, vom wahren Jesus und vom wahren Evangelium fernzuhalten.

Bei Sekten und falschen Religionen ist es gewöhnlich so, dass sie besondere Betonung auf eine Neuoffenbarung Gottes legen, die alleinige Autorität der Bibel leugnen, eine verzerrte Sicht über Gott und Jesus haben, die Rettung allein aus Gnade durch den Glauben ablehnen sowie manch anderes dieser Art leugnen. Zwar legt nicht jede Sekte oder falsche Religion jedes einzelne dieser Merkmale an den Tag (auch nicht in demselben Mass), doch diese Merkmale sind recht weit verbreitet. Wir werden feststellen, dass die Verführung enorm ist und rapide zunimmt. Das nachfolgend Genannte ist nur eine repräsentative Auswahl – die sprichwörtliche «Spitze des Eisbergs».

Neue Offenbarungen

Viele Sektenführer und Anführer von Weltreligionen behaupten, neue Offenbarungen empfangen zu haben, sei es von Gott oder irgendeinem anderen Geistwesen. Mormonen-Präsidenten behaupten, Offenbarungen von Gott zu empfangen. New Age-Anhänger behaupten, Offenbarungen von «aufgestiegenen Meistern» zu empfangen – angeblich höher entwickelte Wesen, die uns zu erleuchten versuchen. Anführer von UFO-Kulten behaupten, Offenbarungen von geistlich erleuchteten «Weltraum-Brüdern» zu empfangen. Spiritisten behaupten, Offenbarungen aus dem Jenseits zu empfangen – wie etwa von Verstorbenen oder von Engeln. Die Baha'i behaupten, Gottes letzte und höchste Offenbarung sei durch den Propheten Baha'ullah gekommen. Anhänger der sog. «Christlichen Wissenschaft» behaupten, Mary Baker Eddy hätte Offenbarungen empfangen, die nötig wären, damit wir die älteren Offenbarungen in der Bibel richtig verstehen. Mohammed behauptete, Offenbarungen durch den Engel Gabriel empfangen zu haben, die schliesslich im Koran als Buch zusammengefasst wurden.

Es ist für Sekten und falsche Religionen typisch, dass ihre neuen Offenbarungen die Offenbarungen der Bibel ablösen, wenn sie dazu im Widerspruch stehen. Mehr noch: Wenn die Lehren der Sekte oder falschen Religion sich im Laufe der Zeit ändern (was oft geschieht), dann lösen die neuen Offenbarungen die früheren Offenbarungen ab. Das sehen wir oft im Islam.

Man leugnet die alleinige Autorität der Bibel

Viele Sekten und falsche Religionen leugnen die alleinige Autorität der Bibel. Zum Beispiel machen Anhänger der sog. «Christlichen Wissenschaft» Mary Baker Eddys Buch *Wissenschaft und Gesundheit mit Schlüssel zur Heiligen Schrift* zu ihrer höchsten Autorität. Mitglieder der Vereinigungskirche erheben Pastor Moons Buch *Das göttliche Prinzip* zur höchsten Autorität. New Age-Anhänger glauben an *Das Wassermann-Evangelium von Jesus dem Christus* und *Ein Kurs in Wundern* als heilige Bücher. Die Mormonen behaupten, es gebe Übersetzungsfehler in der Bibel, und glauben, *Das Buch Mormon, Lehre und Bündnisse* sowie *Die köstliche Perle* seien weit zuverlässigere Schriften. Die Zeugen Jehovas stehen in dieser Hinsicht einzigartig da, denn sie verteidigen die alleinige Autorität der Bibel – aber man könne sie nur dann recht verstehen, wenn man *ihre Übersetzung* der Bibel benutze, die Neue-Welt-Übersetzung, und wenn man sie zusammen mit den Veröffentlichungen der Wachtturm-Gesellschaft lese, wie etwa den *Schriftstudien*.

Moslems hingegen behaupten gewöhnlich, der Originaltext der Bibel habe Offenbarungen Gottes enthalten, doch die Juden hätten das Alte Testament verfälscht und die Christen das Neue Testament, sodass man der Bibel nicht mehr trauen könne. Den Koran betrachtet man als das überlegene heilige Buch. Hindus schreiben den Veden, den Upanischaden und der Bhagavadgita göttliche Autorität zu. Die heilige Schrift der Buddhisten heisst Pali Tripitaka. Die wichtigste heilige Schrift der Zoroastrier ist die Avesta. Die heiligen Texte des Jainismus werden in sechs Gruppen unterteilt: die Angas, Upangas, Pakinnakas, Chedas, Mulasutras und Sutras. Die heilige Schrift des Jainismus heisst Granth Sahib. Die heilige Schrift des Taoismus heisst Tao te ching (unter Fachwissenschaftlern übliche Transskription: Daoismus und Daodejing). Wir leben in einer Welt voller falscher heiliger Schriften.

Ein verzerrtes Gottesbild

Viele Sekten und falsche Religionen weisen ein verzerrtes Gottesbild auf. Die Zeugen Jehovas behaupten, die Lehre der Dreieinigkeit gründe im Heidentum und wäre vom Teufel inspiriert. The Way International sagt, die «Irrlehre der Dreieinigkeit» wurzle in alten heidnischen Religionen. New Age-Anhänger glauben, das Universum sei göttlich (Pantheismus). Mormonen glauben, Menschen könnten Götter werden, weshalb es viele Götter im Universum gebe (Polytheismus). Wicca-Anhänger glauben an eine Muttergöttin (Heidentum). Unitarische Pfingstler glauben, Jesus sei der einzige Gott, der selbst der Vater, der Sohn und der Heilige Geist sei (Modalismus). Die Unitarian Universalists leugnen die Lehre der Dreieinigkeit (sie sind Unitarier).

Moslems indessen vertreten einen ganz radikalen Monotheismus und bestreiten entschieden die Dreieinigkeit Gottes. Sie bestreiten auch entschieden die Gottheit Christi und argumentieren, so etwas wie einen «Sohn Gottes» gebe es nicht.

Der Hinduismus war ursprünglich polytheistisch. Schliesslich wurden drei Gottheiten vorherrschend: Brahma (der Schöpfer), Vischnu (der Erhalter) und Schiva (der Vereiner oder Zerstörer). Hinter den vielen Göttern des Hinduismus stehe die einzig wahre Realität: Brahman, die «Weltseele».

Im Zoroastrismus gibt es zwei widerstreitende Mächte: Ahura Mazda, den Herrn der Weisheit, den einen, wahren Gott und guten Schöpfer des Lebens. Er wird von guten Geistern oder Engeln begleitet (Ahuras). Gegen diese guten Geister streitet der böse und zerstörerische Angra Mainyu, dem Dämonen (Daevas) zur Seite stehen.

Im Jainismus gibt es keinen höchsten Schöpfergott. Vielmehr gibt es unzählige niedere Gottheiten (Tirthankaras). Diese stehen nicht ausserhalb der diesseitigen Welt oder darüber, sondern sind nur ein wenig höher als die Menschen.

Im Shintoismus gibt es zahllose Lokalgottheiten (Kami). Sie können Objekten der materiellen Welt innewohnen und nützlich oder schädlich sein. Verzerrungen der Lehre von Gott sind heutzutage anscheinend zahllos.

Eine verzerrte Sicht von Jesus Christus

Ein weiteres gemeinsames Kennzeichen von Sekten und falschen Religionen ist, dass sie die volle Gottheit Jesu Christi leugnen. Die Zeugen Jehovas meinen, Gott der Vater habe Jesus vor Milliarden von Jahren als Erzengel Michael geschaffen; daher sei Jesus ein geringerer Gott als Gott der Vater, welcher «Gott der Allmächtige» sei. Die Mormonen lehren, Jesus sei als das erste und bedeutendste Geist-Kind des himmlischen Vaters und der himmlischen Mutter geboren worden und Luzifer sei Sein Geist-Bruder. Spiritisten sagen, der Mensch Jesus sei durch Reinkarnation zum Christus geworden. Manche New Age-Anhänger glauben, der Mensch Jesus sei zum Christus geworden, indem Er als Kind von Gurus in Indien gelernt habe. Anhänger von UFO-Kulten behaupten, Jesus sei ein Mischwesen – halb Mensch, halb Ausserirdischer, was Ihn zu Seinen Wundertaten fähig gemacht habe. Die Baha'i lehren, Jesus sei nur eine von vielen Manifestationen Gottes im Lauf der Geschichte. Die Unitarian Universalists leugnen die Gottheit Jesu und lehren, Er sei im Grunde nur ein guter Morallehrer gewesen. Der «Jesus» des Hellsehers Edgar Cayce ist ein Wesen, das bei seiner ersten Inkarnation Adam war und bei seiner 13. Inkarnation zu «dem Christus» wurde, also Sünder und Erlöser in ein und derselben Person.

Der Islam wiederum lehrt, Jesus sei weder Gott noch der Sohn Gottes, sondern vielmehr nur ein Prophet, der an Israel gesandt sei – und geringer als der Prophet Mohammed. Im Hinduismus glaubt man, Jesus habe die Erkenntnis erlangt, Gott zu sein, und sei somit ein erleuchteter Guru. Er sei weder ein Erretter noch der Sohn Gottes noch von den Toten auferstanden. Im Buddhismus hält man Jesus für einen erleuchteten Meister. Heute herrscht kein Mangel an Irrtümern über Jesus Christus.

Eine verzerrte Sicht des Heilswerks Christi am Kreuz

Sekten und falsche Religionen leugnen nicht nur die volle Gottheit Jesu Christi, sondern bieten auch eine völlig verzerrte Sicht seines Heilswerks am Kreuz. Jehovas Zeugen sagen, Jesus sei an einem Pfahl gestorben, nicht an einem Kreuz, und zwar als blosser Mensch, nicht als Gott und Mensch; und Er sei für die Sünden Adams gestorben. Die Mormonen behaupten, das Werk Christi am Kreuz bewirke, dass am Jüngsten Tag alle Menschen auferstehen werden, nicht aber, dass der Einzelne von seiner Sünde, Schuld und Verdammnis gerettet werde. Viele New Age-Anhänger meinen, Jesus sei gestorben, um das Weltkarma wieder ins Gleichgewicht zu bringen. Pastor Moon von der Vereinigungskirche glaubte, Jesus hätte das Erlösungswerk nicht vollbracht; daher sei der «Herr des zweiten Advent» (Pastor Moon) gekommen, um die Aufgabe zu vollenden. Der Islam wiederum leugnet, dass Jesus überhaupt gekreuzigt worden oder für die Sünden der Menschheit gestorben sei. Vielmehr sei Er schlicht in Gottes Gegenwart entrückt worden, ohne den Tod zu schmecken.

Das Kreuz steht heute wahrlich im Fadenkreuz.

Eine verzerrte Sicht des Heiligen Geistes

Sekten sind wohlbekannt für ihre verzerrte Sicht des Heiligen Geistes. Die Zeugen Jehovas leugnen, dass der Heilige Geist Gott sei, ja dass Er eine Person sei, und behaupten, Er sei schlicht Gottes unpersönliche «aktive Kraft», um Seinen Willen und Plan für die Welt auszuführen. Auch The Way International deutet den Heiligen Geist als die Kraft Gottes. Die «Kinder Gottes» (derzeitige Selbstbezeichnung nach mehreren Umbenennungen: «Die Familie» oder «The Family International») glauben, der Heilige Geist sei die weibliche Seite Gottes, und beschreiben Ihn oft als sinnliche Frau. Manche New Age-Anhänger setzen den Heiligen Geist mit der Chi-Kraft gleich – einer unpersönlichen Kraft, die man oft mit dem Taoismus verbindet. Unitarische Pfingstler behaupten, der Heilige Geist sei nur eine der Erscheinungsweisen, in denen sich Jesus Christus manifestiert habe. In der «Mind Science»-Bewegung deutet man den Heiligen Geist nicht als dritte Person der Dreieinigkeit, sondern vielmehr als die «Göttliche Wissenschaft» selbst.

Was für ein Durcheinander!

Eine verzerrte Sicht des Menschen

Es überrascht nicht, dass viele Sekten und falsche Religionen eine verzerrte Sicht des Menschen an den Tag legen. New Age-Anhänger glauben, Menschen wären ein Teil Gottes und könnten daher ihre eigene Realität erschaffen. Schwärmer der «Mind Science»-Bewegung glauben dasselbe. Mormonen glauben, dass Menschen durch einen langen Prozess ewigen Fortschritts zu Göttern erhöht werden, genau so, wie es auch beim himmlischen Vater gewesen sei. Scientology lehrt, dass jeder Mensch in Wahrheit ein Thetan sei – ein unsterblicher, gottgleicher Geist. Die UFO-Sekte der Raelianer lehrt, die Menschheit sei vor langer Zeit von fortschrittlichen Ausserirdischen auf dem Planeten Erde gegründet worden. Wahnsinn!

Leugnung der Errettung aus Gnade

Von grosser Bedeutung ist, dass Sekten und falsche Religionen gewöhnlich die Errettung aus Gnade leugnen und dadurch das reine Evangelium verdrehen. Die Mormonen betonen, es sei nötig, in diesem Leben immer vollkommener zu werden. Rechtfertigung allein durch den Glauben bezeichnet man als «verderbliche Lehre». Die Zeugen Jehovas betonen, es sei wichtig, Wachtturm-Literatur von Haus zu Haus zu verbreiten, womit man dazu beitrage, sein Heil zu «erarbeiten». Sie müssen ihr Leben Jehova weihen und Ihm bis ans Ende treu bleiben – aus Furcht, ihr Heil zu verlieren. Unitarische Pfingstler lehren: Um gerettet zu werden, müsse man Glauben an Christus haben, von allen Sünden Busse tun, mit Wasser allein im Namen Jesu getauft werden, mit dem Heiligen Geist getauft werden, wofür Zungenreden der Beweis sei, und sein Leben lang dem Heiligungs-Codex entsprechen.

Moslems hingegen glauben, dass nur die gerettet werden können, die sich Allah unterwerfen. Am Ende werden gute und böse Taten gegeneinander aufgewogen, und diejenigen, die Allah für würdig befindet, werden vielleicht ins Paradies kommen – aber das ist nicht sicher.

Im Hinduismus geschieht Errettung, wenn jemand erkennt, dass seine individuelle Seele (Atman) mit der Weltseele (Brahman) identisch ist. Durch zahllose Tode und Reinkarnationen gelangt man schliesslich zu dieser Erkenntnis; danach ist man von der Knechtschaft des Lebens befreit und erlangt die vollkommene Vereinigung mit Brahman.

Im Buddhismus geschieht Errettung, indem man dem «achtfachen Pfad» folgt: 1. rechte Erkenntnis; 2. rechte Gesinnung; 3. rechte Rede; 4. rechtes Handeln; 5. rechter Lebenswandel; 6. rechtes Streben; 7. rechte Achtsamkeit; 8. rechtes Sichversenken.

Im Zoroastrismus hängt das ewige Schicksal eines Menschen davon ab, ob er sich auf die Seite des guten Ahura Mazda oder des bösen Angra Mainyu stellt. Jeder, der sich für das Gute entschieden hat, muss dem Einfluss der Daevas widerstehen und sich auf Heiligkeit, reine Gedanken, gute Worte und gute Werke konzentrieren. Man kann gerettet werden, wenn beim Jüngsten Gericht die guten Taten die schlechten Taten überwiegen.

Im Glauben der Jains gründet die Erlösung auf Reinkarnation. Man glaubt, die Seele würde befreit – von der Materie erlöst –, sobald sie nicht mehr an die Folgen des Karma gekettet sei. Um diesen Zustand zu erreichen, müsse man sich in Askese üben, um alles angesammelte schlechte Karma zu tilgen, und einen streng moralischen Lebenswandel führen, um die Anhäufung neuen schlechten Karmas zu vermeiden.

Sikhs glauben, man würde von Sünden befreit, indem man beständig das Mantra «Sat Nam» («wahrer Name») ausspreche und darüber meditiere. Jeder muss sich auf Gott ausrichten, selbstlos leben, Nächstenliebe üben und einen moralischen Lebenswandel führen.

Ich könnte noch viele weitere Beispiele nennen. Hier soll genügen, dass es in den Sekten und Weltreligionen beim Heil immer nur um *Werke, Werke und nochmals Werke* geht. Die Verführung ist enorm – atemberaubend und unglaublich.

Die letztendliche Ursache der Verführung

Bei den falschen Weltreligionen und im Bereich der Sekten gibt es eine immense lehrmässige Verführung. Doch lassen Sie mich kurz innehalten und Sie fragen: *Wer steht Ihrer Meinung nach letztendlich hinter all diesen Irrlehren?*

Ich glaube, es ist Satan. Jesus sagt in Johannes 8,44: «Er ... stand nie auf dem Boden der Wahrheit, weil es in ihm keine Wahrheit gibt. Wenn er lügt, redet er so, wie es seinem ureigensten Wesen entspricht; denn er ist ein Lügner, ja er ist der Vater der Lüge.» Im Einklang mit seiner Eigenschaft als Vater der Lüge ist Satan auch fortwährend damit beschäftigt, Menschen gegenüber der Wahrheit blind zu machen: «Der Gott dieser Welt [Satan] hat sie mit Blindheit geschlagen, sodass ihr Verständnis verfinstert ist und sie den strahlenden Glanz des Evangeliums nicht sehen, den Glanz der Botschaft von der Herrlichkeit dessen, der Gottes Ebenbild ist – Christus» (2Kor 4,4 NGÜ). Satans Verschlagenheit erweist sich in all den Fälschungen, die er im Laufe der Jahrhunderte hervorgebracht hat. Es war Augustinus, der den Teufel als *simius Dei* bezeichnete – den «Nachäffer Gottes». Satan ist der Fälscher schlechthin. Er ahmt Gott auf vielerlei Weise nach, um zu verführen. Er liebt es, sich als «Engel des Lichts» zu verkleiden (2Kor 11,14). Betrachten Sie folgende seiner Verführungskünste:

- Satan hat seine eigene *Kirche* – die «Synagoge des Satan» (Offb 2,9).
- Satan hat seine eigenen *Prediger* – Diener[7] der Finsternis, die eine falsche Botschaft verkündigen (2Kor 11,4-15).
- Satan hat seine eigene *Theologie* ausgearbeitet – eine «Lehre der Dämonen» (1Tim 4,1; vgl. auch Offb 2,24).
- Seine Diener verkünden sein *Evangelium* – «ein anderes Evangelium als das, was wir euch verkündigt haben» (Gal 1,6-9).
- Satan hat seinen *Thron* (Offb 13,2) und seine *Anbeter* (Offb 13,4).
- Satan inspiriert falsche *Christusse* und selbsternannte *Messiasse* (Mt 24,4-5).
- Satan benutzt «falsche *Lehrer*, die verderbliche Irrlehren einführen» (2Petr 2,1).
- Satan sendet falsche *Propheten* aus (Mt 24,11).
- Satan fördert falsche *Apostel*, welche die echten Apostel nachahmen (2Kor 11,13).

---

[7] Auf Englisch ein Wortspiel: Im Original steht zweimal «minister», was je nach dem Kontext «Diener», «Prediger», «Pastor» oder «Geistlicher» bedeuten kann (Anm. d. Übers.).

Satan – ein meisterhafter Nischenanbieter falschen Gedankenguts

In diesen letzten Tagen ist Satan ein meisterhafter Nischenanbieter falschen Gedankenguts geworden. Im Bereich der Sekten wie auch der zahlreichen falschen Religionen gibt es scheinbar für jeden etwas. Satan bietet eine Vielzahl verführerischer Angebote, um die verschiedenen Begierden der Leute zu befriedigen. Wer es ansprechend findet, selbst ein Gott zu sein, mag sich der New Age-Bewegung oder dem Mormonentum zuwenden. Wenn Ihnen zusagt, sich selbst zu entfalten und Ihre eigene Realität zu schaffen, dann dürfte (wieder) die New Age-Bewegung Ihr Ding sein. Wenn Sie gerne reich und gesund sind, dann ist wohl die «Wort des Glaubens»-Bewegung (Wohlstandsevangelium) genau das Richtige für Sie. Mögen Sie die Begriffe Schmerz, Leiden und Tod nicht, dann dürften Sie wohl auf die «Christliche Wissenschaft» abfahren (weil diese Sekte leugnet, dass es Schmerz, Leiden und Tod gibt). Haben Sie hingegen eher Interesse daran, Ihre verstorbenen Angehörigen zu kontaktieren, dann spricht Sie vielleicht der Spiritismus an. Oder mögen Sie die Vorstellung, durch Reinkarnation oftmals nacheinander zu leben? Dann ist vielleicht der Hinduismus Ihr Ding.[8]

Wie schon gesagt ist Satan ein meisterhafter Nischenanbieter falschen Gedankenguts. Mittels jeder Sekte oder falscher Religion versucht er, Menschen vom wahren Gott, vom wahren Jesus und vom wahren Evangelium fernzuhalten. Kein Wunder, dass die Heilige Schrift die Christen ermahnt, sich vor Satans listiger Verführung zu hüten (2Kor 11,3).

---

[8] Anm. d. Übers.: Das ist allerdings eine sehr verwestlichte Vorstellung der Reinkarnation. Im Hinduismus hingegen sieht man vielmehr eine rein geistige Existenz nach der Überwindung (!) der Reinkarnation als Erlösung an.

Eine wichtige Rolle bei der Erfüllung von Prophetie?

Eines ist schon seltsam an den Sekten: Sie meinen oft, eine wichtig Rolle – wenn nicht die Hauptrolle – bei der Erfüllung biblischer Endzeit-Prophetie zu spielen. Dazu mögen nur ein paar Beispiele genügen:

Joseph Smith, der Gründer der Mormonen, brachte eine Bearbeitung der King James-Bibel heraus, in der er bestimmte Stellen strich und andere hinzufügte. Er nannte seine Bibel die «inspirierte Übersetzung». In 1. Mose 50 fügte er eine Prophezeiung über sich selbst ein. Daher glaubte man Smith, als er im 19. Jahrhundert die Bühne betrat, dass er die Erfüllung einer biblischen Prophetie sei. Die Mormonen, die sich offiziell «Kirche Jesu Christi der Heiligen der Letzten Tage» nennen, betonen damit, das Gottesvolk der Endzeit zu bilden.

Die Zeugen Jehovas haben sich schon oft als die einzigen Zeugen Gottes in der Endzeit dargestellt, die Zeugnis geben, ehe die Schlacht von Harmageddon losbricht, was angeblich direkt vor der Tür stehe. Sie glauben, sie seien die Einzigen auf Erden, die diese weltweite Katastrophe überleben würden. Die Wachtturm-Gesellschaft, die über alle Zeugen Jehovas herrscht, hat im Laufe der Jahre viele falsche Prophezeiungen getroffen – einschliesslich der, dass Jehova im Jahr 1914 alle menschlichen Regierungen stürzen und Sein Reich auf Erden errichten würde. Sie haben diese Prophezeiung bis 1975 immer wieder gelehrt.

Die Vereinigungskirche (Familienföderation für Weltfrieden und Vereinigung) zitiert oft Offenbarung 7,2-4, wo von einem Engel die Rede ist, der mit einem Siegel Gottes von Osten her kommen werde. Das bedeute angeblich, dass der «zweite Messias» (Pastor Moon) irgendwo im Osten geboren würde. Moonies argumentieren, dass Korea das einzige passende Land sei, weil man in Japan heidnische Götter anbete und China kommunistisch sei. Pastor Moon natürlich wurde in Korea geboren und wird als zweiter Messias angesehen.

Nach dem Glauben der Baha'i hätten sich die Bibelstellen, die von der Wiederkunft Christi sprechen, durch das Kommen des grossen Propheten Baha'ullah erfüllt. Er, so sagt man, sei der verheissene Messias, und seine Lehren überträfen die Lehren Jesu und des Neuen Testaments. Die Baha'i sind sich darüber im Klaren, dass Christen die Wiederkunft Christi weiterhin als persönliches Kommen Jesu verstehen, aber damit würden sie sich irren. Die christliche Geistlichkeit hätte die Bibel angeblich jahrhundertelang missverstanden; das rechte Verständnis hingegen hätten die Baha'i, die sich als die wahre Christenheit verstehen. Ebenso wie die Juden damals das Alte Testament falsch verstanden und deshalb Jesus widerstanden, so verstünden auch heute die Christen die Schrift falsch und würden deshalb Baha'ullah widerstehen.

Diese und andere Sekten, die gleiche oder ähnliche Behauptungen aufstellen, sind von Satan, dem «Vater der Lügen» (Joh 8,44), verführt und verblendet. Unterdessen fahren sie fort, die Mehrzahl der Menschen zu verführen.

Die Gegenwart und die nahe Zukunft

Die gegenwärtige Verführung durch falsche Religionen und Sekten ist immens – und es wird in den kommenden Jahren noch schlimmer werden. Was jetzt geschieht, bereitet schlicht die Bühne für die schlimmste Verführung, die während der künftigen siebenjährigen Drangsalszeit über die Welt kommen wird.

Heutzutage sprechen wir oft über falsche Christusse; in der künftigen Drangsalszeit aber wird der Antichrist als der schlimmste falsche Christus auftreten.

Heutzutage sprechen wir oft über falsche Propheten; in der künftigen Drangsalszeit aber wird *der* falsche Prophet auftreten.

Er wird der erste Offizier, die rechte Hand des Antichrists sein. Er wird der schlimmste falsche Prophet sein.

Heutzutage sprechen wir über verzerrte Ansichten über den Heiligen Geist; in der künftigen Drangsalszeit aber wird der *un*heilige Geist dem Antichrist Kraft verleihen: Satan persönlich.

Ebenso sprechen wir heutzutage über verzerrte Ansichten von der Dreieinigkeit. In der künftigen Drangsalszeit werden wir die schlimmste Verzerrung der Dreieinigkeit erleben: den Antichrist, den falschen Propheten und Satan.

Das sind die Tage, in denen Weisheit nötig ist.

3. ALLES IST ERLAUBT: DER SITTLICHE VERFALL DER ENDZEIT

In der Einleitung zu diesem Buch habe ich angemerkt, dass die prophetischen Schriften uns besondere «Zeichen der Zeit» nennen. Diese Zeichen helfen uns zu erkennen, dass wir in der Endzeit leben. Man könnte sagen: Diese Zeichen sind Gottes «Intel in Advance» in Bezug darauf, wie die Welt aussehen wird, während wir in die Endzeit eintreten.

Die prophetischen Schriften nennen uns eine ganze Reihe solcher Zeichen. Das «Superzeichen» ist die Wiedergeburt des Staates Israel – ein Ereignis, das 1948 geschah. Darüber hinaus gibt es auch *Zeichen, die bestimmte Nationen betreffen* (wie zum Beispiel die islamischen Nationen, die sich in der Endzeit für eine Invasion nach Israel verbünden werden), *religiöse Zeichen* (einschliesslich des Aufkommens falscher Propheten und falscher Christusse), *Zeichen des technischen Fortschritts* (ein Beispiel dafür ist der immer mehr zunehmende bargeldlose Zahlungsverkehr, der es dem Antichrist leicht machen wird, die Weltwirtschaft zu kontrollieren), *Zeichen am Himmel und auf Erden* (wie die Verfinsterung der Sonne und die blutrote Verfärbung des Mondes), sowie *Zeichen, die die Moral betreffen*.

Die Zeichen, die die Moral betreffen, beziehen sich – wie die anderen Zeichen der Zeit – im Allgemeinen auf die künftige siebenjährige Drangsalszeit. Der Apostel Paulus schildert in 2. Timotheus 3,1-5 die Art von Moral, die während dieser Jahre vorherrschen wird: Die Menschen werden sich selbst lieben; sie werden das Geld lieben (sie werden sehr materialistisch gesinnt sein), hochmütig sein, prahlerisch, ihre Eltern weder respektieren noch ehren; sie sind völlig undankbar für das, was sie haben; sie haben keine Vorstellung davon, was es heisst, andere zu lieben und ihnen zu vergeben; sie verleumden andere; ihr Benehmen entbehrt jeder Selbstbeherrschung; sie sind grausam zu anderen; sie hassen alles, was gut ist; sie verraten ihre Freunde und sie sind schwer in das Vergnügen verliebt, statt Gott zu lieben (sie fahren total auf Hedonismus ab).

Jesus prophezeit ebenfalls, dass die Menschen der Endzeit nur noch darauf aus sind, Partys zu feiern:

> Wie es aber in den Tagen Noahs war, so wird es auch bei der Wiederkunft des Menschensohnes sein. Denn wie sie in den Tagen vor der Sintflut assen und tranken, heirateten und verheirateten bis zu dem Tag, als Noah in die Arche ging, und nichts merkten, bis die Sintflut kam und sie alle dahinraffte, so wird auch die Wiederkunft des Menschensohnes sein (Mt 24,37-39).

Zwar bezieht sich diese Bibelstelle ausdrücklich auf die künftige Drangsalszeit, doch Vorerfüllungen davon erleben wir schon jetzt in unseren Tagen. Diese Prophezeiungen sagen uns, dass die Menschen der Endzeit vorwiegend mit *sich selbst* und *der Befriedigung ihrer Lüste* befasst sein werden. Man schert sich kaum noch um einen moralischen Lebenswandel.

«Ich habe meine eigene Wahrheit»

Heute hat moralischer Relativismus die absolute Oberhand. Die Lebensphilosophie vieler kann man in einem Satz zusammenfassen: «Was für dich funktioniert, ist deine moralische Wahrheit; was für mich funktioniert, ist meine moralische Wahrheit.» Wenn alle Wahrheit relativ ist, dann ist die «Wahrheit» des einen genauso gut wie die «Wahrheit» des anderen. Der christliche Apologet Elliot Miller drückt es wie folgt aus: «Wenn jemand denkt, er habe die entscheidende Wahrheit für alle Menschen, dann gilt das als Gipfel der Anmassung. Andererseits gilt es als höchste Form der Liebe, wenn man anderen ‹gestattet›, ihre eigene ‹Wahrheit› zu haben.»[1] Heute scheint unausgesprochen als Gebot zu gelten: «Du sollst dich nicht in die Realität eines anderen einmischen.»

David Kinnaman und Gabe Lyons meinen in ihrem Buch *Good Faith: Being a Christian When Society Thinks You're Irrelevant and Extreme*, heute sei «die grösste Sünde, die man begehen kann, jemandem zu sagen, dass er falschliegt. Wie freundlich Sie auch widersprechen mögen, so besteht doch die grosse Wahrscheinlichkeit, dass man Sie auf dem sprichwörtlichen Scheiterhaufen verbrennt, der für aus der Gesellschaft Ausgestossene und Verräter an der Kultur reserviert ist».[2]

Der christliche Denker Carl F. H. Henry beklagte schon vor über zwei Jahrzehnten, dass der Westen seinen moralischen Kompass verloren habe.[3] Es ist seitdem noch schlimmer geworden. Wenn es um Richtig und Falsch geht, kann man unmöglich sagen, welcher Weg nach Norden und welcher Weg nach Süden führt. Amerika ist in einem Meer moralischer Verwirrung versunken.

Wenn wir auf dem Weg dorthin fortfahren, wohin uns die Relativierung der Moral führt, dann gibt es keine absolute Wahrheit, «keinen Mittelstreifen auf der Autobahn des Lebens»[4]. Auf dieser Autobahn gibt es viele Verkehrstote. Der christliche Jour-

---

[1] Elliot Miller, «Breaking Through the ‹Relativity Barrier›», *Christian Research Journal*, Winter/Frühjahr 1988, S. 7.

[2] David Kinnaman und Gabe Lyons, *Good Faith: Being a Christian When Society Thinks You're Irrelevant and Extreme* (Grand Rapids, MI: Baker Books, 2016), S. 114.

[3] Carl F. H. Henry, zit. in Russell Chandler, *Understanding the New Age* (Dallas: Word Publishing, 1991), S. 252.

[4] Chandler, *Understanding the New Age*, S. 258.

nalist Russell Chandler bringt es auf den Punkt: «Der Verlust objektiver Autorität und einer transzendenten Moral hat die moralischen Grundlagen der Nation mit einer Krankheit infiziert, die uns an den Rand des Todes führt.»[5]

Ich, ich und nochmals ich

In der Welt von heute scheint das *Ich* nun die Oberherrschaft innezuhaben. George Barna schliesst aus einer von ihm durchgeführten Umfrage: «Die Gesellschaft im Allgemeinen hat die Selbstverwirklichung als höchsten Massstab dafür übernommen, was moralisch gut ist. Die Werteverschiebung, die gerade geschieht, verlagert Autorität von ausserhalb von uns (zum Beispiel der Bibel) in uns hinein.»[6] Was dem Ich wohltut, ist für die überwiegende Mehrheit der Erwachsenen zum geistlichen und moralischen Kompass geworden, während man die Bibel klammheimlich in eine Mottenkiste auf dem Speicher verbannt hat. In einem Report heisst es: «Die Mehrheit der Amerikaner, darunter drei Viertel der ‹Generation Y›, ist der Meinung, Moral gründe allein auf ihre persönlichen Empfindungen. In einer Umfrage unter 1237 Menschen stimmten 57 Prozent der Aussage zu: ‹Was immer für Ihr Leben nützlich ist oder für Sie am besten funktioniert, das ist die einzige Wahrheit, die man erkennen kann.› Hingegen stimmten dem 74 Prozent der ‹Generation Y› zu.»[7]

Der Forscher und Kulturanalytiker David Kinnaman kommt zu dem Schluss: «Das höchste Gut ist, wenn es nach unserer Gesellschaft geht, ‹sich selbst zu verwirklichen› und dann danach zu leben, ‹was für einen richtig ist›.» Auch Kirchenmit-

---

[5] Ebd., S. 263.

[6] The Barna Group, *The Bible in America: The Changing Landscape of Bible Perceptions and Engagement* (Ventura, CA: Barna Group, 2016), S. 9.

[7] Michael Foust, «One-Third of Practicing Christians Say Morality Is Relative, Shocking Poll Shows», Online-Ausgabe des *Christian Examiner* vom 31. Mai 2016.

glieder spiegeln diese Ansicht wider. Kinnaman beklagt: «Während wir noch darüber jammern, dass unsere Gesellschaft immer mehr verweltlicht, hat die Mehrheit der Kirchgänger schon eine verdorbene, ichzentrierte Theologie übernommen.» In der Tat: «Die Moral der Selbstverwirklichung ist überall – wie die Luft, die wir atmen.» Man sagt uns: «Wenn etwas oder jemand meiner Selbstverwirklichung im Weg steht, dann muss dieses Hindernis beseitigt werden. Diese Person steht für den Feind, die Verkörperung des Bösen.»[8]

Wenn ich darüber nachdenke, so scheint mir all dies der Einstellung der Israeliten während der Zeit der Richter ziemlich nahezukommen: «Zu jener Zeit gab es keinen König in Israel; *jeder tat, was recht war in seinen Augen*» (Ri 21,25). Jeder machte sich seine eigenen Regeln. Jeder war sich selbst Gesetz. Wir sehen heute dieselbe Einstellung. Anscheinend kann alles für einen Einzelnen wahr sein, aber nichts kann für jeden wahr sein. Mit anderen Worten: *Es gibt keine absolute moralische Wahrheit.*

«Alles ist erlaubt»

Weil die Leute von heute moralische Entscheidungen nicht auf Grundlage der Bibel, sondern vielmehr *ihrer selbst* treffen, haben sie zu einer Vielzahl ethischer Themen eine weit liberalere Haltung. Einige Beispiele:[9]

- 71 Prozent der Amerikaner glauben heute, Ehescheidung sei moralisch akzeptabel. Man ignoriert dabei, dass Gott höchstpersönlich die Ehe erschuf und sie als dauerhafte Verbindung vorsieht (1Mo 2,18-25; Mt 19,4-6). Gott hasst

---

[8] Kinnaman und Lyons, *Good Faith*, S. 57 u. 59.
[9] Die nachfolgenden statistischen Angaben beruhen auf George Barna, *America at the Crossroads* (Grand Rapids, MI: Baker Books, 2016), S. 216.

Ehescheidung (Mal 2,16). Nach der Bibel wird die Ehe allein dadurch aufgelöst, wenn einer der Ehepartner stirbt (Röm 7,14; 1Kor 7,8-11; 1Tim 5,14).

- 68 Prozent der Amerikaner glauben heute, Sex zwischen einem unverheirateten Mann und einer unverheirateten Frau sei in Ordnung. Man ignoriert dabei, dass die Schrift betont, dass der Leib nicht für die Hurerei ist, sondern dass man diese fliehen soll (1Kor 6,13-18). Hurerei soll unter solchen, die sich Christen nennen, nicht einmal beim Namen genannt werden, d. h. Gesprächsthema sein (Eph 5,3).

- 63 Prozent der Amerikaner glauben heute, es sei in Ordnung, wenn Unverheiratete zusammenwohnen, als wären sie verheiratet. Man ignoriert dabei, dass Gott höchstpersönlich die Ehe erschuf und die Schrift uns anweist: Wenn ein Mann und eine Frau voneinander sexuell angezogen sind, «so sollen sie heiraten» (1Kor 7,9).

- 63 Prozent der Amerikaner glauben heute, es sei in Ordnung, sich in Gedanken in sexuellen Fantasien über jemand anders als den eigenen Ehepartner zu ergehen. Man ignoriert dabei, dass Jesus gebietet, sich auch im Gedankenleben rein zu halten: «Ihr habt gehört, dass gesagt ist: Du sollst nicht ehebrechen. Ich aber sage euch, dass jeder, der eine Frau ansieht, sie zu begehren, schon Ehebruch mit ihr begangen hat in seinem Herzen» (Mt 5,27-28).

- 63 Prozent der Amerikaner glauben heute, schwule oder lesbische Beziehungen seien in Ordnung. Man ignoriert dabei, dass die Schrift Homosexualität durchgehend als Sünde bezeichnet (3Mo 18,22; Röm 1,26-27; 1Kor 6,9-10).

- 61 Prozent der Amerikaner glauben, es sei in Ordnung, ein Baby zu bekommen, ohne verheiratet zu sein. Man ignoriert dabei, dass die Schrift betont, dass das Kindergebären in den Rahmen der Ehe gehört (1Mo 1,28; 1Tim 5,14; Tit 2,3-5).

• 69 Prozent der Amerikaner glauben, «Euthanasie sei akzeptabel, und mehr als die Hälfte von ihnen befürworten Selbstmord mit Beihilfe eines Arztes ... 51 Prozent der Amerikaner geben an zu erwägen, ihrem Leben selbst ein Ende zu setzen, falls bei ihnen eine tödliche Krankheit diagnostiziert würde».[10] Ebenso stimmen dem 40 Prozent der Christen zu.[11] Man ignoriert dabei, dass Leben und Tod allein in der souveränen Hand Gottes liegen (Hi 14,5; Ps 139,16). Euthanasie und Selbstmord verstossen gegen das sechste Gebot: «Du sollst nicht morden» (2Mo 20,13).

• 53 Prozent der Amerikaner stimmen der Aussage zu, es sei in Ordnung, mit einer Person des anderen Geschlechts, mit der man nicht verheiratet ist, eine sexuelle Beziehung zu haben. Man ignoriert dabei, dass die Schrift Ehebruch durchgehend verdammt (2Mo 20,14; 3Mo 20,10; Mt 5,27-28; Hebr 13,4).

Wir stellen ebenso fest, dass man Gottes Wort beharrlich ignoriert, was Pornografie betrifft. Derzeit glauben 34 Prozent der Amerikaner, es sei moralisch akzeptabel, Pornografie anzusehen. Hierbei gibt es allerdings einen bedeutsamen Unterschied zwischen den Geschlechtern: «Fast doppelt so viele Männer (43 %) wie Frauen (25 %) billigen Pornografie.»[12]

Noch weit besorgniserregender ist, dass das Gallup-Institut über einen Zeitraum von fünf Jahren «einen beständigen, allmählichen Meinungswandel dahingehend» festgestellt hat,

---

[10] «Euthanasia Acceptable to Solid Majority of Americans: Poll», *New China*, Online-Ausgabe vom 26. Juni 2016.

[11] Kim Kuo, «Assisted Suicide and Real Death with Dignity», *Christianity Today*, Online-Ausgabe vom 15. September 2015.

[12] Steve Weatherbe, «Porn Still ‹Morally Unacceptable› to Most Americans: Gallup», *LifeSiteNews.com* vom 23. Juni 2016.

«dass immer mehr Menschen diese Praxis akzeptieren und immer weniger sie verwerfen».[13] Wir werden Zeugen eines klaren Aufwärtstrends der Akzeptanz von Pornografie. Verwandt mit alledem ist der sog. «Rache-Porno», ein ziemlich neues Phänomen. Es handelt sich hierbei um die Verbreitung sexueller Bilder ohne Einverständnis des Betroffenen, nachdem eine Beziehung in die Brüche gegangen ist. Das typische Szenario sieht so aus: Wenn ein Paar sich trennt, veröffentlicht einer der beiden intime Bilder des anderen im Internet, um ihm eins auszuwischen. Dies bedeutet, dass «das Internet und die sozialen Medien zunehmend benutzt werden, um zu kontrollieren, terrorisieren und zu demütigen». Und laut einer Analyse «ist es praktisch unmöglich, Online-Täter polizeilich zu verfolgen, dem vorzubeugen oder sie aufzuhalten».[14] Auch für diese boshafte Praxis geht der Trend nach oben.

Jeglicher Konsum von Pornografie ist für einen Christen tabu. Die Apostel ermahnten alle Christen eindringlich, sich von jeder Art sexueller Unmoral fernzuhalten (Apg 15,20). Paulus sagt, dass der Leib nicht für die Hurerei ist, sondern dass man diese fliehen soll (1Kor 6,12-20). Jesus gibt zu verstehen, dass wir uns diesbezüglich auch in unseren Gedanken hüten müssen (Mt 5,27-28). – Ich werde Fragen zur Sexualität noch detaillierter in Kapitel 7 erörtern.

Die moralische Krise, vor der wir stehen

Angesichts solcher Tatsachen überrascht es nicht, dass viele meinen, Amerika stehe vor einer moralischen Krise. Die Umfragen beweisen es. Barna sagt: «Im Allgemeinen sind Amerika-

---

[13] Colleen Dulle, «Organizations Combat Trend Toward Moral Acceptance of Pornography», *Catholic News Service*, Online-Ausgabe vom 13. Juli 2016.
[14] Yasmin Alibhai-Brown, «Revenge Porn Is Just One Part of Our Loss of Privacy», *iNews*, Online-Ausgabe vom 7. September 2015.

ner sich dessen bewusst, dass die moralischen Werte der Nation entsetzlich sind ... Nur einer von fünf Erwachsenen (19 Prozent) bewertet den moralischen Zustand der Nation positiv, vier von fünf (79 Prozent) hingegen negativ ... Über ein Drittel der Erwachsenen urteilt, dass die Moral der Leute schlechter wird (72 Prozent) statt besser (22 Prozent).»[15] Eine Gallup-Umfrage kommt ebenfalls zu dem Schluss: «In einem 15-Jahres-Trend beurteilt eine solide Mehrheit die Richtung, welche die Werte der Nation nehmen, beständig negativ.»[16]

Man könnte nun mit gutem Grund behaupten, die Gossenmoral der Amerikaner erinnere mehr an Sodom und Gomorrha als an das Reich Gottes. Wenn wir dies miteinander vergleichen, so ist das höchst aufschlussreich. Amerikaner meinen, man könne moralische Leitung finden, indem man auf *sich selbst* schaue, während Gott uns unterweist, moralische Leitung *ausserhalb uns selbst* zu suchen – d. h. indem wir die Schrift und das Leben Christi betrachten. Amerikaner sagen, es sei lieblos, jemandes Lebenswandel zu kritisieren; Gott hingegen unterweist uns, *genau deshalb* das Wort zu ergreifen, weil wir Menschen lieben, und dass zu lieben nicht heisst, den Mund zu halten. Amerikaner sagen, wir würden das grösste Glück darin finden, den Dingen nachzujagen, die wir begehren; Gott hingegen unterweist uns, dass wahre Freude darin zu finden ist, anderen Menschen zu geben und sie zu segnen. Amerikaner sagen, das grosse Ziel unseres Lebens solle unser eigenes Vergnügen sein, während Gott uns unterweist, dass wir die höchste Freude darin finden, Gott zu verherrlichen. Amerikaner sagen, dass jede einvernehmliche sexuelle Beziehung zwischen Erwachsenen in

---

[15] Barna, *America at the Crossroads*, S. 127.
[16] Jennifer Harper, «73 Percent of Americans Say the Nation's Moral Values Have Declined: Gallup Poll», *Washington Times*, Online-Ausgabe vom 26. Mai 2016.

Ordnung sei, während Gott uns unterweist, dass die Freude der Sexualität allein für die Ehe reserviert ist und dass Sex ausserhalb der Ehe nur zu geistlichem und emotionalem Schaden führt.[17]

Ach, wie weit hat Amerika sich vom Reich Gottes entfernt! Ein Analytiker drückt es so aus: «Christliche Moral wird aus dem amerikanischen Sozialgefüge und vom kulturellen Hauptschauplatz hinauskomplimentiert und hinterlässt ein Vakuum – und der kulturelle Mainstream versucht, die Leere zu füllen.»[18]

Die Welt will es zwar nicht hören, aber die Wahrheit lautet: Absolute moralische Werte – wie etwa: «Du sollst nicht morden» (2Mo 20,13) – gründen auf die absolute Moral des Gottes der Bibel. Die Schrift sagt: «Ihr nun sollt vollkommen sein, wie euer himmlischer Vater vollkommen ist» (Mt 5,48). Das Moralgesetz ergibt sich aus dem moralischen Gesetzgeber des Universums – Gott. Und Gott widersteht den Relativierern der Moral, deren Verhalten darauf gründet, «was in ihren Augen recht ist» (Ri 17,6; 21,25; 5Mo 12,8; Spr 21,2). Da es nun einen Schöpfer absoluter moralischer Werte gibt – Gott (Jes 44,24), der uns präzise mitteilt, welches moralische Verhalten Er von uns erwartet (2Mo 20,1-17) –, sind wir als Seine Geschöpfe verantwortlich, Gehorsam zu leisten (5Mo 11,26-28).

Aber wehe: solche Wahrheiten finden in der heutigen Gesellschaft keinen Anklang! Solche Vorstellungen schreibt man der fernen Vergangenheit zu. Die Leute von heute sind viel mehr an *Glückseligkeit* statt an *Gottseligkeit* interessiert. Sie streben mehr nach dem *Vergnügen* statt danach, Gott *nachzufolgen*. Es ist ein Patentrezept, um die Nation ins Unglück zu stürzen.

---

[17] Siehe Kinnaman und Lyons, *Good Faith*, S. 60.
[18] The Barna Group, «The End of Absolutes: America's New Moral Code», *Barna. com*, 25. Mai 2015.

Werden die USA moralisch zusammenbrechen?

Da der moralische und geistliche Verfall in diesem Land immer mehr eskaliert, ist es durchaus möglich, dass Gott Gericht über uns bringen wird. Ich hasse es, das zu sagen. Christliche Führungspersönlichkeiten warnen uns davor seit Jahrzehnten, doch ihre Warnungen stossen gewöhnlich auf taube Ohren – ganz wie bei den Propheten zur Zeit des Alten Testaments, die nur allzu oft ignoriert wurden.

Die Schrift offenbart, dass Gott vollkommen souverän ist (Ps 50,1; 66,7; 93,1; Spr 19,21; Jes 14,24; 46,10) und in Seiner Souveränität Völker segnet, die sich Ihm unterwerfen, wie auch Völker richtet, die gegen Ihn rebellieren. Im Buch Hiob heisst es: «Er macht Völker gross, und er vernichtet sie; er breitet die Völker weit aus, und er führt sie weg» (Hi 12,23). Daniel 2,21 sagt uns: Gott «führt andere Zeiten und Stunden herbei; er setzt Könige ab und setzt Könige ein».

Angesichts eines solchen biblischen Befundes muss man sich fragen, ob Amerika nicht reif zum Gericht ist. Führen wir uns noch einmal die entsprechenden Fakten vor Augen:

- Gott herrscht absolut souverän über die Nationen.
- Altes wie Neues Testament bestätigen, dass Gott ein Gott ist, der richtet.
- Amerika befindet sich derzeit im freien Fall, erlebt einen moralischen und geistlichen Absturz, ohne dass Busse in Sicht wäre.
- Es ist daher vernünftig zu erwarten, dass Gott Amerika während der Endzeit in Seiner Souveränität dafür richten wird, sich von Ihm abgewandt zu haben.

Wer dennoch daran zweifelt, dass Gottes Gericht über Amerika kommen könnte, sollte bedenken, was der Apostel Paulus in

Römer 1,18-21.24-28 betont (ein langer, aber durchaus lesenswerter Text):

> Denn es wird geoffenbart Gottes Zorn vom Himmel her über alle Gottlosigkeit und Ungerechtigkeit der Menschen, welche die Wahrheit durch Ungerechtigkeit aufhalten, weil das von Gott Erkennbare unter ihnen offenbar ist, da Gott es ihnen offenbar gemacht hat; denn sein unsichtbares Wesen, nämlich seine ewige Kraft und Gottheit, wird seit Erschaffung der Welt an den Werken durch Nachdenken wahrgenommen, sodass sie keine Entschuldigung haben.
>
> Denn obgleich sie Gott erkannten, haben sie ihn doch nicht als Gott geehrt und ihm nicht gedankt, sondern sind in ihren Gedanken in nichtigen Wahn verfallen, und ihr unverständiges Herz wurde verfinstert ...
>
> Darum hat sie Gott auch dahingegeben in die Begierden ihrer Herzen, zur Unreinheit, sodass sie ihre eigenen Leiber untereinander entehren, sie, welche die Wahrheit Gottes mit der Lüge vertauschten und dem Geschöpf Ehre und Gottesdienst erwiesen anstatt dem Schöpfer, der gelobt ist in Ewigkeit. Amen!
>
> Darum hat sie Gott auch dahingegeben in entehrende Leidenschaften; denn ihre Frauen haben den natürlichen Verkehr vertauscht mit dem widernatürlichen; gleicherweise haben auch die Männer den natürlichen Verkehr mit der Frau verlassen und sind gegeneinander entbrannt in ihrer Begierde und haben Mann mit Mann Schande getrieben und den verdienten Lohn ihrer Verirrung an sich selbst empfangen.
>
> Und gleichwie sie Gott nicht der Anerkennung würdigten, hat Gott auch sie dahingegeben in unwürdige Gesinnung, zu verüben, was sich nicht geziemt ...

Wenn uns dieser Abschnitt irgendetwas sagt, dann dies: Wenn eine Nation vorsätzlich Gott und Sein Wort verwirft, Seinen moralischen Anforderungen den Rücken zukehrt, dann wird Gott schliesslich Seinen Zorn über diese Nation bringen. Die Geschichte, wie Gott Seinen Zorn über gottlose Nationen ausgegossen hat, ist lang. Dieser Abschnitt zeigt: Eine Weise, wie Gott Seinen Zorn offenbart, besteht darin, dass die Angehörigen einer Nation die volle Wucht der verheerenden Konsequenzen ihrer Sünde zu spüren bekommen.

Es ist ernüchternd zu sehen, dass im Laufe der Menschheitsgeschichte viele grosse Nationen aufgestiegen und untergegangen sind. Jedes Mal hat die betreffende Nation ihren drohenden Untergang nicht erwartet. Vielmehr waren die Angehörigen dieser Nationen der Meinung, sie könnten nie verderben. Ein Forscher drückt es so aus: «Die Anthropologie lehrt uns, dass viele untergegangene Zivilisationen der Weltgeschichte auch dachten, sie wären ihren Nachbarn und ihren Vorgängern überlegen. Nur wenige ihrer Bürger hätten sich ausmalen können, dass ihre Gesellschaft plötzlich zusammenbrechen würde.»[19] Doch die bittere Realität lautet: Auch grosse Nationen kommen zu Fall – *und sie schlagen hart am Boden auf.*

Die Babylonier dachten, Babylon würde niemals fallen, doch sein Untergang kam in weniger als einem Jahrhundert. Die Perser dachten, ihr Reich würde niemals fallen, doch nach nur rund zwei Jahrhunderten mussten sie kapitulieren. Auch die Griechen dachten nie daran, dass ihr Reich untergehen könnte, doch es verschwand nach weniger als drei Jahrhunderten. Niemand dachte, dass das mächtige Römische Reich je untergehen könnte, doch auch dieses verschwand, nachdem es neun Jahrhunderte standgehalten hatte. Jedes Mal ging dem Fall dieser

---

[19] Stephen Leeb, *The Coming Economic Collapse* (New York: Warner, 2006), S. 30.

Nationen ein gewaltiger moralischer Niedergang voraus, und Gott fällte ein angemessenes Urteil.

Dazu eine Frage zum Nachdenken: Wenn das, was wir heute in Amerika erleben – Pornografie, vorehelicher Sex, ausserehelicher Sex, Trunksucht, Drogensucht, Scheidung, der Zerfall der Familie, eine immer schlimmer werdende Kriminalitätsrate – im antiken Babylon stattfände, würden Sie dann meinen, dass Babylon reif für das Gericht ist? Ich denke schon! Das Problem ist heute, dass viele in unserem Land gegenüber biblischer Moral derart abgestumpft sind, dass sie nicht einmal merken, wie schlimm es wirklich steht. Ein solcher Zustand ist gefährlich, denn Gottes Geduld hält nicht ewig.

Ein Ausblick auf die Zukunft

Die zahlreichen Anzeichen des moralischen Niedergangs, die immer schlimmer geworden sind, werden sich in den vor uns liegenden Jahren *weiterhin* verschlimmern. Ich sage es nicht gerne, aber ich denke, das trifft zu. Die *Gegenwart* hilft uns, die *Zukunft* vorauszusagen.

So wie ich es beurteile, wird sich der derzeitige moralische Niedergang in folgenden Bereichen noch mehr verschärfen:

1. Immer mehr Menschen werden ichzentriert statt Gott-zentriert sein.
2. Immer mehr Menschen werden ihr Leben nach dem bösen Motto führen: «Du hast deine Wahrheit, und ich habe meine Wahrheit.»
3. Die Jagd nach dem Vergnügen wird weiter auf Kosten der Gerechtigkeit eskalieren.
4. Die Menschen werden sich weiterhin kaum oder gar nicht darum sorgen, dass sie angesichts des kommenden Gerichts Gottes in offener Sünde leben.

5. Viele werden immer mehr in ihrer Geldgier und materialistischen Gesinnung zunehmen statt in der Liebe zu Gott.
6. Heterosexuelle Sünden – voreheliche, aussereheliche und pornografische Unzucht – werden weiter eskalieren.
7. Homosexuelle Sünden werden weiter eskalieren und die gleichgeschlechtliche Ehe sich weltweit verbreiten.
8. Die Ungeborenen werden weiterhin erbarmungslos ermordet.

Paulus hatte recht, «dass in den letzten Tagen schlimme Zeiten kommen werden» (2Tim 3,1).

Solche Zeiten brechen jetzt über uns herein.

4. DIE NEUE GOLDENE REGEL

Glauben Sie, dass Jesus der einzige Weg zum Himmel ist? *Sie Extremist!* Haben Sie schon einmal für einen Unbekannten gebetet? *Sie Extremist!* Glauben Sie, dass die Ehe als Beziehung zwischen einem einzigen Mann und einer einzigen Frau gedacht ist? *Sie Extremist!* Würden Sie einen gut bezahlten Job aufgeben, um eine Missionsarbeit anzutreten? *Sie Extremist!* Glauben Sie, dass Christen dafür verantwortlich sind, Ungläubigen, sogar völlig Fremden, von Jesus zu erzählen? *Sie Extremist!*[1]

Liebe Leser, wir leben in einem Zeitalter radikaler Toleranz. Man riskiert, der *In*toleranz, ja sogar des *Extremismus* bezichtigt zu werden, wenn man sich irgendwie negativ über die Überzeugungen eines anderen äussert oder auf eine Weise handelt, die dessen Überzeugungen zuwider ist. Eine zunehmende Anzahl von Menschen ist heute davon überzeugt, es sei «nicht nur gesellschaftsfeindlich oder widersinnig, sondern gefährlich und regelrecht schädlich, sein Leben aufgrund von Glaubensüberzeugungen zu führen. Nach ihrer Meinung seien Sie, wenn Sie Ihre Kinder so erziehen, dass sie dieselben Glaubensansichten übernehmen, mehr als extrem; man könnte es schon kriminell nennen».[2]

Der Apostel Paulus hat einmal gefragt: «Bin ich also euer Feind geworden, weil ich euch die Wahrheit sage?» (Gal 4,16).

---

[1] David Kinnaman und Gabe Lyons, *Good Faith: Being a Christian When Society Thinks You're Irrelevant and Extreme* (Grand Rapids, MI: Baker Books, 2016), S. 11.
[2] Ebd., S. 14.

Die Wahrheit auszusprechen kann Sie heute in grosse Schwierigkeiten bringen!

Ich habe immer sehr viel von der Goldenen Regel gehalten. In Matthäus 7,12 bringt Jesus sie wie folgt auf den Punkt: «Alles nun, was ihr wollt, dass euch die Menschen tun sollen, das tut ihr ihnen auch! Denn darin besteht das Gesetz und die Propheten.»

Heutzutage aber folgen viele einer ganz anderen – ja, in der Tat: einer *pervertierten* – Fassung der Goldenen Regel. Sie lautet ungefähr so: «Seid anderen gegenüber (ihren Überzeugungen, Handlungen und ihrem Lebensstil) ebenso tolerant, wie sie euch gegenüber (euren Überzeugungen, Handlungen und eurem Lebensstil) tolerant sein sollen – *denn alle Überzeugungen, Handlungen und Lebensstile sind gleich gültig.*»

Wie man «Toleranz» umdefiniert

Die Bedeutung des Wortes «Toleranz» hat sich im Laufe der letzten 50 oder 60 Jahren doch etwas gewandelt. Damals in den Fünfziger- und Sechzigerjahren (ja, so alt bin ich schon) bedeutete tolerant zu sein, dass man es hinnahm, wenn der Nachbar sein Radio etwas zu laut aufdrehte, während Sie im Garten am Swimmingpool lagen. Tolerant zu sein hiess, nicht überzureagieren, wenn jemand Sie auf der Autobahn gefährlich schnitt. Tolerant zu sein hiess, darüber hinwegzusehen, wenn Ihr Sohn als Teenager ein Hemd und eine Hose anzog, die nicht zueinander passten, oder wenn er die Haare länger trug, als Ihnen lieb war. Allerdings zeigt der christliche Autor William D. Watkins treffend auf:

Tolerant zu sein hiess niemals, unmoralisches Verhalten zu rechtfertigen, gefährliche Ansichten einfach so stehen zu lassen oder zuzulassen, dass jemandes gefährlicher Lebenswandel andere beeinflusst, geschweige denn gelehrt wird. Damals mag man zwar unterschiedlicher Meinung darüber gewesen sein, was wahr sei, doch kaum jemand stellte die felsenfeste Überzeugung infrage, dass «richtig» das Gegenteil von «falsch» ist und dass die Wahrheit Lüge nicht tolerieren kann. Man glaubte damals, dass bestimmte Überzeugungen und Lebensstile das Allgemeinwohl fördern, wogegen andere es untergraben.[3]

Heutzutage ist der «Tolerante» weit offen für andere Weltanschauungen, Wahrheitsansprüche, moralische Überzeugungen und Lebensentwürfe. Er oder sie glaubt: «Was immer für mich funktioniert, ist meine Wahrheit», wie auch: «Was immer für dich funktioniert, ist deine Wahrheit.» Wir alle sollen einfach leben und leben lassen. Das heisst: Tolerant sein heisst heute nicht nur, einem anderen das Recht zuzugestehen, eine andere Ansicht als wir zu haben, sondern vielmehr dem zuzustimmen, dass alle Ansichten gleich gültig und alle Lebensstile gleich angebracht sind. D. A. Carson meint in seinem weisen Buch *The Intolerance of Tolerance*, die Verschiebung von der Haltung, unterschiedliche Meinungen als solche hinzunehmen, dahin, dass man glaubt, alle Ansichten wären gleich gültig, sei «äusserlich subtil, aber inhaltlich von grossem Gewicht».[4] Sie ist inhaltlich von grossem Gewicht, weil man jetzt praktisch alle Glaubenssysteme, Wahrheitsansprüche, moralischen Überzeugungen und Lebensentwürfe für annehmbar hält.

Die neue Toleranz gründet auf Relativismus (siehe das vorherige Kapitel).[5] Relativismus schliesst die Vorstellung mit ein, dass für den Einzelnen alles wahr sein könne, aber nicht etwas

---

[3] William D. Watkins, «Is Tolerance a Virtue?», Online-Ausgabe des *Christian Research Journal*, Sommer 1995, https://www.equip.org/article/is-tolerance-a-virtue/

[4] Zit. in Mollie Ziegler Hemingway, «Tolerance – Or Else: Coercive Attempts to Impose Secular Beliefs», *Christianity Today*, Online-Ausgabe vom 16. April 2012.

[5] Siehe Francis J. Beckwith, «Deconstructing Liberal Tolerance», Online-Ausgabe des *Christian Research Journal*, Bd. 22, Nr. 3/2000.

für alle wahr sein könne. Man hält es für anmassend, wenn jemand meint, er würde die für alle Menschen gültige Wahrheit kennen. Wirklich liebevoll sei, bedingungslos jeden an seiner eigenen Wahrheit festhalten zu lassen, ohne ihn zu hinterfragen. *Das* sei Toleranz!

In diesem Kapitel werde ich zeigen, dass diese neue Art der Toleranz auch die Einstellung betrifft, die man gegenüber anderen Religionen, anderen Lebensstilen und kontroversen Streitfragen einnimmt. Toleranz ist heute *de facto* die Mentalität für die westliche Gesellschaft.

Toleranz gegenüber anderen Religionen

Während ich an diesem Kapitel arbeitete, stiess ich auf eine interessante Aussage: «Christen hält man für die Pitbulls des Kulturkampfes: kleines Hirn, grosse Zähne, kräftiger Biss und kein Interesse an Kompromissen.»[6] Mit anderen Worten: Man hält sie für engstirnig und intolerant. Ich weiss, was es heisst, wenn man heutzutage so betrachtet wird.

Ich verbrachte einmal fast eine geschlagene Stunde damit, in der landesweit ausgestrahlten Radiosendung *Bible Answer Man* mit einem Juden zu sprechen, der sagte, er sei offen dafür, dass Jesus vielleicht der Messias sein könne; aber er war nicht ganz bereit, sich darauf festzulegen. Ich sprach mit ihm, weil ich mich um ihn sorgte – *und er stand so kurz davor, gläubig zu werden!* Aber dann war die Sendezeit zu Ende. Eine Weile nach der Sendung bekam ich einen äusserst feindseligen Anruf aus New York. Der Anrufer sagte: «Wie können Sie es wagen, diesem Menschen Ihren Glauben aufzudrängen! Sie sind ekelhaft. Sie sind boshaft und verkommen! Intolerante, engstirnige Typen wie Sie hängen

---

[6] Daniel Taylor, «Are You Tolerant? (Should You Be?)», Online-Ausgabe vom *Christianity Today* vom 11. Januar 1999.

mir zum Hals heraus!» (Er fügte dem noch einige schillernde Bildworte hinzu, die ich hier nicht wiedergeben werde.) Während der gesamten Radiosendung war ich freundlich und sanftmütig gewesen und hatte jeglichen aggressiven Tonfall bewusst vermieden. Die Diskussion verlief höflich und freundlich. Und doch war ich in den Augen dieses New Yorkers irgendeine Art intolerantes, engstirniges Monster, das aus dem Abgrund der Hölle emporgekrochen war. Um die Wahrheit zu sagen: *Er war derjenige, der intolerant war – mit freundlichen Grüssen!*

In Kapitel 1 erwähnte ich eine liberale Kirche, die ich einmal besuchte. Dort nahm ich an einer Unterrichtsstunde für junge Erwachsene teil, die der Leiter der Bildungsabteilung jener Kirche hielt. Er lehrte, Jesus wäre nur einer von vielen Wegen zum Heil und alle Religionen wie Speichen auf einem Rad: Sie alle würden zu Gott führen.

Mit einem freundlichen Lächeln meldete ich mich höflich zu Wort und fragte respektvoll: «Haben Sie schon einmal über Jesu Worte in Johannes 14,6 nachgedacht: ‹Ich bin der Weg und die Wahrheit und das Leben; niemand kommt zum Vater als nur durch mich›? Ebenso sagt Petrus in Apostelgeschichte 4,12: ‹Es ist in keinem anderen das Heil; denn es ist kein anderer Name unter dem Himmel den Menschen gegeben, in dem wir gerettet werden sollen.› Und der Apostel Paulus schreibt in 1. Timotheus 2,5: ‹Denn es ist ein Gott und ein Mittler zwischen Gott und den Menschen, nämlich der Mensch Christus Jesus.›»

Der Lehrer schüttelte den Kopf und sagte mit saurer Miene: «Das ist wirklich nur noch traurig. Sie tun mir leid, dass Sie so engstirnig durchs Leben gehen müssen.»

Vertreter der «toleranten» Mentalität von heute meinen, die Anhänger aller Religionen – seien es Buddhisten, Hindus, Moslems, Jains, Sikhs, Konfuzianer, Taoisten, Zoroastrier, Baha'i, Theosophen, Rastafaris, Hexen, Verehrer weiblicher Gottheiten und was auch immer – seien alle auf gleichermassen rechten Wegen zu Gott, ohne dass einer davon besser oder tugendhafter sei als der andere. Ein weiterer «ebenfalls rechter» Weg sei zu glauben, dass es überhaupt keine Gottheit gibt. Angesichts eines solchen Denkens dürfen wir niemals versuchen, Aussenstehenden unseren «persönlichen Glauben» zu verkünden, wie ich es versucht hatte. Damit hatte ich einen Kardinalfehler begangen.

Toleranz gegenüber anderen «Lebensentwürfen»

Der «Tolerante» von heute ist auch offen für jegliche sexuelle Beziehung, einschliesslich heterosexueller, homosexueller, bisexueller, pansexueller und welcher auch immer. Egal, was unsere unterschiedlichen sexuellen Vorlieben sein mögen: «Was immer für mich funktioniert, ist meine Wahrheit», wie auch: «Was immer für dich funktioniert, ist deine Wahrheit.» Wir alle sollen einfach leben und leben lassen. Wer allerdings nicht mit dieser Ansicht konform geht, wird einen Frontalzusammenstoss erleben.

Eine Zeitlang hatte der Gesetzgeber des Bundesstaats Kalifornien die Verabschiedung eines Gesetzes erwogen, das christliche Hochschulen und Universitäten gezwungen hätte, folgende Richtlinie durchzusetzen: *Wer Transgender-Rechte nicht übernimmt, verliert die Förderung seiner Studenten.* Wäre das Gesetz geworden, hätte es konkret bedeutet: Studenten an einer christlichen Hochschule oder Universität wären von staatlicher Unterstützung ausgeschlossen worden, wenn diese aufgrund ihrer sexuellen Orientierung, Identität oder dem Ausdruck derselben Studenten abgewiesen hätte.

Die Vereinigung *Advocates for Faith and Freedom* («Anwälte für Glauben und Freiheit») reagierte auf dieses geplante Gesetz mit folgender Erklärung: «Die Agenda des ‹progressiven› kalifornischen Gesetzgebers, einschliesslich der sich offen als schwul bekennenden Verfasser [dieses Gesetzes], geht ganz klar weit über das ursprüngliche Mantra hinaus, man bemühe sich um Gleichheit. Man zielt nun entschlossen darauf ab, alle religiösen Einrichtungen zu zerstören und zu demontieren, die ihren Lebenswandel ablehnen.»[7]

Ich danke Gott, dass diese geplante Gesetzgebung Ende 2016 fallen gelassen wurde. Dennoch zeigt schon der Versuch, wie weit manche gehen wollen, um Christen, die an ihren biblischen Überzeugungen festhalten, an den Rand zu drängen, zu schikanieren und auszugrenzen. Wir befinden uns eindeutig inmitten eines gewaltigen kulturellen Zusammenstosses.

Es ärgert mich, dass Christen in Situationen wie dieser oft als die Bösen hingestellt werden. Das veranschaulicht Ellen DeGeneres auf subtile Weise. Bei ihrer Dankesrede für den Emmy, mit dem sie als Mitautorin für die Folge von *Ellen* ausgezeichnet wurde, in der sie sich als Lesbe outete, sagte sie: «Ich nehme diesen Preis um all derer willen an, besonders um der Teenager willen, die meinen, mit ihnen sei etwas verkehrt, weil sie schwul oder lesbisch sind. Mit euch ist überhaupt nichts verkehrt. *Lasst niemals zu, dass jemand euch um dessentwillen beschämt, was ihr seid*» (Hervorhebung von mir).

Verständlicherweise nahmen viele DeGeneres als offene, faire, tolerante Person wahr, die jungen Menschen helfen wollte, ihre Sexualität zu verstehen. Das Problem dabei ist: Subtilerweise sagte DeGeneres damit unausgesprochen, dass die, die ihre Meinung ablehnen – insbesondere traditionelle Christen –, nicht nur dumm, sondern auch gefährlich sind. Falls Ihnen das nicht aufgefallen ist, dann betrachten Sie bitte, wie der christliche Apologet Francis Beckwith dies erläutert:

---

[7] Bob Unrah, «Armageddon for Christian Colleges», Online-Ausgabe vom *WorldNetDaily* vom 29. Mai 2016.

Stellen Sie sich vor, ein konservativer Christ hätte den Emmy gewonnen und gesagt: «Ich nehme diesen Preis um all derer willen an, besonders um der Teenager willen, die meinen, mit ihnen sei etwas verkehrt, weil sie glauben, Menschen seien zu einem bestimmten Zweck geschaffen, wozu auch gehört, dass menschliche Gemeinschaft auf heterosexuelle Monogamie gründet. Mit euch ist nichts verkehrt. Lasst niemals zu, dass jemand – insbesondere Fernseh-Drehbuchautoren – euch um dessentwillen beschämt, was nach eurem Glauben die wahre Realität ist.» Das würde eindeutig beinhalten, dass diejenigen falschliegen, die liberale Ansichten zur Sexualität vertreten. Ein Preisgewinner, der eine solche Rede gehalten hätte, wäre als engstirniger, intoleranter Heuchler verrissen worden. Dieser Mensch hätte nie wieder erwarten können, in Hollywood Arbeit zu finden ... Ellen hat bei ihrer Dankesrede für den Emmy genau dasselbe gegenüber denen getan, deren Meinung sie ablehnt. Indem sie Menschen ermuntert zu glauben, an ihrer Homosexualität sei nichts verkehrt, sagt sie zugleich: Es ist etwas mit denen verkehrt, die den von ihr aufgestellten Grundsatz ablehnen – d. h. mit Christen und anderen, die konservative Vorstellungen von der Gesellschaft haben.[8]

Zwar haben die meisten Ellens Worte als gut, wahr und schön empfunden; nichts desto weniger jedoch vermitteln sie unausgesprochen, aber deutlich: Wer anderer Ansicht ist, ist schlecht, unaufrichtig und abstossend. Nicht, dass ich Streit suchte; tatsächlich aber ist Ellen in jeder Hinsicht genauso intolerant und engstirnig wie ihre angeblichen Verleumder.

---

[8] Beckwith, «Deconstructing Liberal Tolerance».

Toleranz gegenüber kontroversen Meinungen

Der «Tolerante» von heute ist ebenso offen gegenüber kontroversen Meinungen und akzeptiert sie als gleich gültig. Nehmen wir nur Jack Kerkovian, vielen auch als «Doktor Tod» bekannt. Bevor er 2011 starb, leistete Kerkovian Dutzenden Beihilfe zum Selbstmord; viele von ihnen waren nicht einmal ernsthaft erkrankt. Kerkovian behauptete: «Der höchste Grundsatz ärztlicher Ethik – wie auch jeder anderen Ethik – ist der der persönlichen Autonomie, d. h. der Selbstbestimmung. Was zählt, ist das, was der Patient will und für sich selbst als nützlich oder von Wert erachtet.»[9] Mit anderen Worten: «Was immer für mich funktioniert, ist meine Wahrheit», ebenso wie: «Was immer für dich funktioniert, ist deine Wahrheit.» Wir alle sollen schlicht leben und leben lassen – selbst wenn das bedeutet, ein Menschenleben absichtlich zu beenden.

Dieselbe Gesinnung nehmen wir zur Frage der Abtreibung wahr. Ich hörte kürzlich einen Politiker sagen, er würde zwar nicht dafür sein, dass jemand in seiner eigenen Familie eine Abtreibung vornimmt, aber er akzeptiere dennoch Abtreibung als zulässige und annehmbare Handlung für alle, die sich für diese Option entscheiden. Wir alle sollten einfach leben und leben lassen (nun, in diesem Fall wäre wohl treffender: «leben und sterben lassen»).

Eine der unterschwelligen Rechtfertigungen, die viele für Abtreibung haben, ist die, dass Frauen das Recht hätten, über ihren eigenen Leib zu entscheiden. Die Wahrheit lautet allerdings, dass das Baby im Mutterleib *kein Teil des Leibes der Frau ist*. Das Baby hat innerhalb des Mutterleibes seinen eigenen Leib. Es stimmt zwar, dass der Mutterleib den Leib des Babys mit Nährstoffen und einer schützenden Umgebung versorgt;

---

9 Zit. bei Watkins, «Is Tolerance a Virtue?».

dennoch hat es einen klar von ihrem unterschiedenen Leib. Wenn sie eine Abtreibung vornimmt, ist das nicht nur ein Eingriff an ihrem eigenen Leib, sondern bedeutet, einen anderen Menschen zu töten, dessen Leib sich in ihrem Leib befindet. Wenn ich Aussagen wie diese treffe, verdammt man mich als engstirnigen und intoleranten Extremisten – als religiösen Spinner und intellektuellen Neandertaler. Glauben Sie mir, das habe ich selbst so erlebt.

Verschwommenes Denken

Viele von denen, die sich für diese neue «Toleranz» in unserer Gesellschaft einsetzen, scheinen sich ihres verschwommenen Denkens nicht bewusst zu sein. Betrachten Sie nur einmal folgende Aussage: «Alle Ansichten sind gleich gültig.» Wenn es wirklich stimmt, dass alle Ansichten gleich gültig sind, dann sind die Verfechter der Toleranz unausweichlich gezwungen zuzugeben, dass man die christliche Weltsicht gegenüber ihrer Weltsicht als gleichrangig erachten muss. Aber Augenblick mal: Die christliche Weltsicht besagt, dass *eben nicht* alle Ansichten gleich gültig sind (siehe zum Beispiel Joh 14,6; Apg 4,12; 1Tim 2,5)! Natürlich sind moderne Verfechter der Toleranz für diese logische Zwickmühle blind.[10]

Man kommt nicht um den Schluss umhin, dass gerade die, die anderen Intoleranz vorwerfen, die Intoleranten unter uns sind. Sie behaupten, tolerant gegenüber den Vorstellungen aller Menschen zu sein, sind aber unbeugsam intolerant gegenüber Christen, die an Gott glauben und Jesus lieben. Darum versuchen heute viele, Christen zum Schweigen zu bringen. Daniel Taylor bringt es so auf den Punkt: «Im tiefsten Grunde ist diese

---

[10] Siehe Hank Hanegraaff, «Should Christians Be Tolerant?», Online-Ausgabe des *Christian Research Journal* 6/2007 (Bd. 30).

Toleranz eine Intoleranz ... Der Intolerante ist das Einzige, was nicht toleriert werden kann, und der Einzige, der beschämt oder zum Schweigen gebracht werden muss.»[11]

Elliot Miller bringt es auf den Punkt, indem er unterstreicht: «Der Fundamentalismus der Toleranz ist ebenso dogmatisch wie jeder andere Fundamentalismus – nur, dass er mit seinem Bekenntnis zur Toleranz irreführt ... Er kann sich in der Tat als intoleranter erweisen, weil er scheinbar nicht das Recht anderer anerkennt, seine relativistische Weltsicht abzulehnen.»[12] Beckwith kommt ebenso zu dem Schluss, dass «die Toleranz der Liberalen nur Schein ist. Obwohl ihre Vertreter sie als offene, tolerante und neutrale Perspektive darstellen, ist sie ein Dogma, deren Verfechter keinen Rivalen tolerieren».[13]

Was dies für Gegenwart und Zukunft bedeutet

Zu Anfang dieses Kapitels zitierte ich den Apostel Paulus: «Bin ich also euer Feind geworden, weil ich euch die Wahrheit sage?» (Gal 4,16). Christen erleben es oft ganz hautnah, dass man sie als Feind ansieht, weil sie die Wahrheit über Christus und christliche Werte aussprechen. Es scheint, dass wirklich jeder und alles auf Erden toleriert wird – *ausser* bibelgläubige Christen. Christen werden in einer relativistischen Welt immer mehr als die Bösen hingestellt.

Ich glaube, die immer mehr eskalierende Toleranz, die wir heute erleben, steht in direktem Zusammenhang mit biblischen Endzeit-Prophezeiungen. Solche Toleranz stellt den Kern dessen dar, wie Jesus die Endzeit mit den Tagen Noahs vergleicht:

---

[11] Taylor, «Are You Tolerant? (Should You Be?)».
[12] Elliot Miller, «The 1993 Parliament of the World's Religions: The Fundamentalism of Tolerance», Online-Ausgabe des *Christian Research Journal*, Winter 1994.
[13] Beckwith, «Deconstructing Liberal Tolerance».

Wie es aber in den Tagen Noahs war, so wird es auch bei der Wiederkunft des Menschensohnes sein. Denn wie sie in den Tagen vor der Sintflut assen und tranken, heirateten und verheirateten bis zu dem Tag, als Noah in die Arche ging, und nichts merkten, bis die Sintflut kam und sie alle dahinraffte, so wird auch die Wiederkunft des Menschensohnes sein. (Matthäus 24,37-39).

Zwar bezieht sich dieser Abschnitt auf die künftige siebenjährige Drangsalszeit, doch komme ich nicht um die Feststellung umhin, dass die Haltung, die Jesus hier schildert, schon in unseren Tagen offenkundig ist. Die Leute gehen fröhlich ihren Weg und sorgen sich nicht um Gott. Man scheint gegenüber nahezu allem tolerant zu sein.

Toleranz steht mit dem endzeitlichen Abfall in Verbindung, den wir in Kapitel 1 betrachteten. Bedenken Sie nochmals, dass 1. Timotheus 4,1 uns warnt: «Der Geist aber sagt ausdrücklich, dass in späteren Zeiten manche vom Glauben abfallen werden, indem sie auf betrügerische Geister und Lehren von Dämonen achten.» Man könnte diese Stelle auch wie folgt umschreiben: «Der Heilige Geist sagt uns ausdrücklich, dass in der Endzeit manche den wahren Glauben nicht tolerieren werden, sondern auf betrügerische Geister und Lehren von Dämonen achten.»

Ebenso warnt uns 2. Timotheus 4,3: «Denn es wird eine Zeit kommen, da sie die heilsame Lehre nicht ertragen werden; sondern nach ihren eigenen Gelüsten werden sie sich selbst Lehrer aufladen, nach denen ihnen die Ohren jucken, und werden die Ohren von der Wahrheit abwenden und sich den Fabeln zukehren.» Auch diese Stelle könnte man frei umschreiben: «Es wird eine Zeit kommen, in der man die gesunde Lehre nicht mehr tolerieren wird; man wird aber Lehrer tolerieren, die den Leuten sagen, was immer sie zu hören wünschen.»

Die Schrift warnt uns auch davor, dass in der künftigen siebenjährigen Drangsalszeit eine Welteinheitsregierung und eine falsche Welteinheitsreligion aufkommen werden (siehe Daniel 2 und 7 sowie Offenbarung 13). Ich glaube, dass die derzeit immer mehr zunehmende Toleranz alledem den Weg bahnt. Die Menschen sind zunehmend immer offener für alles – und künftig werden sie offen für eine Welteinheitsregierung und eine falsche Welteinheitsreligion sein. Viele werden auch offen dafür sein, das Zeichen des Tieres anzunehmen, was ihre Verbundenheit mit dem Antichrist und dessen Zielen ausdrückt (Offb 13,16-17).

Bis dahin wird man Christen, die für die Wahrheit einstehen, weiterhin an den Rand drängen, schikanieren und ausgrenzen. Die Fürsprecher der Toleranz werden Christen, die an der absoluten Wahrheit des Wortes Gottes festhalten, nicht tolerieren. Wir können daher erwarten, dass die Christenverfolgung in diesen letzten Tagen weiter eskalieren wird (siehe Kapitel 6).

Angesichts einer derart ernüchternden Wirklichkeit schliesse ich dieses Kapitel mit dem Aufruf, in unseren schwierigen Tagen fest für die christliche Wahrheit einzustehen. Wir dürfen nicht der Agenda der Toleranz-Verfechter nachgeben, denn sie wollen uns einschüchtern, bis wir völlig verstummt sind. Sie wollen uns ausschalten. Nichts weniger als das werden sie tolerieren.

Man betrachte nur einmal, was Christus den sieben Gemeinden in Offenbarung 2 und 3 sagt, um zu erkennen: Gott will, dass wir für die Wahrheit einstehen, statt dass wir uns bange machen lassen, bis wir völlig verstummen. In Offenbarung 2 erfahren wir, dass die Gemeinde von Ephesus falsche Apostel nicht tolerierte. Jesus sagt ihr: «Ich ... weiss, dass du die Bösen nicht ertragen kannst; und du hast die geprüft, die sagen, sie seien Apostel und sind's nicht, und hast sie als Lügner befunden» (Offb 2,2). Diese Gläubigen zu Ephesus prüften die falschen Apostel anhand der klaren Lehren der Schrift (vgl. dazu

Apg 17,11; 1Thes 5,19-22) und hielten an der Schrift fest. Vielleicht erinnern Sie sich, dass der Apostel Paulus ein paar Jahrzehnte, bevor das Buch der Offenbarung geschrieben wurde, die Ältesten von Ephesus vor Irrlehrern warnte, die versuchen würden, sie zu verführen (Apg 20,28-31; siehe auch 2Kor 11,12-13). Die Gläubigen zu Ephesus besassen Unterscheidungsvermögen; sie erinnerten sich daran und verwarfen die Lehren der falschen Apostel. Sie tolerierten keine Irrlehren.

Jesus lobt die Epheser auch: «Aber dies halte ich dir zugute: Du hasst die Werke der Nikolaiten, die auch ich hasse» (Offb 2,6). Die Nikolaiten waren offen dafür, beim christlichen Lebenswandel Zugeständnisse zu machen (einschliesslich «freier Liebe»), assen Götzenopferfleisch und übten Götzendienst aus. Die Epheser tolerierten solches nicht, und Jesus sagte ihnen zweimal: Daumen hoch fürs feste Standhalten!

Der Gemeinde zu Pergamon sagt Jesus: «Ich weiss, wo du wohnst: da, wo der Thron des Satans ist; und du hältst an meinem Namen fest und hast den Glauben an mich nicht verleugnet, auch nicht in den Tagen, als Antipas, mein treuer Zeuge, bei euch getötet wurde, da, wo der Satan wohnt» (Offb 2,13). Antipas – vielleicht ein Gemeindeleiter – war ein treuer Verteidiger der Wahrheit, der in einem hohlen Metallstier, unter dem man ein Feuer entfachte, zu Tode geröstet wurde. Er weigerte sich, beim Kaiserkult und bei Irrlehren mitzumachen. *Er tolerierte das nicht.*

Leider war nicht jeder in Pergamon so treu wie Antipas. Jesus sagt zu der Gemeinde: «Doch ich habe einiges Wenige an dir auszusetzen; denn du hast dort Leute unter dir, die an die Lehre Bileams sich halten, der den Balak unterwies, die Israeliten zum Bösen zu verführen, nämlich Götzenopferfleisch zu essen und Unzucht zu treiben. So hast auch du solche unter dir, die sich in derselben Weise an die Lehre der Nikolaiten halten. Gehe also in dich ...!» (Offb 2,14-16). Laut Jesus ist es also für Sein Volk unannehmbar, solche Dinge zu tolerieren.

Eine weitere Stelle, die mir dazu in den Sinn kommt, ist Offenbarung 2,20-21, wo Jesus der Gemeinde in Thyatira sagt: «Aber ich habe gegen dich, dass du das Weib Isebel gewähren lässt, die sich eine Prophetin nennt und meine Knechte lehrt und verführt, Unzucht zu treiben und Götzenopfer zu essen. Und ich gab ihr Zeit, damit sie Busse tut, und sie will nicht Busse tun von ihrer Unzucht.» Diese Frau warb offensichtlich für die Vorstellung, man könne Sünden begehen, die nur äusserlich den Leib betreffen (wie sexuelle Unmoral), ohne dabei dem Geist im Innern zu schaden. *Jesus macht klar, dass Christen solche Dinge niemals tolerieren dürfen.*

Liebe Leser, die Schrift drängt alle Christen: «Habe acht auf dich selbst und auf die Lehre; beharre in diesen Dingen! Denn wenn du dies tust, so wirst du sowohl dich selbst retten als auch die, die dich hören» (1Tim 4,16). «Kämpft für den Glauben, der ein für alle Mal den Heiligen überliefert ist» (Judas 3). Jeder, der in der Gemeinde falsche Dinge lehrt, muss zurechtgewiesen werden: «Weise sie streng zurecht, damit sie gesund seien im Glauben und nicht auf jüdische Legenden achten und auf Gebote von Menschen, die sich von der Wahrheit abwenden» (Tit 1,13-14). Hier gibt es keine Toleranz für Irrtümer oder Irrlehren.

Natürlich müssen wir unsere Weigerung, Irrtümer zu tolerieren, auf eine Weise vermitteln, die Jesus Christus die Ehre gibt. Jakobus 1,19-20 sagt uns: «Ihr sollt wissen, meine lieben Brüder: Ein jeder Mensch sei schnell zum Hören, langsam zum Reden, langsam zum Zorn. Denn des Menschen Zorn tut nicht, was vor Gott recht ist.»

Ebenso werden wir in 1. Petrus 3,15-16 ermahnt: «Seid allezeit bereit zur Verantwortung vor jedermann, der von euch Rechenschaft fordert über die Hoffnung, die in euch ist, und das mit Sanftmut und Gottesfurcht.» Das Wort *Sanftmut* beinhaltet Milde und Demut. Es gibt nicht den geringsten Hinweis darauf, dass wir arrogant reden dürften (1Petr 3,4). Das heisst nicht, dass ein Christ seinen Glauben nur schwach oder zögerlich verteidigen dürfte, sondern vielmehr, dass er die Wahrheit der Bibel auf sanftmütige und demütige Weise unmissverständlich klarmacht. Sicherlich darf ein Christ weder versuchen, anderen die Wahrheit mit Gewalt einzutrichtern, noch bevormundend oder herablassend reden, noch dabei ein miesepetriges Gesicht machen. Vergessen wir nie, dass eine milde Antwort grossen Nutzen hat: Sie wendet Zorn ab (Spr 15,1). Eine milde Antwort ist leichter anzunehmen.

Die Worte *Sanftmut* und *Gottesfurcht* bezeichnen zwei wichtige Aspekte: Einerseits sollen wir in der Ehrfurcht vor Gott bleiben (1Petr 1,17; 2,17; 3,2), andererseits sollen wir Menschen, mit denen wir reden, respektvoll behandeln (Kol 4,6).

Ich bitte Sie eindringlich: Brennen Sie sich die Worte *Sanftmut* und *Gottesfurcht* ins Herz ein! Wie stark Ihre theologischen Argumente auch sein mögen, sie werden in unserer relativistischen und «toleranten» Gesellschaft nur wenig ausrichten, wenn man sie nicht mit Sanftmut und Gottesfurcht vermittelt.

5. DER STETIGE VERFALL DER GLAUBENSFREIHEIT

Religion in Amerika: Auch für den Nichtakademiker ist dies eines der faszinierendsten Themen, dem man sich jemals widmen kann. Ein Historiker sagte einmal, die Religionsgeschichte der Amerikaner sei «eines der grössten Epen der Weltgeschichte. Die Bühne hat die Grösse eines Kontinents, die Besetzung wird von der grössten Migrationsbewegung über die Weltmeere gestellt und stellt die schnellste Verbreitung von Menschen über einen Kontinent dar, die die Welt je gesehen hat».[1] Und der Religionsgeschichte Amerikas liegt *ein* fundamentales Konzept zugrunde: FREIHEIT.

Jeder Amerikaner hat das garantierte Recht der freien Religionsausübung. Das ist eines der Dinge, die Amerika so grossgemacht haben. Der 1791 ratifizierte erste Verfassungszusatz bekräftigt: «Der Kongress darf kein Gesetz verabschieden, das eine Religion [als Staatsreligion] etabliert oder die freie Ausübung [der Religion] verbietet.»[2]

In Einklang damit schrieb James Madison, der später von 1809 bis 1817 der vierte Präsident der USA wurde: «Jedermann muss überlassen bleiben, was er nach seiner Überzeugung und seinem Gewissen glauben will ... Wir bestehen deshalb darauf, dass kein Staatsorgan jemandes Rechte in Glaubensfragen ein-

---

[1] Sydney E. Ahlstrom, *A Religious History of the American People* (New York: Image Books, 1975), S. 30.

[2] J. E. Wood, «Separation of Church and State», in *Dictionary of Christianity in America*, Hrsg. Daniel G. Reid (Downers Grove, IL: InterVarsity Press, 1990), S. 268.

schränken darf.»[3] Die meisten Amerikaner begrüssen eine solche Religionsfreiheit.

Zwar geniessen die Amerikaner immer noch das verfassungsgemässe Recht der freien Religionsausübung, doch hat sich in der Gesellschaft eine massive Verschiebung hin zu einer neuen Kulturpolitik vollzogen: «Toleriere jeden und alles, ausser Christen und christliche Moral.» Dies hat zu einer zunehmenden Einschränkung der Bürgerrechte von Christen geführt. Die USA sind nun dem Glauben gegenüber weniger wohlgesonnen.[4] Man nimmt christliche Feiertage, christliche Krippendarstellungen, christliche Moral, die christliche Bibel und öffentliche Darstellungen des christlichen Kreuzes ins Visier. Viele versuchen heute auch, christlichen Einfluss auf Schulen und Bildungswesen, die Regierung, die Politik und die Medien zu verhindern. Um die Religionsfreiheit scheint es heute nicht mehr gut bestellt zu sein.

Ich las von einem christlichen Wohnungseigentümer, der sich weigerte, eine Wohnung an ein unverheiratetes Paar zu vermieten. Er wollte nicht, dass in seinem Haus Unzucht stattfindet. Er wurde prompt vor Gericht gezerrt und gezwungen, das Paar einziehen zu lassen.

Eine Schülerin der sechsten Klasse hielt ein Referat über die Bibel. Man hatte den Schülern gesagt, sie könnten ein Referat über ein Buch ihrer Wahl halten. Nach ihrem Vortrag gab sie allen Mitschülern, die dies wollten, einen Ausdruck ihres Skripts. Kurz darauf zitierte ein Lehrer sie zum Büro des Rektors. Sie wurde von der Schulleitung verhört, währenddessen man ihr sogar das Recht verweigerte, ihre Mutter anzurufen.

---

[3] James Madison, zit. bei Wood, S. 267.
[4] The Barna Group, *The Bible in America: The Changing Landscape of Bible Perceptions and Engagement* (Ventura, CA: Barna Group, 2016), S. 11.

Etwas Ähnliches widerfuhr einem sechsjährigen Schüler. Den Kindern wurde gesagt, sie sollten ihre Lieblingsbücher zur Schule mitnehmen, um diese vorzustellen. Dieser Junge brachte seine Bibel mit. Doch man sagte ihm, er solle sie wieder mit nach Hause nehmen, weil das «gegen das Gesetz» wäre. Ich bin sicher: An diesen Moment wird er sich für den Rest seines Lebens erinnern.

Ich las von einer Highschool-Absolventin – sie sollte die Abschiedsrednerin für ihre Klasse sein –, der das Recht verwehrt wurde, diese Ansprache zu halten. Dies begründete man damit, dass sie sich weigerte, eine Anmerkung auszulassen, wie Jesus ihrem ganzen bisherigen Leben Sinn verliehen habe. Um die Religionsfreiheit scheint es heute nicht mehr gut bestellt zu sein.

Vor Kurzem las ich von einer christlichen Familie, die eine Apotheke in Olympia, Washington, betreibt. Gemeinsam mit einer Reihe anderer Apotheker verklagte sie den Staat, weil dieser sie zwinge, abtreibende Mittel zu verkaufen. Als Christen wollten sie nicht daran beteiligt sein, Babys im Mutterleib zu töten. Ein Bundesgericht entschied zu ihren Gunsten und sagte, der Staat könne sie nicht zwingen, ihre Glaubensüberzeugungen zu verletzen. Die Berufung vor einem anderen Bundesgericht führte allerdings zu einem entgegengesetzten Urteil. Sie riefen daraufhin das Oberste Bundesgericht an – doch dieses weigerte sich, den Fall zur Entscheidung anzunehmen, sodass die Entscheidung des Berufungsgerichts bestehen blieb. Sie waren gezwungen, entweder abtreibende Mittel zu verkaufen oder ihr Geschäft aufzugeben.

Zwar wurde der Richter am Obersten Gericht Samuel Alito überstimmt, doch sein Minderheitenvotum in diesem Fall ist hörenswert. Alito warnte darin ernsthaft vor einer Erosion der Glaubensfreiheit in Amerika. «Wenn dies zeigt, wie man in den nächsten Jahren mit der Forderung nach Glaubensfreiheit umgehen wird, dann haben diejenigen, die die Glaubensfreiheit wertschätzen, Grund zu grosser Sorge.»[5]

Ich las ebenfalls von einem Major der US Air Force, der eine Bibel von seinem Arbeitsplatz entfernen musste, nachdem die Military Religious Freedom Foundation («Stiftung für Religionsfreiheit im Militär») dagegen Beschwerde eingelegt hatte. Man behauptete, eine aufgeschlagene Bibel auf seinem Schreibtisch sei ein «empörendes Zurschaustellen eines gefühllosen und unverschämten Anspruchs auf Vorrangstellung des Christentums». Man empfahl, den Major «unverzüglich, deutlich und hart zu bestrafen». Schliesslich verletze es Dienstanweisung 1-1 der US Air Force, Abschnitte 2.11 und 2.12. Diese besagten, dass Führungskräfte «ihre Position nicht dazu benutzen oder den Anschein erwecken dürfen, unter ihren Untergebenen ihre persönlichen Glaubensvorstellungen zu verbreiten» und dass ihr persönlicher Glaube nicht «Moral, Ordnung und Disziplin gefährden» dürfe.[6]

Dasselbe stellen wir bei einem Feuerwehrhauptmann aus Atlanta fest. Er wurde gefeuert, weil die Stadt Anstoss daran nahm, dass er in seiner Freizeit ein Buch geschrieben hatte, das sich für die biblische Sicht von Ehe und Sexualität einsetzte (er war gegen Homosexualität). Er beklagt, es gebe «immer mehr Angriffe auf die Religionsfreiheit und die Freiheit des religiösen Bekenntnisses» im Land, und die Regierung sei «deren grösste Bedrohung».[7]

---

[5] Veronica Neffinger, «Supreme Court Justice Warns Religious Freedon Is in Danger», Crosswalk.com, 29. Juni 2016 www.crosswalk.com/blogs/christian-trends/supreme-court-justice-warns-religious-freedom-is-in-danger. html

[6] Frank Camp, «Religious Freedom Group Demands Air Force Major Be ‹Visibly and Aggressively Punished› for Bible», *Independent Journal Review*, Online-Ausgabe vom 21. August 2016.

[7] Anugrah Kumar, «Ex-Atlanta Fire Chief Removed for Faith: Gov't the Biggest Threat to Religious Freedom», *Christian Post*, Online-Ausgabe vom 18. Juli 2016.

Weiterhin weisen Hollywood-Filme und das Fernsehen eine grosse antichristliche Voreingenommenheit auf. Christen werden in den populären Medien fortwährend verteufelt. Eine Lieblingstaktik der Medien besteht darin, konservative Christen mit dem abwertenden Begriff «religiöse Rechte» zu bezeichnen. Damit will man Christen als intolerante, hinterwäldlerische Fanatiker hinstellen, die ihr Gehirn nicht benutzen. Zugleich stellt man säkulare Humanisten als erleuchtete Intellektuelle dar. In der Tat, Christen nimmt man heute ins Visier.

Infolge solcher Angriffe bekommen viele Christen deutlich zu spüren, was es heissen kann, Christ zu sein. Eine Studie zeigt auf:

Wenn wir praktizierende Christen im allgemeinsten Sinn betrachten, ... so sagt die Mehrheit, sie fühle sich «missverstanden» (54 Prozent) und «verfolgt» (52 Prozent). Millionen weiterer beschreiben mit u. a. folgenden Begriffen, was geschieht, wenn sie in der heutigen Gesellschaft ihren Glauben ausleben: Sie fühlen sich «marginalisiert» (44 Prozent), «an den Rand gedrängt» (40 Prozent), «zum Schweigen gebracht» (38 Prozent), «haben Angst, den Mund aufzumachen» (31 Prozent) und «haben Angst, dumm dazustehen» (23 Prozent). Evangelikale neigen noch weit mehr dazu, ihre Glaubenserfahrungen in der heutigen Gesellschaft mit solchen Negativbegriffen zu schildern.[8]

Der starke Einfluss des säkularen Humanismus auf die westliche Gesellschaft

Während Religion unterdrückt wird, befindet sich der säkulare Humanismus weiterhin im Aufwärtstrend, besonders in der westlichen Gesellschaft. Nach dieser Weltsicht betrachtet man

---

[8] David Kinnaman u. Gabe Lyons, *Good Faith: Being a Christian When Society Thinks You're Irrelevant and Extreme* (Grand Rapids, MI: Baker Books, 2016), S. 51.

Religion jeglicher Art als etwas für Menschen Schädliches. Im säkularen Humanismus kennt man nichts Übernatürliches. Das Zweite Humanistische Manifest, das von Koryphäen wie dem Schriftsteller Isaac Asimov, dem Psychologen B. F. Skinner und dem Ethiker Joseph Fletcher unterzeichnet wurde, erklärt dazu: «Wir können nur unzureichende Beweise für den Glauben an die Existenz von etwas Übernatürlichem finden; sie ist entweder unbedeutend oder für die Frage des Überlebens der Menschheit und deren Sinnerfüllung irrelevant. Für uns als Nichttheisten stehen die Menschen an erster Stelle statt Gott, die Natur statt einer Gottheit.»[9]

Diese Weltanschauung behauptet also felsenfest, dass es keinen Gott gibt. Dr. James Hitchcock schreibt in seinem Buch *What Is Secular Humanism?* («Was ist säkularer Humanismus?»):

Gruppen wie die American Humanist Association sind nicht bloss Humanisten in dem Sinn, dass sie Interesse an Mitmenschlichkeit[10] haben oder dass sie den Menschen höher schätzen als die Natur ... Nach ihrer Selbstdefinition gibt es keinen Gott ... Sie setzen sich für einen Lebensstil ein, der Gott und jede Religion im traditionellen Sinn systematisch ausschliesst. Der Mensch ist auf Gedeih und Verderb im Universum auf sich selbst angewiesen. Er stellt den Höhepunkt dessen dar, was die Evolution der Natur bislang hervorgebracht hat, und muss sich völlig auf seine eigenen Mittel verlassen.[11]

---

[9] Humanist Manifesto II, https://americanhumanist.org/what-is.humanism/manifesto2/

[10] Im Englischen ein Wortspiel: Dort steht «humanities», was gewöhnlich «Geisteswissenschaften» bedeutet; der Singular davon, «humanity», kann je nach Kontext «Menschheit» oder «Menschlichkeit»/«Humanität» bedeuten (Anm. d. Übers.).

[11] James Hitchcock, *What Is Secular Humanism?* (Ann Arbor, MI: Servant Books, 1982), Einleitung.

Der verstorbene Isaac Asimov, einer der profiliertesten Schriftsteller und Wissenschaftsautoren aller Zeiten, war schonungslos offen, was seinen Unglauben an Gott betrifft: «Gefühlsmässig bin ich Atheist. Ich habe zwar keinen Beweis, dass es Gott nicht gibt, aber den derart starken Verdacht, dass ich damit nicht meine Zeit verschwenden will.»[12] Ebenso behauptete der verstorbene Kosmologe Carl Sagan zu Beginn seiner Fernsehserie *Kosmos:* «Der Kosmos ist alles, was ist, was jemals war und was jemals sein wird.»[13] Mit anderen Worten: *Es gibt keinen Gott, mit dem wir uns befassen müssten.*

Da es nichts Übernatürliches und keinen Gott gebe, betonen säkulare Humanisten auch standhaft, dass es keinen Schöpfer gebe. Asimov sagte: «Das Universum kann anhand der Evidenz erklärt werden, die wir dem Universum allein entnehmen … man braucht sich auf keine übernatürliche Macht berufen.»[14] Die typische Erklärung für den Ursprung des Menschen ist die Evolutionstheorie.

Frederick Edwords erklärt den Ursprung des Menschen wie folgt:

Menschen heben sich weder vollkommen von anderen Lebensformen ab, noch sind sie das Endprodukt irgendeines geplanten Entwicklungsschemas … Alle Lebensformen sind aus denselben grundlegenden Elementen aufgebaut, derselben Art von Atomen, aus denen auch unbelebte Dinge bestehen … Menschen sind das gegenwärtige Ergebnis einer langen Reihe natürlicher evolutionärer Veränderungen, aber weder

---

[12] Isaac Asimov, *Free Inquiry*, Frühjahr 1982, zit. in https://en.wikiquote.org/wiki/Isaac_Asimov
[13] Carl Sagan, *Cosmos* (New York: Ballantine Books, 1985), S. 1.
[14] Isaac Asimov, *Isaac Asimov's Book of Science and Nature Quotations* (New York: Weidenfeld and Nicolson, 1988), S. xvi.

das einzige noch das endgültige Ergebnis. Man kann erwarten, dass wir selbst, andere Lebensformen wie auch der Kosmos als Ganzes einem beständigen Wandel unterliegen. Dieser Prozess scheint weder einen ersten Anfang noch ein letztes Ziel zu haben.[15]

Angesichts all dessen behaupten säkulare Humanisten (oft voller Hass), dass es keinen göttlichen Plan für die Menschheit gebe. Das Zweite Humanistische Manifest behauptet: «Wir können weder einen göttlichen Plan für die Menschheit noch eine Vorsehung feststellen. Zwar gibt es vieles, das wir nicht wissen, doch wir Menschen sind verantwortlich für das, was wir sind oder sein werden. Keine Gottheit wird uns retten; wir müssen uns selber retten.» Mit anderen Worten: Wir sind in diesem riesengrossen Universum ganz auf uns allein gestellt, ohne letzten Sinn oder Ziel.

Säkulare Humanisten sind sich auch sicher, dass es kein Leben nach dem Tod gibt. In seinem Buch *Forbidden Fruit: The Ethics of Humanism* sagt Paul Kurtz: «Die Welt des Theisten ist nur eine Traumwelt; sie ist der klägliche Versuch, in eine Zukunft zu flüchten, die niemals kommen wird.»[16] Kurtz behauptet ferner: «Die Heilsverheissung eines ewigen Lebens wie auch die Furcht vor ewiger Verdammnis sind sowohl irrig als auch schädlich. Sie lenken die Menschen von dem ab, was jetzt von Belang ist, von ihrer Selbstverwirklichung und davon, soziale Ungerechtigkeit zu bekämpfen ... Es gibt keinen glaubwürdigen Beweis dafür, dass das Leben über den körperlichen Tod hinaus bestehen bleibt. Wir bestehen in unseren Nachkom-

---

[15] Frederick Edwords, «The Humanist Philosophy in Perspective», *The Humanist*, Januar/Februar 1984 (ohne Seitenzählung).
[16] Paul Kurtz, *Forbidden Fruit: The Ethics of Humanism* (Buffalo, NY: Prometheus Books, 1988), S. 243.

men fort und darin, wie unser Leben andere in unserer Gesellschaft beeinflusst hat.»[17]

2012 sprach ich in einer Gemeinde über die derzeitigen Angriffe von Humanisten und Atheisten auf die Christenheit. Während meiner Predigt merkte ich an, dass Paul Kurtz inzwischen so alt war, dass ihm zusehends kaum noch Zeit bleibe, Busse zu tun und sich zu dem HERRN zu bekehren. Vier Stunden später erfuhr ich, dass Kurtz soeben verstorben war. *Zu spät.*

Säkulare Humanisten bemühen sich militant, jedwede Religion – besonders das Christentum – auszumerzen, wo immer sie auch sei. Sie starten nicht nur akademische Angriffe gegen das Christentum und andere Religionen, sondern versuchen auch, religiöse «Mythen» aus allen Schulbüchern zu entfernen, mit denen unsere Kinder unterrichtet werden. *Uns wurde ein Kulturkrieg erklärt!* Und die säkularen Humanisten haben vor, ihn zu gewinnen. Ein Teil ihrer Strategie besteht darin, die Religionsfreiheit von Christen auszumerzen oder zumindest stark einzuschränken.

Unterdrückung von Religionen: ein weltweites Phänomen

Es wäre falsch, daraus zu schliessen, dass die Religionsfreiheit nur in den Vereinigten Staaten abnimmt. Aus dem vom US-Aussenministerium veröffentlichten *International Religious Freedom Report* («Bericht über den Stand der Religionsfreiheit») geht hervor, dass einer von vier Staaten der Welt die Religionsfreiheit unterdrückt, was rund 75 Prozent der Weltbevölkerung betrifft. Diese Länder haben Gesetze – manche davon Gesetze gegen Gotteslästerung, während andere schlicht harsche Regeln sind –, die Religionsfreiheit direkt verhindern.[18]

---

[17] Humanist Manifesto II.
[18] Brandon Showalter, «74 Percent of World's Population Live in Religious Freedom Violating Country, New Report Finds», *CP Politics*, Online-Ausgabe vom 13. August 2016.

Der Bericht zeigt auf, dass «Regierungen diese Gesetze in vielen Fällen benutzen, um religiöse Minderheiten einzuschüchtern und zu unterdrücken; und allzu oft ergreifen Regierungen keinerlei angebrachte Massnahmen, um gesellschaftliche Gewalt zu verhindern, die durch den Vorwurf der Gotteslästerung und des Abfalls vom Glauben entfacht wird». Weiter heisst es: «Keine Region, kein Land und keine Religion ist gegen die gefährlichen Auswirkungen einer solchen Gesetzgebung immun.» Tragischerweise «werden wir fortwährend Zeugen davon, dass in Ländern, wo religiöse Minderheiten seit Langem – jahrzehnte-, jahrhunderte- oder gar jahrtausendelang – in relativ gutem Miteinander zur nationalen Kultur beigetragen haben, ganze Gemeinschaften Gefahr laufen, allein um ihrer Religions- oder Volkszugehörigkeit willen aus ihrer Heimat vertrieben zu werden».[19]

Zu den Ländern, die Christen am stärksten an ihrer Religionsausübung hindern, zählen China, Russland, Ägypten, Pakistan und die Türkei. «In diesen Ländern erlegen sowohl die Regierung als auch die Gesellschaft im Allgemeinen Glaubensüberzeugungen und Religionsausübung zahlreiche Begrenzungen auf.»[20] Pakistan, der Bevölkerungszahl nach das sechstgrösste Land der Welt, weist das höchste Niveau von Anfeindungen aus religiösen Gründen auf. Laut einem Bericht «beschuldigte in der Provinz Punjab ein Mob von 1500 Dorfbewohnern ein christliches Ehepaar der Gotteslästerung – und verbrannte es lebendig in einem Ziegelofen».[21] (Im nächsten Kapitel werde ich noch viele ähnliche Beispiele tödlicher Christenverfolgung anführen.)

[19] Ebd.
[20] Angelina E. Theodorou, «Religious Restrictions Among the World's Most Populous Countries», *Pew Research Center*, Online-Ausgabe vom 28. Juni 2016.
[21] Ebd.

China: weltweit führend in der Unterdrückung der Religionsfreiheit

Nicht eine einzige Woche scheint zu vergehen, in der ich keinen weiteren Bericht zu sehen bekomme, dass in China die Religionsfreiheit unterdrückt wird. Eine Analyse der weltweiten Unterdrückung der Religionsfreiheit kommt zu dem Schluss: «Wenn wir untersuchen, wo die Religionsfreiheit am stärksten durch Auflagen der Regierung eingeschränkt wird, so ist dies das bevölkerungsreichste Land der Welt: China.»[22]

Anscheinend wird in China jede Religion, einschliesslich des Christentums, aus allen Ecken und Winkeln gekehrt. Kürzlich entfernte man in Peking aus einem Schulbuch ein Bibelzitat, weil dieses «‹westliche› Werte propagiere»[23]. In einer östlichen Provinz Chinas haben Krankenhäuser «im Rahmen der jüngsten Unterdrückung des Christentums jegliche religiöse Aktivität verboten, einschliesslich Besuche durch Pastoren, Gebete für die Kranken und Verkündigung».[24] Das gesamte Krankenhauspersonal wurde darüber informiert, dass «alle Formen religiöser Betätigung verboten seien»[25].

Inzwischen wurde angeordnet, dass christliche Kreuze von ausnahmslos allen Gebäuden zu entfernen seien. Zwei Pastoren, die dagegen protestierten, wurden deshalb zu zwölf bzw. vierzehn Jahren Gefängnis verurteilt.[26] In zahlreichen chinesischen Provinzen hat man Kreuze auch von den Kirchendächern entfernt. Damit bezweckt man anscheinend, «das Wachstum des Christentums im bevölkerungsreichsten Land der Erde zu

---

[22] Ebd.
[23] Sutirtho Patranobis, «China Removes Bible Extract from Textbooks», *Hindustan Times*, Online-Ausgabe vom 3. Juni 2016.
[24] Heather Tomlinson, «Prayer and Religion Banned in Chinese Hospitals», *Christianity Today*, Online-Ausgabe vom 21. August 2016.
[25] Ebd.
[26] Ebd.

hemmen»[27]. Studenten, die einer Hausgemeinde im Zentrum der Provinz Guizhou angehören, wurde der Universitätsbesuch verboten, solange sie weiter zur Hausgemeinde gehen.

Ebenfalls zwingt man Studenten an christlichen Seminaren in China zum «absolutem Gehorsam» gegenüber der kommunistischen Partei. Sie werden unterwiesen, den Staat über Gott zu stellen. Eine Gruppe, die die Verfolgung in China beobachtet, berichtet: «Es ist Videomaterial von Studenten aufgetaucht, die bei der Absolvierungsfeier am theologischen Seminar von Zhejiang die chinesische Nationalhymne singen, was ... nur eines von mehreren Zeichen der fortdauernden staatlichen Repressalien im Land gegen das Christentum ist.» Das Seminar ist mittlerweile, wie verlautet, zu einer «kommunistischen Parteischule unter dem Deckmantel des Christentums[28] geworden.

Wie sehr muss all dies Gott von Herzen grämen!

Die jüngste Unterdrückung der Religionsausübung in Russland

Russland hat neue Gesetze verabschiedet, die unter anderem Christen darin einschränken, das Evangelium ausserhalb ihrer Kirchen zu verkündigen. Das Gesetz «verlangt von Missionaren eine Arbeitserlaubnis, erklärt Hausgemeinden für illegal und begrenzt – neben anderen Einschränkungen – die Religionsausübung auf registrierte Kirchengebäude. Einzelne, die dies missachten, können mit Geldstrafen bis zu 780 US$ belegt werden, Organisationen hingegen mit Geldstrafen bis zu 15 000 US$»[29].

---

[27] Stoyan Zaimov, «Seminary Students in China Forced to Deny God, ‹Obey Communist Party›», *Christian Post*, Online-Ausgabe vom 26. Juli 2016.
[28] Ebd.
[29] Sarah Eekhoff Zylstra, «Russia's Ban on Evangelism Is Now in Effect», *Christianity Today*, Online-Ausgabe vom 21. Juli 2016.
[30] Ebd.

Der russische Rat der Baptistengemeinden warnte in einem offenen Brief davor, dass die neuen Gesetze «Bedingungen schaffen, die zur Unterdrückung aller Christen» geeignet seien. Tatsächlich «könne jedermann, der seine religiöse Sicht oder Gedanken darüber ausspricht oder niederschreibt, ohne die entsprechenden Dokumente wegen ‹illegaler Missionstätigkeit› angeklagt werden»[30].

Auch die evangelischen Kirchen in Russland stellen in einem offenen Brief fest: Eine Erlaubnis zum Evangelisieren zu verlangen, sei «nicht nur absurd und beleidigend, sondern schafft auch die Grundlage für eine massenhafte Verfolgung von Gläubigen wegen der Verletzung dieser Vorschriften». Das neue Gesetz sei «die drakonischste antireligiöse Gesetzgebung in Russland, seit Nikita Chruschtschow versprach, das Christentum in der Sowjetunion auszurotten»[31].

Auch viele ausserhalb von Russland haben ihre Besorgnis über das neue Gesetz zum Ausdruck gebracht. Die Europäische Evangelische Allianz sagt, sie sei äusserst besorgt darüber, wie das Gesetz «der Religionsfreiheit grosse Einschränkungen auferlegt», und drängt Christen zur «Fürbitte, dass dieses neue Gesetz Christen auf neue Weise eine» und zu «beten, dass der HERR diese Zeit der Versuchung benutzen möge, um Seine Kirche zu stärken und zu mehren». Die US-Kommission für internationale Religionsfreiheit sagt, dass sie dieses Gesetz «scharf verurteilt», da es letzten Endes «russischen Behörden erleichtert, Religionsgemeinschaften zu unterdrücken, friedliche abweichende Meinungsäusserungen zu ersticken und Menschen zu verhaften und einzusperren»[32].

---

[31] Ebd.
[32] Ebd.

Die zunehmende Bedrohung durch den Islam

Manche islamische Führer lehren, der Dschihad sei eine von mehreren Möglichkeiten der Aussenpolititk, um die Herrschaft des Islams über die ganze Welt auszudehnen. Viele Schiiten glauben, dass am apokalyptischen Ende der Tage ein gewaltiger bewaffneter Dschihad dazu führen wird, die ganze Welt dem Islam zu unterwerfen.

Viele Schiiten glauben seit Langem, dass zuletzt der zwölfte Imam wiederkehren werde. Dieser sei, so glaubt man, ein direkter Nachfahre Alis, des Schwiegersohns Mohammeds. Dessen einzig rechtmässige Nachfolger könnten, so glauben die Schiiten, nur aus Alis Familie stammen. Der zwölfte Imam, der angeblich als Kind im Jahr 941 n. Chr. verschwand, werde dann als der Mahdi, «der Rechtgeleitete», wiederkehren. Er werde ein geradezu messianisches Zeitalter einführen, in dem eine Weltordnung der Gerechtigkeit für Schiiten gelte und der Islam triumphiere.

Diesem Gedankengang folgend könne die Ankunft des zwölften Imams durch apokalyptisches Chaos und Gewalt beschleunigt werden – das heisst, indem man einen apokalyptischen Heiligen Krieg gegen Christen und Juden vom Zaun bricht. Man glaubt daher, es liege in der Hand der heutigen Moslems, den göttlichen Zeitplan zu beeinflussen und das Ende der Tage herbeizuführen. Interessanterweise sagt eine ganze Reihe schiitischer Führer im Iran, sie seien Zeugen leibhaftiger Sichtungen des zwölften Imams geworden, und behaupten, er werde sich der Welt bald offenbaren – vermutlich im Anschluss an den unmittelbar bevorstehenden Ausbruch von Chaos und Gewalt.

Das Ziel radikaler Moslems besteht darin, «eine Welt ohne Amerika und den Zionismus» zu schaffen; und sobald dieses Ziel erreicht sei, könne man die Rückkehr des zwölften Imams erwarten. Man behauptet, die Menschheit werde bald erkennen, wie es aussehe, in einer juden- und amerikafreien Welt zu leben.

Die Vereinigten Staaten und das zionistische Regime in Israel würden bald ihr Ende finden. «Tod den USA!» ist unter solchen radikalen Moslems ein geläufiges Schlagwort. Man muss dabei im Sinn behalten, dass nach der Vorstellung radikaler Moslems ein Angriff gegen Amerikaner ein Angriff gegen das Christentum ist. In ihrem Denken seien die USA eine christliche Nation; die USA seien eine verdorbene Nation; somit sei das Christentum eine verdorbene Religion, die vernichtet werden müsse.

Natürlich nehmen radikale Moslems amerikanische Christen nicht nur in Amerika, sondern auch in Übersee ins Visier. Nur ein Beispiel soll genügen. Das Pew Research Center berichtet: In Ägypten «wurde eine christliche Frau von einer Gruppe der Moslembruderschaft angegriffen, als diese ein Kruzifix in ihrem Wagen sahen ... Die Frau wurde an den Haaren aus dem Wagen gezogen, geschlagen und getötet»[33]. So etwas ist nichts Ungewöhnliches in den Teilen der Welt, wo der radikale Islam herrscht. Man hat sogar christliche Kinder hingerichtet – kleine Mädchen, die eine Puppe in Händen hielten! (Mehr über solches Märtyrertum im nächsten Kapitel.)

Lifeway Research hat unter tausend Amerikanern eine Umfrage über die Bedrohung der Religionsfreiheit durch den Islam durchgeführt. Die Statistik zeigt, dass «Amerikaner den Islam als fast ebenso grosse Gefahr für die Religionsfreiheit in ihrem eigenen Land erachten wie für die Religionsfreiheit weltweit»[34]. Und da der Islam weltweit derart rasant wächst, scheint es schlicht eine Tatsache, dass die Freiheit der Christen in immer stärkerem Ausmass eingeschränkt wird.

---

[33] Theodorou, «Religious Restrictions Among the World's Most Populous Countries».
[34] Ed Stetzer, «Islam a Threat to Religious Freedom? New Data from Lifeway Research», *Christianity Today*, Online-Ausgabe vom 30. Juni 2015.

Da verwundert es nicht, dass die Freiheit der Christen am stärksten in denjenigen islamischen Ländern unter Beschuss steht, wo die Scharia Gesetz ist. In seinem neuesten Buch *Crucified Again: Exposing Islam's New War on Christians* schreibt Raymond Ibrahim:

Die unsichere Rechtslage von Gemeinden und anderen Ausdrucksformen des christlichen Glaubens ist typisch für die dem Islam innewohnende Feindschaft gegenüber dem Christentum. Doch das islamische Gesetz geht noch weiter: Es verweigert allen Christen das Recht auf freie Rede und denen, die sich [aus dem Islam] zu Christus bekehren, sogar das Recht auf die Freiheit des Gewissens und der persönlichen Überzeugung. Die Scharia beschneidet diese Rechte durch drei Gesetze, die zwar verschieden sind, aber einander oft überlappen: die Gesetze gegen Glaubensabfall, Gotteslästerung und Proselytenmacherei. Zum Beispiel macht sich ein Moslem, der Christ wird, des Glaubensabfalls schuldig. Man kann ihn aber zugleich auch als Gotteslästerer ansehen, dessen blosse Existenz eine Beleidigung des Islams ist. Und wenn er gegenüber Moslems vom Christentum spricht – so begeistert, wie Neubekehrte das oft tun –, dann setzt er sich dem Vorwurf der Proselytenmacherei aus. Diese drei islamischen Gesetze unterbinden wirksam die Freiheit der Rede, des Glaubens, ja sogar des Denkens.[35]

Manche islamischen Führer sind durch die Aussage aktenkundig geworden, dass die Scharia eines Tages in den Vereinigten Staaten herrschen werde. Das ist das Endspiel des Islams gegen die westliche Kultur.

---

[35] Raymond Ibrahim, *Crucified Again: Exposing Islam's New War on Christians* (Washington, DC: Regnery Publishing, 2013).

Unterdrückung des Glaubens in der Endzeit

Endzeit-Prophezeiungen offenbaren, dass die Freiheit des Glaubens in der Endzeit fortwährend abnehmen wird. In Matthäus 24,9 betont Jesus: «Dann werden sie euch der Bedrängnis preisgeben und euch töten. Und ihr werdet gehasst werden um meines Namens willen von allen Völkern.» Diese Verse sprechen von der künftigen siebenjährigen Drangsalszeit. Wie so oft wirft allerdings auch diese Prophezeiung ihre Schatten voraus. Schon heute werden wir Zeugen, dass Christen verhaftet, verfolgt und getötet werden.

Unterdrückung des Glaubens geschieht auch innerhalb der Familie. Jesus sagt: «Und es wird der Bruder den Bruder zum Tod überliefern und der Vater das Kind; und Kinder werden sich gegen Eltern erheben und sie zu Tode bringen. Und ihr werdet von allen gehasst werden um meines Namens willen» (Mk 13,12-13). Auch diese Stelle spricht von der künftigen siebenjährigen Drangsalszeit. Doch schon heute erleben wir «Ehrenmorde», bei denen zum Beispiel ein Vater seinen Sohn oder ein Bruder seine Schwester dafür ermordet, vom Islam abgefallen und Christ geworden zu sein.

Jesus warnte ausserdem: «Aber vor diesem allen werden sie Hand an euch legen und euch verfolgen und werden euch überantworten den Synagogen und Gefängnissen und euch vor Könige und Statthalter führen um meines Namens willen» (Lk 21,12). Erneut erleben wir eben dies in Ländern wie China, Russland, Ägypten, Indonesien, Pakistan und der Türkei.

Ich denke nicht gerne darüber nach, aber die Zukunft sieht trübe aus. Aktuelle Trends deuten darauf hin, dass die Unterdrückung des Glaubens nicht nur fortfahren, sondern zunehmen wird, je näher wir der Endzeit kommen.

Wir müssen mental und geistlich darauf vorbereitet sein. Ich glaube, Christus ruft Seine Gemeinde in diesen Tagen abnehmender Glaubensfreiheit – und Verfolgung wie auch Martyrium von Christen eskalieren wirklich – zu tieferer Hingabe auf.

Jesus lehrt: «Wer mir nachfolgen will, der verleugne sich selbst und nehme sein Kreuz auf sich und folge mir nach» (Mk 8,34). Was bedeutet es, sein Kreuz auf sich zu nehmen und Jesus nachzufolgen? In erster Linie, ein Leben der Selbstverleugnung zu führen und sich Jesus in allem zu unterwerfen. Jesus ruft zu völliger Hingabe auf. Damit meint Er: *Wenn du mir wirklich nachfolgen willst, dann tu das nicht nur mit Worten, sondern wirf dein Leben in die Waagschale und folge mir auf dem Weg zum Kreuz – ein Weg, zu dem Aufopferung, Selbstverleugnung und vielleicht auch Leiden und Sterben um meinetwillen gehören.*

6. DIE ZUNEHMENDE VERFOLGUNG UND ERMORDUNG VON CHRISTEN

Das vorherige Kapitel befasste sich mit der abnehmenden Religionsfreiheit. Dieses Kapitel baut darauf auf, denn die Folge der Behinderung oder Unterdrückung der Religionsfreiheit ist gewöhnlich die Verfolgung religiöser Menschen. Wir werden heute Zeuge einer weltweiten Christenverfolgung. Nach den zuverlässigsten aktuellen Schätzungen richten sich heute 80 Prozent aller Verfolgungen um des Glaubens willen insbesondere gegen Christen.

Die Prophezeiungen in der Heiligen Schrift legen nahe, dass Verfolgung und Martyrium der Gläubigen während der künftigen siebenjährigen Drangsalszeit stark zunehmen werden. Um es klar beim Namen zu nennen: Ich glaube, dass die Christen auf Erden vor der Drangsal entrückt werden (1Thes 1,10; 4,13-17; 5,9; Offb 3,10). Doch viele Menschen werden *nach* der Entrückung *während* der Drangsalszeit zum Glauben kommen (Mt 25,31-46; Offb 7,9-10).

Vielleicht werden manche von der Wahrheit des Christentums überzeugt, nachdem sie Zeugen dessen werden, wie Millionen von Christen bei der Entrückung auf übernatürliche Weise von diesem Planeten verschwinden. Oder vielleicht werden sie durch den Dienst der 144 000 jüdischen Evangelisten gläubig, die uns Offenbarung 7 vorstellt und die selber nach der Entrückung zum Glauben an Christus kommen. Es mag auch sein, dass viele infolge der Wundertaten der zwei Zeugen von Offenbarung 11 gläubig werden – das sind Propheten, die anscheinend dieselben Kräfte wie Mose und Elia haben. Ebenso werden nach der Entrückung auch christliche Bücher und Videos zurückbleiben, und viele können durch diese zum Glauben kommen. Diese Menschen werden während der Drangsalszeit zum Ziel von Verfolgungen und Martyrium. Nicht alle werden den Märtyrertod sterben, denn bei der Wiederkunft Christi werden noch viele am Leben sein (Mt 25,31-46). Dennoch wird es in dieser siebenjährigen Periode viele Verluste geben.

Offenbar wird es im Zusammenhang mit dem in Offenbarung 6,9-11 genannten fünften Siegel zu einem beträchtlichen Martyrium kommen:

> Und als [das Lamm] das fünfte Siegel öffnete, sah ich unter dem Altar die Seelen derer, die geschlachtet worden waren um des Wortes Gottes und um des Zeugnisses willen, das sie hatten. Und sie riefen mit lauter Stimme und sprachen: Bis wann, heiliger und wahrhaftiger Herrscher, richtest und rächst du nicht unser Blut an denen, die auf der Erde wohnen? Und es wurde ihnen einem jeden ein weisses Gewand gegeben; und es wurde ihnen gesagt, dass sie noch eine kurze Zeit abwarten sollten, bis auch ihre Mitknechte und ihre Brüder vollendet seien, die ebenso wie sie getötet werden sollten.

Diese Stelle zeigt, dass das Martyrium während der Drangsal eine fortwährende Realität sein wird. Manche der «Mitknechte», die den Märtyrertod erleiden, gehören zu der «grossen Volksmenge», die in Offenbarung 7,9-17 genannt wird: «Das sind die, welche aus der grossen Drangsal kommen; und sie haben ihre Kleider gewaschen, und sie haben ihre Kleider weiss gemacht in dem Blut des Lammes» (V. 14).

Offenbarung 13,7 sagt uns, dass der Antichrist, der seine Macht vom Satan empfängt, der Hauptanstifter für die Verfolgung des Volkes Gottes während der Drangsalszeit sein wird:

«Und es wurde ihm gegeben, Krieg zu führen mit den Heiligen und sie zu überwinden; und es wurde ihm Vollmacht gegeben über jeden Volksstamm und jede Sprache und jede Nation.» Eine Parallelstelle dazu ist Daniel 7,21. Dort heisst es, dass der Antichrist «gegen die Heiligen Krieg führte und sie besiegte». Folglich lehrt uns die Offenbarung ebenso wie Daniel, dass der Antichrist sie *überwinden* bzw. *besiegen* wird. Offensichtlich wird die Drangsalszeit einen hohen Blutzoll an Märtyrern fordern.

Die Gegenwart und die nahe Zukunft

Zwar beziehen sich manche Prophezeiungen insbesondere auf die künftige siebenjährige Drangsalszeit, doch erleben wir schon jetzt deren anfängliche Erfüllung. Genau wie Vorbeben vor grösseren Erdbeben auftreten, so tauchen auch vorläufige Manifestationen einiger dieser Prophezeiungen vor der eigentlichen Drangsalszeit auf. Prophezeiungen, die sich insbesondere auf die Drangsalszeit beziehen – wie etwa die Verfolgung des Volkes Gottes – werfen derzeit ihre Schatten voraus.

Ein neuerer Bericht über die Religionsfreiheit zeigt einen globalen Anstieg von Christenverfolgungen auf. «Der jüngste Report der Europäischen Union zur Religions- oder Glaubensfreiheit bietet eine grauenhafte Aufzählung von Menschenrechtsverletzungen gegenüber Christen und Anhängern anderer Religionen ... Er stellt fest, dass es weltweit ‹bedeutende Einschränkungen› der Religionsausübung gibt, einschliesslich der beinahe völligen Auslöschung der Christen in Syrien und im Irak.»[1]

Nachfolgend eine kurze Zusammenstellung von Christenverfolgungen in verschiedenen Teilen der Welt.

---

[1] Ruth Gledhill, «Report on Freedom of Religion Shows Horrific Persecution of Christians Worldwide», *Christianity Today*, Online-Ausgabe vom 1. Juli 2016.

Verfolgung in Pakistan

Das pakistanische Gesetz ist eindeutig: «Wer immer durch Worte, sei es mündlich, schriftlich oder durch sichtbare Darstellung, oder durch jegliche Unterstellung oder Anspielung direkt oder indirekt den heiligen Namen des heiligen Propheten Mohammed (Friede sei mit ihm) entweiht, soll mit dem Tod oder lebenslanger Haft bestraft sowie ausserdem mit einer Geldstrafe belegt werden.»[2] Derartige Gesetze machen Christen in Pakistan zu einer gefährdeten Spezies.

Die Christenverfolgung in Pakistan hat epidemische Ausmasse angenommen. Um nur eines von vielen Beispielen zu nennen: Ein Mann in Pakistan schoss seiner Schwester in den Kopf, weil sie einen Christen geheiratet und damit Schande über die moslemische Familie gebracht hatte. Ein Moslem, der der Familie nahesteht, merkte dazu an: «Ich bin stolz auf diesen Mann, weil er das Richtige getan hat: sie zu töten. Wir dürfen niemandem erlauben, jemanden mit einer anderen Religion zu heiraten. Er hat das Richtige getan.»[3]

Einem Christen in Pakistan wurden beide Arme abgehackt, weil er sich weigerte, zum Islam zu konvertieren. Die örtlichen Polizeibehörden nahmen die Verdächtigen nicht fest, weil ähnliche Fälle von Verstümmelung so oft in Pakistan geschehen, dass sie unmöglich damit Schritt halten können.[4]

Es ist grauenhaft, wie junge christliche Mädchen behandelt werden. Ein Bericht nennt eine Neunjährige, die «von Moslems entführt, von der ganzen Gruppe vergewaltigt, durch wieder-

[2] § 296 c des Pakistanischen Strafgesetzbuchs, zit. in Aakar Patel, «Pakistan's Blasphemy Law», *The Express Tribune*, Online-Ausgabe vom 26. August 2012.

[3] Fred Barbash, «‹She Wouldn't Listen›: A Wrenching Story of an ‹Honor Killing› in Pakistan», *Washington Post*, Online-Ausgabe vom 5. Oktober 2016.

[4] Norman Byrd, «Christian Man's Arms Chopped Off for Not Embracing Islam», *Inquisitor*, Online-Ausgabe vom 17. Juli 2016.

holte Schläge auf den Kopf ermordet und zuletzt in einen Kanal geworfen wurde». Ein anderer Bericht dokumentiert, wie ein zwölfjähriges christliches Mädchen von einer Gruppe Moslems entführt, vergewaltigt und ermordet wurde.[5] Am Ostersonntag 2016 versammelten sich Christen in einem öffentlichen Park in Pakistan, um die Auferstehung des Herrn zu feiern. Wie Zeitungen überall in den Vereinigten Staaten berichteten, zündete dabei ein islamischer Selbstmord-Attentäter eine Bombe, durch die er 74 Christen tötete – meist Frauen und Kinder. Weitere 400 Christen wurden verletzt. Sie hatten niemanden belästigt; doch weil das Feiern des Osterfests für Moslems ein Gräuel ist, griff eine Gruppe der Taliban an und massakrierte sie.

Indessen laufen andere Christen in Pakistan – einschliesslich Kinder – beständig Gefahr, entführt, zwangsverheiratet und zum Islam zwangsbekehrt zu werden. Wer der Gotteslästerung angeklagt wird, wird mit dem Tod bestraft. Laut Berichten «gibt es regelmässig gewalttätige Angriffe auf christliche Familien, Häuser, Geschäfte und Kirchen»[6].

Islamische Schulkinder werden durch ihre Schulbücher gelehrt, Christen zu hassen. «Pakistanische Schulbücher sind voller Aussagen, die zu Hass und Intoleranz gegenüber Christen und anderen Nichtmoslems anstiften ... Infolgedessen sind in Pakistan christliche Schüler wie auch deren Eltern beständig Ziel von Angriffen.»[7] Es gibt Berichte, dass christliche Schüler

---

[5] Raymond Ibrahim, *Crucified Again: Exposing Islam's New War on Christians* (Washington, DC: Regnery Publishing, 2013), S. 195.

[6] «Pakistan's Persecution of Christians Escalates», *Peter Tatchell Foundation*, Online-Ausgabe vom 6. Juli 2016.

[7] Hazel Torres, «Pakistan Textbooks Teach Children to Hate Christians, Describing Them as ‹Outsiders, Unpatriotic, and Inferior›», *Christianity Today*, Online-Ausgabe vom 8. August 2016.

von unbekannten Angreifern entführt und geschlagen wurden. Inzwischen werden christliche Schüler gezwungen, in der Schule islamische Gebete zu rezitieren. Sogar die pakistanische Regierung ist darin verwickelt. «Die Regierung Pakistans hat Pläne angekündigt, jungen Menschen den Islam aufzuzwingen, indem das Koranstudium für alle Schüler und Studenten verpflichtend wird.»[8] Das ist nur ein weiteres Anzeichen dafür, welch unglaubliche Voreingenommenheit gegenüber Christen in Pakistan herrscht.

Christenverfolgung in Indien

Eine ähnlich zunehmende Christenverfolgung gibt es auch in Indien. Ein Bericht warnt: «Hunderttausende Christen in ganz Indien werden vor ein ernüchterndes Ultimatum gestellt: Entweder geben sie ihren Glauben nicht zu erkennen oder riskieren Schikanen, Einschüchterung und sogar den Tod ... Drohungen gegen Gemeinden, Brandanschläge auf Eigentum von Christen sowie Schikanierung und Misshandlung neubekehrter Christen nehmen in ganz Indien zu.»[9] Christen, die sich weigern, ihrem Glauben abzuschwören, stehen besonders unter Beschuss: «Wenn Christen sich weigern, ihrem Glauben abzuschwören, werden sie aus ihren Dörfern verjagt und zusammengeschlagen.»[10] Es gibt starke Bemühungen, aus Indien einen völlig christenfreien Staat zu machen.

In einem Fall stürmten Moslems eine Hausgemeinde in Indien, wo gerade eine Gebetsversammlung stattfand, und terrorisierten diese. Sie verprügelten die Christen, darunter eine

---

[8] «Pakistan's Persecution of Christians Escalates», *Peter Tatchell Foundation*.
[9] Carey Lodge, «Beaten and Abused for their Faith in Jesus: Christian Persecution in India», *Christianity Today,* Online-Ausgabe vom 5. Juli 2016.
[10] Ruth Gledhill, «Massive Increase in Persecution Against Christians in India», *Christianity Today,* Online-Ausgabe vom 25. Juli 2016.

fünfundsechzigjährige Witwe. Kinder schrien und rannten verängstigt umher. Eine Menge von 500 Moslems kam zusammen, um das neunzigminütige Spektakel als eine Art Unterhaltung zu beobachten.

Christenverfolgung in China

Auch in China schwindet die Religionsfreiheit im Minutentakt. Die chinesische Regierung hat Christen starke Einschränkungen auferlegt, und die Lage dürfte sich in den kommenden Jahren noch weit verschlimmern. Bibelverse werden aus Schulbüchern entfernt, religiöse Aktivitäten in öffentlichen Einrichtungen wie Krankenhäusern werden verboten, und es wurde angeordnet, öffentlich sichtbare Kreuze von allen Gebäuden zu entfernen – einschliesslich Kirchen. Mittlerweile sagt man schon Kirchgängern, dass sie bestimmte Rechte einbüssen würden, wenn sie weiterhin Gottesdienste besuchen. Die Regierung versucht sogar, die Verbreitung des Wortes Gottes über das Internet zu verhindern. Christliche Seminare werden drangsaliert, damit sie sich dem Staat unterwerfen.

Christenverfolgung in Laos

Laos ist überwiegend buddhistisch. Die Behörden in Laos sind intolerant gegenüber nicht buddhistischen Religionen – namentlich gegenüber Christen. Laut einem Bericht «wurden Gemeindeleiter verhaftet und bedroht, nicht weiter das Evangelium zu predigen; einige wurden getötet. Zahlreiche Christen wurden von örtlichen Behörden bedroht und unter Druck gesetzt, ihrem Glauben abzusagen»[11].

---

[11] Heather Tomlinson, «5 Countries Where You Might Not Know that Christians Face Persecution», *Christianity Today*, Online-Ausgabe vom 12. August 2016.

Christenverfolgung im Nahen Osten

Besonders bösartig ist heutzutage die Christenverfolgung durch Moslems. Raymond Ibrahim schreibt in seinem Buch *Crucified Again:*

Derzeit werden Christen in der gesamten islamischen Welt verfolgt. Ein Reuters-Bericht vom Januar 2012 führt an, dass geschätzt «100 Millionen Christen weltweit verfolgt werden». Ein paar Jahre zuvor hat der britische Geheimdienst MI6 die Zahl der verfolgten Christen doppelt so hoch auf 200 Millionen geschätzt. Ein Sprecher für Menschenrechtsfragen der Organisation für Sicherheit und Zusammenarbeit in Europa schätzt, dass «alle fünf Minuten» ein Christ um seines Glaubens willen getötet wird. Die überwiegende Mehrzahl dieser Märtyrer wird in der islamischen Welt ermordet. Acht der neun die Menschenrechte am meisten verletzenden Staaten – Saudi-Arabien, Afghanistan, der Irak, Somalia, die Malediven, Mali, der Iran und Jemen – haben eine islamische Bevölkerungsmehrheit; der neunte, Eritrea, ist rund zur Hälfte islamisch. Von den fünfzig Ländern mit der stärksten dokumentierten Christenverfolgung sind 42 entweder mit islamischer Bevölkerungsmehrheit oder besitzen einen beträchtlichen Anteil an Moslems, die versuchen, die Christen um sich zu unterwerfen oder auszurotten (Nigeria ist das herausragende Beispiel für das letztgenannte Verhalten).[12]

Ein Grossteil der islamischen Christenverfolgung gründet sich auf Sure 9,29, wo Allah den Moslems befiehlt: «Kämpfet wider jene von denen, welchen die Schrift gegeben ward, die nicht glauben an Allah und an den Jüngsten Tag und die nicht ver-

---

[12] Ibrahim, *Crucified Again*, S. 7–8.

wehren, was Allah und sein Gesandter verwehrt haben, und nicht bekennen das Bekenntnis der Wahrheit, bis sie den Tribut aus der Hand gedemütigt entrichten.» Der Ausdruck «denen, welchen die Schrift gegeben ward», bezieht sich ausdrücklich auf Christen und Juden. «Tribut» bezeichnet eine jährliche Kopfsteuer, die früher durch islamische Staaten erhoben wurde. Doch der wichtigste Ausdruck in diesem Vers ist «gedemütigt». Das arabische Wort hierfür lautet *saghirun*. Es bedeutet «erniedrigt, unterwürfig, servil, demütig sein»; «verachtenswert»; «schmeicheln, katzbuckeln, kriechen»; «niedergedrückt, bescheiden, verachtet, verächtlich; gedemütigt, duckmäuserisch, mutlos, untertan». Wie Ibrahim anmerkt, «bedeutet Menschen als *saghirun* zu behandeln, ‹sie herabzusetzen, zu verspotten, verhöhnen, entwürdigen, erniedrigen›»[13]. So sollen Christen sich nach dem Willen von Moslems fühlen.

Es gibt viele Beispiele für Christenverfolgung im Nahen Osten. Der frühere US-Aussenminister John Kerry hat weithin bekannt gemacht, wie die Terrorgruppe Islamischer Staat (IS) an Christen im Nahen Osten massenhaft Völkermord begangen hat.[14]

In den Gegenden Syriens und des Iraks, die unter der Kontrolle des IS standen, wurden Kirchen beschlagnahmt, Kreuze zerstört und Gemälde vernichtet, die Szenen aus der Bibel darstellen; die IS-Anhänger betrachten diese Dinge als «Götzendienst». Zahllose Christen wurden massakriert, indem man ihnen im Namen Allahs die Kehle durchschnitt.[15]

In Ägypten ist die Christenverfolgung so schlimm wie noch nie. Ein Bericht schildert, wie ein moslemischer Mob eine sieb-

---

[13] Ebd., S. 22.
[14] Andre Mitchell, «Humanitarian Warns of the ‹Elimination› of Christianity in the Middle East», *Christianity Today*, Online-Ausgabe vom 12. August 2016.
[15] Maria Abi-Habib, «For Many Christians in Middle East, Intimidation or Worse», *Wall Street Journal*, Online-Ausgabe vom 26. Juli 2016.

zigjährige Christin nackt durch die Strassen schleifte.[16] Die New York Times berichtet ausserdem:

> Christen erfahren weiterhin Gewalt und Demütigung im überwiegend islamischen Ägypten, wo nur 10 Prozent der Bevölkerung an die Lehren Jesu Christi glaubt. Für in Ägypten lebende Christen besteht die ständige Gefahr, dass ihre Häuser und anderer Besitz niedergebrannt und sie ausgeraubt werden, wenn sie auf die Strasse gehen. Auch Kirchen werden nicht verschont, sondern durch Hassparolen entweiht, die auf die Wände geschmiert werden.[17]

In einem Fall griffen etwa 3000 Moslems mit Pistolen, Gewehren und Molotow-Cocktails koptische Kirchen an, wobei sie viele töteten und Hunderte verletzten. Kirchen wurden unter «Allahu Akbar»-Rufen in Brand gesetzt. Die Häuser von Kopten wurden zuerst geplündert und dann abgefackelt.

Christenverfolgung in der Demokratischen Republik Kongo

Gruppen von Dschihad-Kämpfern gewinnen in der Demokratischen Republik Kongo fortlaufend an Boden und begehen Gräueltaten an Christen. Ein kürzlich erschienener Report besagt: «Mindestens 36 Menschen wurden in der Region Nord-Kivu getötet ... Die Opfer wurden gefesselt und dann zu Tode gehackt. Wie World Watch Monitor berichtet, schätzen manche Berichte die Gesamtzahl der Todesopfer auf nahezu 50.»[18] Es gibt zahlrei-

---

[16] Julie Bourdon, «Coptic Christians Face Rising Persecution», *Mission Network News*, Online-Ausgabe vom 12. August 2016.

[17] Zit. in Andre Mitchell, «Christians in Egypt Reaching ‹Breaking Point› after Experiencing So Much Persecution», *Christianity Today*, Online-Ausgabe vom 7. September 2016.

[18] Harry Farley, «Christian Persecution Intensifies in DRC as 36 Tied Up and Hacked to Death», *Christianity Today*, Online-Ausgabe vom 16. August 2016.

che ähnliche Berichte über Fälle, in denen Menschen zu Tode gehackt wurden.

Christenverfolgung in Nigeria

Es gibt zahllose Berichte über die Christenverfolgung in Nigeria. Hier nur ein Beispiel: «Eine christliche Mutter von sieben Kindern wurde in Nigeria zu Tode gehackt; tatverdächtig sind radikale Moslems. Ihre verstümmelte Leiche wurde in einer Blutlache entdeckt; daneben lagen eine Bibel und ein Megaphon, mit dem sie jeden Morgen zu predigen pflegte.» Sie war dabei, nahe der nigerianischen Hauptstadt Abuja das Evangelium zu verkündigen, als man sie ergriff und zu Tode hackte.[19] Ich wünschte, das wäre nur ein Einzelfall, aber das ist es nicht.

Christenverfolgung in Uganda

Ich las von einem Moslem, der seine Kinder davor warnte, «zur Kirche zu gehen oder die Botschaft des Evangeliums zu hören». Er drohte ihnen mit einem scharfen Messer, sie am helllichten Tag zu töten, falls sie zum Christentum konvertieren sollten. Die Tochter des Mannes bekehrte sich trotzdem und weigerte sich, das zu widerrufen. Prompt «sperrte er sie sechs Monate lang in einen Raum ein, in dem sie das Sonnenlicht nicht sehen konnte», und «gab ihr nichts zu essen». Ihr Bruder schob ihr kleine Bissen Brot und Schlucke Wasser zu, wann immer er konnte, doch sie magerte extrem ab. Als sie zuletzt gerettet wurde, «war sie nur noch Haut und Knochen, sehr geschwächt und unfähig zu reden oder zu gehen ... Ihr Haar hatte sich gelb verfärbt, ihre Fingernägel waren sehr lang und ihre Augen eingefallen. Sie sah sehr dünn aus und wog kaum noch 20 Kilogramm.»[20]

---

[19] Samuel Smith, «Christian Mother of 7 Hacked to Death in Nigeria While Preaching», *Christian Post,* Online-Ausgabe vom 12. Juli 2016.

[20] Ibrahim, *Crucified Again,* S. 98–99.

Christenverfolgung in Europa

Ich könnte ein ganzes Kapitel über die Christenverfolgung in Europa schreiben, doch soll nur ein bemerkenswertes Beispiel genügen, um es auf den Punkt zu bringen:

Der letzte in einer unablässigen Reihe islamischer Terrorattacken in Europa ... war die Ermordung eines alten Priesters in der Normandie. Während der Messe stürmten zwei bewaffnete Angreifer die Kirche und erklärten, dem Islamischen Staat anzugehören. Vater Hamel wurde gezwungen, sich hinzuknien; dann schnitten sie ihm die Kehle durch. Später kam heraus: Die Kirche stand auf einer Liste von Zielen, die man im Jahr zuvor bei einem Mann gefunden hatte, der verdächtigt wurde, zum Islamischen Staat zu gehören. Sie enthielt zahlreiche Kirchen. Bis heute richtet sich der islamische Terrorismus in Europa gegen Zivilisten in Menschenmengen, Einkaufszentren oder öffentlichen Verkehrsmitteln. Dass Moslems nun Gottesdienstbesucher in einer Kirche angreifen, stellt für Europäer ein neues Kapitel dar, nicht jedoch für Christen in Ländern, in denen der Islam stärker ist.[21]

Ein weiterer Bericht zeigt, wie Moslems schon ihre kleinen Kinder indoktrinieren, Christen zu hassen. Ein Junge ging in Belgien durch die Strassen und schrie: «O Allah, vernichte die schrecklichen Christen! O Allah, töte sie alle! Lass keinen Einzigen überleben!»[22]

---

[21] «Jihad Comes to Church», *Christian Concern*, Online-Ausgabe vom 29. Juli 2016.
[22] Oliver Lane, «The Islamic State's Dehumanization of Christians Is Nothing New», *Breitbart*, Online-Ausgabe vom 10. August 2016.

Christenverfolgung in Amerika

Zwar steht es für Christen in Amerika nicht so schlimm wie in anderen Teilen der Welt, aber irren Sie sich nicht: *In den Vereinigten Staaten wendet sich die Stimmung gegen Christen.* In meinem früheren Wohnort Houston lud die (lesbische) Bürgermeisterin fünf protestantische Pastoren vor, um festzustellen, ob sie in ihren Predigten eine neue Anordnung der Stadt über Sexualität verletzt hätten. Zwar waren ihre Bemühungen am Ende erfolglos, doch ihr Handeln steht nur stellvertretend für eine grössere Gruppe solcher, die nun militant Stellung gegen bibelgläubige Christen nehmen.

Inzwischen werden wir Zeugen von anderen Fällen, dass Christen dafür verfolgt werden, der Bibel zu glauben. Ein Militärkaplan wurde aus seiner bisherigen Dienststelle versetzt, weil er treu zu biblischen Werten stand. Eine Christin, die in einer Kindertagesstätte arbeitete, wurde gefeuert, weil sie sich weigerte, einen sechsjährigen Jungen als Mädchen anzureden. Eine neue Sorte von Atheisten ist unserer Gesellschaft entsprossen, die nicht mehr bereit ist, zu leben und leben zu lassen, sondern versucht, das Christentum unter einer Lawine von Angriffen zu begraben. Diese Liste geht noch weiter.[23]

Wie sehr hat sich die Lage in Amerika verändert! In einem aufschlussreichen Artikel stellt Joseph Hayes fest:

> In einer Zeit, wenn jeder als das akzeptiert werden will, was er ist, werden Christen das genaue Gegenteil erleben. Während die Toleranz gegenüber der Sünde zunimmt, wird auch die Intoleranz gegenüber Gottes Geboten zunehmen, und wahre

---

[23] Siehe Steve Byas, «Mary Eberstadt's Book ‹It's Dangerous to Believe›: The Growing Persecution of U. S. Christians», *New American*, Online-Ausgabe vom 10. August 2016.

Botschafter Gottes werden vor eine harte Entscheidung gestellt ... Beuge dich den Forderungen der Welt, passe dich an
und verweigere Gott die Ehre – oder weise die neuen Gesell-
schaftsnormen der Welt ab und erfahre schwere Verfolgung.
Das zwingt jeden, der an Jesus Christus glaubt und ihm als
seinem Herrn anhängt, unter Verfolgung und Bedrängnis zu
leben.[24]

Die Wahrheit lautet: Eine antichristliche Haltung nimmt in den
Vereinigten Staaten schon seit vielen Jahren zu. Ein Kulturana-
lyst brachte es einmal so auf den Punkt: «Christen und Konservative aller Couleur werden aus dem öffentlichen Leben ver-
drängt, zum Schweigen gebracht und offen diskriminiert.»[25]

Der Princeton-Professor Robert George stellte 2014 in einer
Rede fest:

Heute ein Zeuge des Evangeliums zu sein heisst, sich selbst
zu brandmarken. Es heisst, sich Spott und Verachtung auszusetzen. Sich nicht zu schämen, das Evangelium im vollen Umfang zu verkünden heisst, seine Sicherheit, seine Berufspläne
und Ambitionen, seinen Frieden, Ruhe und sein Ansehen in
der vornehmen Gesellschaft zu gefährden. Es kann sein, dass
man aufgrund seines öffentlichen Zeugnisses diskriminiert
wird und einem der Zugang zu Ausbildungsgängen und deren prestigeträchtigen Abschlüssen verwehrt wird; man kann
den Zugang zu gut bezahlten Stellen und ein Vorankommen
im Beruf verlieren; man kann von weltlicher Anerkennung
und Ehrungen verschiedener Art ausgeschlossen werden; das

---

[24] Joseph Hayes, «Christians Should Stand Up, Not Shy Away from Persecution»,
Times Herald, Online-Ausgabe vom 28. Mai 2017.
[25] Lea Singh, «How Bad Will It Get? Bracing for Religious Persecution in the West»,
LifeSite News, Online-Ausgabe vom 13. Juli 2016.

Zeugnis kann einen auch wertvolle Freundschaften kosten. Es kann zu familiärer Zwietracht und sogar zur Entfremdung von Familienmitgliedern führen. Ja, Jüngerschaft hat ihren Preis – einen hohen Preis.[26]

Ich hasse es, das sagen zu müssen, aber ich denke, wir haben bisher nur den Anfang einer Christenverfolgung in den Vereinigten Staaten und in der ganzen Welt erlebt. Die Bühne steht nun bereit für die katastrophalen Verfolgungen, die während der künftigen siebenjährigen Drangsal stattfinden werden.

---

[26] Zit. in Singh, «How Bad Will It Get?».

7. EHE UND FAMILIE IN EINER SEXUELL DYSFUNKTIONALEN GESELLSCHAFT

Die rapide zunehmende Akzeptanz von Homosexualität und gleichgeschlechtlichen Ehen ist ein bedeutendes kulturelles Phänomen. Ein *Homosexueller* ist jemand, der gegenüber dem eigenen Geschlecht erotische Begierden, Fantasien und Anziehung empfindet. (Das griechische Wort *homos* bedeutet «gleich»). *Gay* steht in der amerikanischen Umgangssprache für Homosexuelle beiden Geschlechts (verschiedentlich auch – wie *schwul* im Deutschen – nur für homosexuelle Männer; Anm. d. Übers.). Der Ausdruck bezeichnet nicht nur die sexuelle Orientierung einer Person, sondern auch diese als Mitglied der Homosexuellen-Gemeinschaft, die Homosexualität offen unterstützt. *Lesbisch* nennt man eine homosexuelle Frau. Als *bisexuell* bezeichnet man jemand, den beide Geschlechter sexuell anziehen. *Coming out* nennt man den Akt, Homosexualität offen zu befürworten und sich selbst öffentlich als homosexuell zu bekennen. Die Abkürzung LGBT steht für lesbisch, gay, bisexuell und transgender (Letzteres bezeichnet solche, die sich dem anderen Geschlecht angehörig fühlen und sich zum Teil einer sog. «geschlechtsangleichenden» Operation unterzogen haben; Anm. d. Übers.).

Die traditionelle Vorstellung von Familie wird heute so stark wie noch nie angegriffen. Ein Bericht bei CNN stellt fest: «Die traditionelle Vorstellung von Familie hat sich im Laufe der Jahre gewandelt ... Vorbei ist die Zeit, als man damit nur Mann, Frau und vielleicht ein paar Kinder meinte. Heute definiert man um, was Familie bedeutet – sei es ein alleinerziehender Elternteil oder auch ein LGBT-Paar.»[1] Heutzutage sagt man, Familie sei «alles, wo man gegenseitig Liebe und Zuneigung gebe und empfange», sowie «sich mit anderen Menschen geschützt und verbunden zu fühlen». Für viele ist es egal, ob diese Liebe und Zuneigung zwischen einem Mann und einer Frau besteht, die miteinander verheiratet sind, einem Mann und einer Frau, die unverheiratet miteinander leben, oder einem gleichgeschlechtlichen Paar.[2] All dies hält nun die Mehrheit der Gesellschaft für «Familie», weil dort das Geben und Empfangen von Liebe dazugehöre.

Eine bekannte Zeitung veröffentlichte eine Fotomontage über die heutige Familie, die aus «sieben fantastischen Bildern» bestand. Prüft man diese, so stellt sich heraus, dass die Mehrzahl davon gleichgeschlechtliche Paare darstellt – Mann und Mann oder Frau und Frau –, oft mit kleinen Kindern, die bei dem Paar leben.[3] Verständlicherweise gab es am 26. Juni 2016 für gleichgeschlechtliche Paare Grund zum Feiern: An diesem Tag segnete der Oberste Gerichtshof ihr Recht ab, überall in den USA zu heiraten, was die Mehrheit der Amerikaner nun als «Ehe für alle» unterstützt.

Etwa ein Jahr nach dem Urteil des Obersten Gerichtshofs sind fast die Hälfte der schwulen und lesbischen Paare (in den USA) miteinander verheiratet. Eine Gallup-Umfrage besagt: «Der Prozentsatz zusammenwohnender gleichgeschlechtlicher Paare, die miteinander verheiratet sind, statt unverheiratet zusammenzuwohnen, stieg von 38 Prozent vor dem Urteil auf 49 Pro-

[1] Archith Seshadri, «The Changing Face of Family», *CNN*, Online-Ausgabe vom 7. Februar 2016.
[2] Ebd.
[3] Alanna Vagianos, «Redefining the ‹Traditional› American Family in 7 Stunning Images», *Huffington Post*, Online-Ausgabe vom 2. Februar 2016.
[4] «Same-Sex Marriages in U.S. Up, Domestic Partnerships Down: Gallup», *Reuters*, Online-Ausgabe vom 22. Juni 2016.

zent danach.»[4] Das Pew Research Center fand heraus, dass 51 Prozent der Amerikaner nun für die gleichgeschlechtliche Ehe sind, wobei 59 Prozent der befragten – Befürworter wie Gegner – sie als «unausweichlich» bezeichnen.[5]

Joe Dallas, ein bekannter Experte zum Thema Homosexualität, sagt über die derzeitige Haltung von Christen zur gleichgeschlechtlichen Ehe:

> Beachtenswert ist, dass der Widerstand gegen die Umdefinierung von «Ehe» im überwältigenden Masse seitens konservativer Christen kam, doch selbst in diesem Teil der Bevölkerung klaffen die Meinungen anscheinend weit auseinander. So zeigt zum Beispiel eine Untersuchung von *Times-Picayune*, dass 44 Prozent der Achtzehn- bis Neunundzwanzigjährigen, die sich evangelikal nennen, das Recht homosexueller Paare auf Heirat unterstützen ..., was nicht zwingend heisst, dass man Homosexualität an sich gutheisst. Da dieselbe Umfrage feststellt, dass ungefähr 80 Prozent der Evangelikalen Homosexualität ablehnen, klafft die Meinung der jüngeren und älteren Gläubigen offenkundig weit auseinander.[6]

Somit läuft alles auf Folgendes hinaus:

- Die meisten Amerikaner akzeptieren die gleichgeschlechtliche Ehe.
- Ältere Christen verwerfen sie.
- Jüngere Christen *tolerieren* sie, selbst wenn sie sie nicht zwingend *befürworten*.

---

[5] Joe Dallas, «Now What? Same-Sex Marriages and Today's Church», *Christian Research Journal*, Bd. 37, Nr. 1 (2014), Online-Ausgabe.
[6] Ebd.

Mittlerweile zeigt die LGBT-Gemeinschaft nun jedem, wo der Hammer hängt, der ihrer Meinung nach ihre Rechte verletzt. Dafür gibt es zahlreiche Beispiele, von denen nur eines zur Veranschaulichung genügen möge. Die 16 Millionen Mitglieder starke christliche Internet-Partnervermittlung christian-mingle.com wurde infolge eines Antidiskriminierungs-Prozesses gezwungen, schwule und lesbische Benutzer zuzulassen. Ich zitiere: «Die populärste christliche Internet-Partnervermittlung des Landes wird nun auch die Möglichkeit bieten, gleichgeschlechtliche Partner zu finden, statt die Suche auf ‹Mann sucht Frau› und ‹Frau sucht Mann› zu beschränken.»[7] Die Klägerin hatte die Betreiber der populären Internetseite verklagt, das kalifornische Zivilrecht zu verletzen. Dieses verlange, dass «alle Geschäftsbeziehungen gleich welcher Art» ohne Ansehen der Religionszugehörigkeit des Anbieters jedem gleich welcher sexuellen Orientierung im vollem Umfang offenstehen müssen. Ich glaube, die LGBT-Gemeinschaft wird in den kommenden Jahren christliche Einrichtungen zunehmend aufs Korn nehmen. Vor uns liegen schwierige Zeiten.

Gottes Wort wird umgedeutet

Christen im herkömmlichen Wortsinn haben Homosexualität stets als etwas befunden, das im Widerspruch zu Gottes Wort steht. Immerhin warnt die Bibel ausdrücklich davor, dass Homosexuelle das Reich Gottes nicht erben werden (1Kor 6,9-10). Die Schrift verdammt homosexuelle Handlungen durchgehend (3Mo 18,22; Röm 1,26-27). Die Bibel verdammt zudem jede Art sexueller Unmoral, wozu auch Homosexualität gehört (Mt 15,19; Mk 7,21-22; Apg 15,20.29; Gal 5,19-21; 1Thes 4,3-5; Hebr 13,4).

---

[7] Kate Shellnutt, «ChristianMingle Lawsuit Forces Site to Add Options for Gay Daters», *Christianity Today*, Online-Ausgabe vom 6. Juli 2016.

Homosexuelle entgegnen darauf gewöhnlich jedoch: *Richtig verstanden* würde die Bibel Homosexualität nicht verdammen, sondern vielmehr zeigen, dass sie vor Gott vollkommen in Ordnung sei. Sie deuten alle Bibelverse, in denen es um Homosexualität geht, dahingehend um (besser: sie träumen sie um), die den LGBT-Lebensstil begünstigt. Mir fehlt hier der Raum, jeden Einzelnen dieser Verse ausführlich zu erklären, doch soll ein Blick auf die bedeutendsten davon genügen, um zu zeigen, wie jene die Schriften zu ihrem Nutzen verdrehen.

In Römer 1,26-27 steht: «Darum hat sie Gott dahingegeben in schändliche Leidenschaften; denn ihre Frauen haben den natürlichen Verkehr vertauscht mit dem widernatürlichen; desgleichen haben auch die Männer den natürlichen Verkehr mit der Frau verlassen und sind in Begierde zueinander entbrannt und haben Mann mit Mann Schande getrieben und den Lohn ihrer Verirrung, wie es ja sein musste, an sich selbst empfangen.»

Homosexuelle argumentieren gewöhnlich: Wenn Paulus gegen etwas *Widernatürliche* spreche, sage er damit nicht, dass Homosexualität für jedermann falsch sei, sondern schlicht, dass sie nur *für Heterosexuelle* widernatürlich sei. Homosexualität sei für Heterosexuelle widernatürlich, nicht jedoch für Homosexuelle. Nach ihrer Vorstellung dürfe man «widernatürlich» allein in einem soziologischen statt in einem biologischen Sinn verstehen. Homosexuelle glauben: Statt homosexuelle Handlungen zu verdammen, billige jene Stelle des Römerbriefs diese vielmehr *für Homosexuelle*.

Dies bedeutet, einen Sinn in den Text hineinzulesen, den dieser schlicht nicht hat (*Eisegese*). Wenn die Bibel sagt, homosexuelle Handlungen seien «widernatürlich» (Röm 1,26), dann bezieht sie sich auf die Biologie, nicht auf die Soziologie. Darum kann man diese Stelle nicht dafür hernehmen, Homosexualität zu rechtfertigen.

Die Bibel definiert von Anfang an ganz klar, was Sexualität und deren Ausübung bedeutet. In 1. Mose 1,27-28 heisst es: «Gott schuf ... den Menschen als Mann und Frau ... und sprach zu ihnen: Seid fruchtbar und vermehrt euch ...» Diese Vermehrung ist nur möglich, wenn sie sich auf ein biologisches männlich und weiblich bezieht. Die «sexuelle Orientierung» ist biologisch zu verstehen, nicht soziologisch, wo Gott spricht: «Darum wird ein Mann seinen Vater und seine Mutter verlassen und seiner Frau anhängen, und sie werden ein Fleisch sein» (1Mo 2,24). Nur ein biologischer Vater und eine biologische Mutter können Kinder hervorbringen, und der Ausdruck «ein Fleisch» kann schlicht nicht anders verstanden werden denn als heterosexueller ehelicher Verkehr.

Römer 1,27 hebt hervor, dass «Männer mit Männern Schande getrieben haben», womit Paulus homosexuellen Geschlechtsverkehr meint. Was sie taten, war widernatürlich. Sie haben «den natürlichen Verkehr mit der Frau verlassen» und sind in Begierde zueinander entbrannt» (V. 27). Es liegt auf der Hand, dass Gott sexuelle Sünden zwischen Menschen desselben Geschlechts verdammt. Homosexualität ist nicht lediglich eine weitere «sexuelle Orientierung» neben der heterosexuellen, sondern gegen die menschliche Natur.

Natürlich deuten Homosexuelle auch viele andere Bibelstellen auf ähnliche Weise um. Dazu zählen zum Beispiel 1. Mose 19,4-8; 3. Mose 18,22; 5. Mose 23,1; 1. Samuel 18,1-4; Jesaja 56,3; Apostelgeschichte 10,15 und 1. Korinther 6,9-10. Jedes Mal interpretiert man die Bibel so um, dass es so scheint, als würde sie den LGBT-Lebensstil unterstützen. Tatsächlich verdreht die LGBT-Gemeinschaft die Schrift. Die Bibel warnt uns: «Wehe denen, die Böses gut und Gutes böse nennen, die Finsternis zu Licht und Licht zu Finsternis erklären ...!» (Jes 5,20).

Zunehmende Offenheit für vorehelichen Sex

Mittlerweile sind Heterosexuelle zunehmend offen für vorehelichen Sex. 2016 wurde ein Buch mit dem Titel veröffentlicht: *Good Christian Sex: Why Chastity Isn't the Only Option – And Other Things the Bible Says About Sex* («Guter christlicher Sex: Warum Keuschheit nicht die einzige Möglichkeit ist – und andere Dinge, die die Bibel über Sex sagt»). Verfasserin des Buches ist Bromleigh McCleneghan, Pastorin der Union Church in Hinsdale, Illinois. McCleneghan behauptet, vorehelicher Sex sei für Christen in Ordnung: «Wir können in nicht ehelichen sexuellen Beziehungen – sinngetreu – keusch sein, wenn wir Zurückhaltung üben: Wenn wir es unterlassen, Sex zu haben, der nicht beiderseitig angenehm und bestätigend ist, der die Autonomie und den heiligen Wert unser selbst und unseres Partners nicht respektiert.»[8]

Obwohl McCleneghans Vorstellungen im krassen Widerspruch zur Heiligen Schrift stehen, loben viele Rezensenten ihr Buch. Die *Washington Post* schreibt: «McCleneghan argumentiert gegen eine auf Regeln basierende Sicht biblischer Reinheit und eröffnet einen eher ganzheitlichen Zugang zur Schrift.» *Publisher's Weekly* schreibt: «McCleneghan bietet Möglichkeiten, Bibelstellen neu zu verstehen und einen Kompromiss zwischen Glaube und dem Annehmen menschlicher Sexualität zu finden, sodass beide einander nicht länger ausschliessen.» Ein Rabbi kommentiert: «*Good Christian Sex* zeigt, wie es aussehen kann und soll, wenn eine aufgeschlossene, dem Sex positive Haltung dem Heiligen begegnet.» In einem Artikel in der *Religion News Service* steht: «Was Sie bisher für unanständig hielten, kann tatsächlich heilig sein. Das ist die Botschaft von *Good Christian Sex*, in dem McCleneghan versucht, Christen davon zu

---

[8] Samuel Smith, «Pastor Saying Premarital Sex Is OK Pushes People Away from God, Greg Laurie Warns», *Christian Post*, Online-Ausgabe vom 29. August 2016.

befreien, Scham über vorehelichen oder ausserehelichen Sex zu empfinden.»[9]

Die Wahrheit lautet: McCleneghan betreibt durchgehend *Eisegese* (d. h. sie liest Bedeutungen in Bibeltexte hinein, die diese nicht haben) statt *Exegese* (d. h. die Bedeutung der Schrift aus dem Text selbst abzuleiten). Sie hat schon im Voraus entschieden, was sie die Schrift sagen lassen will, und «interpretiert» dann die Bibel so, dass sie (scheinbar) genau das sagt.

Es überrascht nicht, dass vorehelicher Sex heute so stark verbreitet ist wie nie zuvor. Noch 1972 gaben nur 28 Prozent der Amerikaner zu, Sex vor der Ehe gehabt zu haben. 1978 stieg diese Zahl auf 38 Prozent, im Jahr 2004 auf 44 Prozent und 2012 auf 58 Prozent. Heute ist sie noch höher. Vorehelicher Sex befindet sich in einem stetigen Aufwärtstrend.[10]

Die Barna-Gruppe hat herausgefunden, dass die Mehrheit der Amerikaner Ehe und Sex nicht mehr miteinander verknüpfen:

Zwar verknüpft noch die überwältigende Mehrheit der praktizierenden Christen Sex mit der Ehe, doch in der US-Gesamtbevölkerung geht der Trend dahin, beides voneinander zu trennen. Sex dient heute weniger zur Vermehrung oder ist Ausdruck von Intimität, sondern mehr eine persönliche Erfahrung. Sex zu haben betrachtet man zunehmend als angenehmes und wichtiges Element auf dem Weg zur Selbstverwirklichung.[11]

---

[9] Diese Rezensionen und Empfehlungen wurden bei amazon.com veröffentlicht.
[10] Farley Goodman, «Millennials More Accepting of Premarital Sex, Have Fewer Partners», *BlogHer*, Online-Ausgabe vom 5. Juni 2016.
[11] The Barna Group, «What Americans Believe About Sex», Online-Ausgabe vom 14. Januar 2016.

Wilde Ehe im Aufwärtstrend

Im Einklang mit der weitläufigen Akzeptanz vorehelichen Sexualverkehrs leben viele heterosexuelle Amerikaner heute unverheiratet zusammen, statt zu heiraten. Die «wilde Ehe» ist die neue Norm in Amerika – und unsere Gesellschaft hält unverheiratet miteinander lebende Paare für «Familien». Eine Barna-Umfrage fand heraus, dass «fast sechs von zehn (57 Prozent) entweder derzeit mit ihrem Freund oder ihrer Freundin zusammenleben oder dies bis vor Kurzem getan haben. Das entspricht fast der Zahl derer, die glauben, dies sei gut (65 Prozent)».[12] Die Umfrage fand auch heraus, dass 44 Prozent der amerikanischen Erwachsenen es in Ordnung fänden, wenn ihre Kinder vor der Ehe unverheiratet zusammenleben.

Angesichts einer «wilden Ehe» rümpft heute niemand mehr die Nase. Manche Amerikaner halten sie sogar für eine Tugend, weil sie glauben, sie versetze ein Paar in die Lage, einander kennenzulernen und so eine wohlüberlegte Entscheidung zu treffen, den Richtigen zu heiraten. So wie man mit einem Auto eine Probefahrt unternimmt, bevor man es kauft, so könne man auch unverheiratet zusammenwohnen, um festzustellen, ob der andere der geeignete Ehepartner ist. Heute stimmen zwei Drittel der amerikanischen Erwachsenen entweder «sehr» oder «irgendwie» der Meinung zu, es sei gut, mit jemandem in wilder Ehe zu leben – d. h. im Grunde, eine «Test-Familie» zu bilden –, bevor man sich entscheide, den festen Bund der Ehe einzugehen.

Obwohl eine zunehmende Zahl von Menschen dies für gut befindet, muss ich es dennoch höchst problematisch nennen. Eine wilde Ehe steht nicht nur im Widerspruch zur Bibel, sondern ermangelt auch des wichtigen Elements der Dauerhaftig-

---

[12] The Barna Group, «No Thanks, Maybe Later», Online-Report vom 9. Juli 2016 unter www.barna.com.

keit. Diese «Familie» kann sich jederzeit ändern, sobald einer der beiden meint, es sei Zeit, neue Wege einzuschlagen – oder vielleicht mit jemand anderem zusammenzuziehen. Solche sogenannten «Familien» können leicht aufgelöst und neue gebildet werden, sobald einer der Partner mit jemand anderem zusammenzieht. Ohne Dauerhaftigkeit aber kann die Familie nicht mehr als sicherer Hafen, als Ort der Beständigkeit und Zuverlässigkeit funktionieren. Und Menschen – besonders Kinder – brauchen Beständigkeit, Sicherheit und Zuverlässigkeit für ihre emotionale Stabilität.

Dessen ungeachtet gibt es eine Gruppe unter denen, die die «wilde Ehe» entschieden unterstützen: die heutigen Atheisten. Der christliche Apologet Frank Turek geht so weit zu sagen, dass Amerikas Abfall von Gott mehr mit *Sex* zu tun hat als mit *Unglauben gegenüber dem Christentum*. Ob man ihm zustimmt oder nicht, der Sex-Faktor ist bedeutend. Wenn man einen bekennenden Atheisten fragte: «Falls das Christentum wahr wäre, würden Sie dann Christ werden?», dann, so Turek, würde der Atheist dies öfter verneinen als bejahen. Turek glaubt: Der wahre Grund dafür, warum viele Atheisten Gott leugnen, sei kein Mangel an Beweisen für die Existenz Gottes, sondern vielmehr ihr Wunsch, ausserhalb der Einschränkungen christlicher Moral ungehemmt ihre Sexualität ausleben zu können.[13]

Der humanistische Philosoph Aldous Huxley ist vielleicht das beste Beispiel dieser Mentalität. Sein fehlender Glaube an Gott «befreite» ihn von Moral und gab ihm «sexuelle Freiheit»:

Ich hatte Gründe für meine Meinung, dass die Welt keinen Sinn hat. Folgerichtig nahm ich an, sie habe keinen, und so

---

[13] Leonardo Blair, «America's Fall Away from God Is More About Sex than Unbelief, Christian Author Frank Turek Says», *Christian Post*, Online-Ausgabe vom 14. Oktober 2016.

war ich fähig, problemlos hinreichende Gründe für diese Annahme zu finden ... Ein Philosoph, der in der Welt keinen Sinn sieht, befasst sich mit einem Problem nicht ausschliesslich metaphysisch. Er bemüht sich auch zu beweisen, dass es keinen vernünftigen Grund dafür gibt, warum er nicht so handeln solle, wie er handeln will. Was mich betrifft (wie auch zweifellos die Mehrheit meiner Freunde), war die Philosophie der Sinnlosigkeit ein entscheidendes Instrument zur Befreiung von einer bestimmten Moral. Wir verwarfen die Moral, weil sie unserer sexuellen Freiheit im Weg stand.[14]

Der ehemalige Atheist Lee Strobel gesteht ein, dass dies einer seiner Hauptgründe dafür war, an den atheistischen Darwinismus zu glauben: «Ich war überglücklich, auf den Darwinismus abzufahren, um mit diesem Vorwand die Vorstellung über Bord zu werfen, dass es Gott gibt; so konnte ich ohne moralische Einschränkungen schamlos meine eigenen Lebensziele verfolgen.»[15] Er schreibt weiter:

Als ich Atheist war, hatte ich viele Motive, Fehler am Christentum zu finden. Ich wusste: Mein Lebenswandel, der durch Sauferei, Unmoral und Selbstsucht geprägt war, müsste sich ändern, wenn ich jemals ein Nachfolger Jesu würde – und ich war nicht sicher, ob ich das aufgeben wollte. Schliesslich war das alles, was ich kannte. Folgerichtig versuchte ich nicht, die Wahrheit zu finden, sondern sie durch künstliche Zweifel und ersonnene Einwände abzuwehren.[16]

---

[14] Aldous Huxley, zit. ebd.
[15] Lee Strobel, zit. in Norman Geisler u. Frank Turek, *I Don't Have Enough Faith to Be an Atheist* (Wheaton, IL: Crossway Books, 2004), S. 163.
[16] Lee Strobel, *The Case for Faith* (Grand Rapids, MI: Zondervan, 2000), S. 226.

Kein Wunder, dass der christliche Gelehrte J. Budziszewski zu dem Schluss kommt: «Viele Menschen fangen nicht erst dann an zu sündigen, nachdem sie nicht an Gott glauben; die meisten Atheisten übernehmen irgendeine Lieblingssünde und finden dann Gründe, nicht an Gott zu glauben.»[17] Das erinnert an Psalm 14,1: «Der Narr spricht in seinem Herzen: Es gibt keinen Gott!» Beachten Sie: Dieser Vers sagt nicht, dass jemand ein Narr ist, weil er die Existenz Gottes leugnet. Vielmehr wird er als Narr bezeichnet, weil er *in seinem Herzen spricht*, dass es keinen Gott gibt. Daraus folgt, dass er es eigentlich besser weiss. Er sagt, es gebe keinen Gott, obwohl er tatsächlich weiss, dass es Ihn wahrscheinlich gibt. Das ist eine grosse Torheit. Vers 3 sagt uns anschliessend, dass solche Menschen verdorben sind. Die Schrift zieht eine sehr enge Verbindung zwischen einem verdorbenen Lebenswandel und der Leugnung Gottes (siehe auch Römer 1,18-25).

Die verheerenden Folgen der Pornografie

Mittlerweile konsumieren mehr Menschen als je zuvor Pornografie. Allein 2016 verbrachten sie weltweit unglaubliche 4,5 Milliarden Stunden damit, Pornografie zu sehen. Die höchste Anzahl von Besuchen pornografischer Internetseiten kam aus den Vereinigten Staaten (was 41 Prozent des weltweiten Pornokonsums im Internet ausmacht), gefolgt von Grossbritannien, Indien, Kanada und Deutschland. Etwa 64 Prozent aller Aufrufe von Pornoseiten erfolgte über ein Smartphone oder einen Tablet-PC.[18] David Kinnaman und Gabe Lyons sagen dazu:

---

[17] J. Budziszewski, «Why I Am Not an Atheist», in: *Why I Am a Christian*, Hrsg. Norman L. Geisler u. Paul K. Hoffman (Grand Rapids, MI: Baker Books, 2006), S. 57.
[18] Rodney Pelletier, «2015 Porn Stats Show Alarming Trends», *ChurchMilitant.com*, Online-Ausgabe vom 17. Januar 2016.

Mit acht Milliarden Dollar Umsatz ist Pornografie einer der am schnellsten wachsenden Bereiche der Unterhaltungsindustrie. Über 50 Millionen Amerikaner konsumieren Pornos. Um die Grössenordnung des Geschäfts mit der nackten Haut richtig einordnen zu können: Das Einkommen in diesem Gewerbe konkurrenziert mit den Verkaufszahlen von iTunes und dem Handel von Trinkwasser in Flaschen in den USA.[19]

Einer der alarmierendsten Trends ist, wie viele Pastoren heutzutage Pornos sehen. Die Barna-Gruppe befragte 432 Pastoren und 338 Jugendpastoren. Barna berichtet: «Die meisten Pastoren (57 Prozent) und Jugendpastoren (64 Prozent) geben zu, Probleme mit Pornografie zu haben, sei es derzeit oder in der Vergangenheit.» «Insgesamt geben 21 Prozent der Jugendpastoren und 14 Prozent der Pastoren zu, gegenwärtig mit Pornokonsum zu kämpfen.»[20] Die Befragung ergab auch, dass mehr als einer von zehn (12 Prozent) der Jugendpastoren und einer von zwanzig (5 Prozent) der Pastoren sagen, sie seien pornosüchtig. Da überrascht es nicht, dass 75 Prozent der Jugendpastoren und 64 Prozent der Pastoren angeben, Pornografie habe ihrem Dienst geschadet. Ebenso sagen 87 Prozent der Pastoren, sie schämten sich ihrer Sehgewohnheiten, und 55 Prozent, dass sie in ständiger Angst leben, andere könnten es herausfinden.[21] Das ist tragisch.

Ebenso alarmierend ist die zunehmende Zahl der Frauen, die Pornos sehen. *Christianity Today* berichtet: «Pornosucht betrachtet man sowohl in der Gemeinde als auch in der Welt gewöhnlich als Problem von Männern. Die Mehrzahl der Porno-

---

[19] David Kinnaman u. Gabe Lyons, *Good Faith: Being a Christian When Society Thinks You're Irrelevant and Extreme* (Grand Rapids, MI: Baker Books, 2016), S. 122.

[20] So laut Morgan Lee, «Here's How 770 Pastors Describe Their Struggle with Porn», *Christianity Today*, Online-Ausgabe vom 26. Januar 2016.

[21] Ebd.

sucht erzeugenden Quellen richtet sich an Männer, doch man wird sich immer mehr dessen bewusst, dass dies nicht etwas ist, ‹was Jungs machen›.»[22] Vielmehr zeigen Statistiken, dass etwa 20 Prozent aller Christinnen zugeben, pornosüchtig zu sein. Von den Frauen im Studentenalter geben 18 Prozent zu, Zeit im Internet mit dem Betrachten sexueller Bilder zu verbringen.[23] Eine Studie fand heraus, dass einer von drei Besuchern von Pornoseiten weiblich ist und dass 9,4 Millionen Frauen jeden Monat Pornos konsumieren.[24] Da ist es verständlich, dass 70 Prozent der Frauen ihren Pornokonsum geheim halten.

Erstaunlicherweise stören sich die meisten Amerikaner nicht daran, wenn jemand Pornos sieht. «Für die meisten ist es kein moralisches Stigma mehr, Pornos und ‹Softpornos› – sexuelle Bilder und Darstellungen im Fernsehen, in Kinofilmen und in Videospielen – zu sehen. Mehr als die Hälfte der Teenager und Erwachsenen in den USA sagen: ‹Es stört mich wirklich nicht, Pornos zu sehen.›»[25]

Laut einer Analyse ist es naheliegend, dass «das Internet [die Verbreitung von] Pornografie beschleunigt hat, weil es *leicht zugänglich, erschwinglich* und *anonym* ist».[26] Mit anderen Worten: Man kann es einfach bekommen, es kostet wenig oder gar nichts, und niemand wird es herausbekommen. *Das ist ein Patentrezept für eine Katastrophe.*

Pornokonsum kann einen traumatischen Effekt auf Ehe und Familie haben. Gott hat Sex dafür gedacht, eine der köstlichen und intimen Freuden einer lebenslangen Ehe zu sein (1Mo 2,24; Mt 19,4-6; 1Tim 4,4; Hebr 13,4; siehe auch das Hohelied Salo-

---

[22] Maria Cowell, «Porn: Women Use It Too», *Christianity Today*, Online-Ausgabe vom 19. Oktober 2016.
[23] Ebd.
[24] Ebd.
[25] Kinnaman u. Lyons, *Good Faith*, S. 123.
[26] Cowell, a. a. O.

mos). Jungen Leuten, deren Sinn gewöhnlich schon vor der Ehe mit Pornos gesättigt ist, wird es weit schwererfallen, mit ihrem Ehepartner sexuelle Erfüllung zu finden. Ebenso wird es einem Ehemann oder einer Ehefrau schwerfallen, mit seinem oder ihrem Ehepartner sexuelle Erfüllung zu finden. Seelsorger und Sexualtherapeuten sagen uns, dass Pornografie gewöhnlich stark abstumpfend wirkt. Je mehr Pornos man konsumiert, desto unempfindlicher wird man gegenüber sexueller Stimulation. Kein Ehepartner wird mit den unverhüllt sexuellen Bildern und Videos im Internet konkurrieren können. Die Welt der Pornografie ist für Ehe und Familie schädlich.

Die Verlockung unserer Jugend zum «Sexting»

«Sexting» bedeutet, unverblümt sexuelle Bilder oder Nachrichten zu versenden und zu empfangen, gewöhnlich durch eine Vielzahl von Apps und soziale Medien.

Sexting hat sich unter der Jugend von heute in grossem Masse durchgesetzt. Ein typisches Szenario sieht so aus: Ein Junge und ein Mädchen, beide Teenager, finden einander attraktiv und haben schliesslich einige Male miteinander Sex. Im Lauf ihrer Beziehung senden sie letztendlich einander Bilder von sich selbst, auf denen sie nackt oder halbnackt zu sehen sind.

Zwar gehen Teenager davon aus, ihre Texte und Bilder würden allein bei der Person verbleiben, der sie sie ursprünglich zugesendet haben, doch die traurige Wirklichkeit lautet: Oft tauschen Teenager solche Dinge untereinander aus. Laut aktuellen Statistiken geben 17 Prozent der «Sexter» die intimen Bilder, die sie empfangen haben, an andere weiter, und 55 Prozent davon an mehr als eine Person.[27]

---

[27] Kyle Roberts, «6 Reasons Why Kids Sext», *Educate Empower Kids*, Online-Ausgabe vom 9. Oktober 2016.

Eine Studie im Jahr 2014 zeigte, dass 54 Prozent aller Studenten zugaben, bereits an Sexting teilgenommen zu haben, bevor sie 18 Jahre alt waren. Die Ersteller dieser Studie gestanden ein: «Wir waren schockiert darüber, wie stark verbreitet und wie häufig Sexting unter Minderjährigen ist.»[28]

Ich stiess auf einen besonders verstörenden Bericht über ein vierzehnjähriges Mädchen, das ohne Hintergedanken mehrere SMS an einen Jungen schickte, in den sie verliebt war. Dann aber bat der Junge sie, ihm ein offenherziges Foto zu schicken. Sie dachte, sie riskiere nichts dadurch. Nachdem er es bekommen hatte, bat er sie um ein noch offenherzigeres Foto. Das ging so weiter. Bald hatte er einige Nacktbilder von diesem Mädchen. Sie vertraute leichtgläubig darauf, dass er diese Bilder vertraulich behandeln würde. Doch der Junge gab sie an seine Freunde weiter, die sie wiederum an ihre Freunde weitergaben. Bald hatten viele Leute die Bilder auf ihren Mobiltelefonen. Als das Mädchen entdeckte, was geschehen war, war sie in einem Masse erschüttert, das man nicht in Worte fassen kann.

Multiplizieren Sie diese einzelne Geschichte mit den Tausenden ungenannten Fällen anderer Jugendlicher, und Sie beginnen zu ahnen, dass wir hier ein riesiges Problem haben. Ich erwähnte zuvor, dass Pornografie für Ehe und Familie schädlich ist. Ebenso schädlich ist auch Sexting. Es ist nicht auszudenken, wie viele junge Leute schliesslich eine Ehebeziehung eingehen, die emotionale Narben aus früheren Verletzungen durch Sexting davontragen.

Die Transgender-Verwirrung

Als Transgender bezeichnet man jemand, dessen sexuelles Selbstbild nicht eindeutig mit den herkömmlichen Vorstellun-

---

[28] Ebd.

gen von männlich und weiblich übereinstimmt. Früher hätte fast jeder einen solchen Menschen als seltsamen Kauz angesehen. Heute nicht mehr! Eine neuere Umfrage zeigt: «45 Prozent der Amerikaner meinen nicht, es sei moralisch verwerflich, sich mit einem anderen Geschlecht zu identifizieren als mit dem, als was man geboren wurde.»[29] Mehr noch: «Die Mehrheit der Amerikaner verwirft die Ansicht, ein Schöpfer habe ihnen ein Geschlecht gegeben, das man nicht ändern darf.»[30]

Wer solche Vorstellungen befürwortet, ist der Meinung, dass Menschen oftmals vieles an sich selbst ändern – wie etwa ihre Zähne zu bleichen, ihr Gesicht liften, ihren Bauch straffen, ihr Haar färben oder auch sich tätowieren zu lassen. «Viele Amerikaner betrachten das Geschlecht als nur einen Punkt von vielen in dieser Aufzählung.»[31]

Eine der umstrittensten Fragen, die Transgender betrifft, lautet: Welche Toilette sollen sie benutzen? Der ehemalige Präsident Obama erliess eine Anweisung an öffentliche Schulen, Schülern den Gebrauch der Toilette des Geschlechts ihrer Wahl zu erlauben, unabhängig von ihrem biologischen Geschlecht. Er rechtfertigte seinen Standpunkt, indem er sich auf die Goldene Regel berief: «Mein Schriftverständnis sagt mir, dass die Goldene Regel nach meiner christlichen Überzeugung hier von ziemlich grosser Bedeutung ist.»[32]

Das Problem dabei ist: Ich mag den Gedanken nicht, dass ein Junge im Teenageralter oder ein erwachsener Mann die Mädchentoilette betritt, während meine kleine Tochter dort ist. Auch

---

[29] Michael Allen, «Poll: Nearly Half OK with Transgender, Christians Upset», Michael Allen Blog, 28. Juli 2016.

[30] Ebd.

[31] Ebd.

[32] Stoyan Zaimov, «Obama Uses Bible, Christian Faith to Defend Transgender Bathroom Directive to Schools», Christian Post, Online-Ausgabe vom 3. Juni 2016.

wenn dieser Junge oder Mann sagt, er sehe sich als Frau, ist es schlicht unangemessen für ihn, eine Toilette zu betreten, in der kleine Mädchen sind. Eine solche Richtlinie öffnet Tür und Tor für sexuellen Missbrauch jeder Art.

Ich las von einem Kaufhausdetektiv bei Macy's. Er war Christ und wurde gefeuert, nachdem er über 26 Jahre für Macy's gearbeitet hatte, weil er einem Mann widerstand, der behauptete, transgender zu sein, und sich in der Damentoilette aufhielt.

Eine Kundin und ihre Tochter hatten dem Detektiv gesagt, sie trauten sich nicht, die Toilette zu benutzen, weil dort ein Transgender-Mann war. Der Detektiv bat den Mann, sie zu verlassen, damit die Frau mit ihrer Tochter dort hineingehen könne. Der Mann weigerte sich.

Nach einer Weile verliess der Mann die Toilette – Hand in Hand mit seiner weiblichen Begleitung und weiterhin behauptend, transgender zu sein. Der Mann beschwerte sich bei der Geschäftsleitung, und der Detektiv wurde fristlos entlassen.[33]

Im vorigen Kapitel erwähnte ich eine Christin, die von einer Kindertagesstätte entlassen wurde, weil sie sich weigerte, einen sechsjährigen Jungen als Mädchen anzusprechen. Der Junge behauptete, ein Mädchen zu sein, und weil die Kindergärtnerin sich weigerte, ihn so zu bezeichnen, wies man ihr die Tür.

Kommt es nur mir so vor, als ob es in der westlichen Kultur immer surrealer zugeht? Als gottesfürchtiger Christ muss ich mir Sorgen um die Zukunft dieses Landes machen!

Gott hat gesprochen

Liebe Leser: Gott selbst hat die Bibel niederschreiben lassen. Und durch sie spricht Er auch genauso zu uns heute, wie Er

---

[33] Czarina Ong, «Macy's Fires Christian Store Detective for Questioning Transgender Bathroom Policy», *Christianity Today*, Online-Ausgabe vom 28. Juli 2016.

damals zu den Menschen sprach, denen Er Sein Wort ursprünglich gab. Wir müssen die Bibel als Gottes Wort an uns annehmen, ehren und ihr gehorchen. Wenn wir uns der Autorität der Bibel unterstellen, unterstellen wir uns der Autorität des lebendigen Gottes. Die Schrift «ist Gottes Predigt, Gottes Reden, Gottes Wort und Gottes Anordnung»[34].

Die Schrift lehrt uns, dass die Ehe eine von Gott verordnete Institution ist, die eine dauerhafte Verbindung zwischen *einem einzigen Mann* und *einer einzigen Frau* bildet, zu dem Zweck, nicht nur einander Gutes zu tun, sondern auch, damit die Menschheit sich fortpflanze oder vermehre (1Mo 1,26-28; 2,24) – sie ist somit etwas, das gleichgeschlechtliche «Ehen» unmöglich sein können. Der Herr Jesus selbst bestätigt, dass Gott die Ehe für Heterosexuelle gemacht hat (Mt 19,4-6).

Die Heilige Schrift betont folgerichtig, dass eine sexuelle Beziehung nur im Rahmen einer Ehe *zwischen Mann und Frau* eingegangen werden darf (1Kor 7,2). Die Apostel verlangen von allen Christen, sich sexueller Unmoral zu enthalten (Apg 15,20). Der Apostel Paulus sagt, dass der Leib nicht für sexuelle Sünden gemacht ist und dass man diese fliehen soll (1Kor 6,12-20).

Die Schrift findet besonders scharfe Worte für die, die ihr Ehegelübde verletzen und Ehebruch begehen. Ehebruch wird ausdrücklich verdammt (2Mo 20,14), und Ehebrecher mussten im Alten Bund mit dem Tod bestraft werden (3Mo 20,10). Jesus erklärt allein schon den Gedanken an Ehebruch für sündig (Mt 5,27-28). Paulus nennt Unzucht, was Ehebruch einschliesst, ein böses Werk des Fleisches (Gal 5,19). Johannes schaute im Feuersee unter anderem die Unzüchtigen (Offb 21,8).

Wie wir bereits sahen, nennt die Schrift hingegen innerhalb einer Ehe nach biblischer Definition ausgeübten Sex «sehr gut».

---

[34] J. I. Packer, *Knowing Christianity* (Wheaton, IL: Harold Shaw, 1995), S. 138.

Sex war Teil der guten Schöpfung Gottes. Tatsächlich hat Gott Sex geschaffen, und «alles, was Gott geschaffen hat, ist gut» (1Tim 4,4). Doch Sex ist *nur dann* gut, wenn er im Rahmen der Ehe ausgeübt wird, die Gott selbst verordnet hat. Viele ignorieren das heute völlig.

Besondere Sorgen mache ich mir um unsere Kinder. Ich glaube nicht, dass ein kleiner Junge oder ein kleines Mädchen lernt, richtig von heterosexuellen Beziehungen zu denken, wenn er oder sie von gleichgeschlechtlichen «Eltern» erzogen wird. Ich glaube nicht, dass ein Junge lernt, wie er ein Mann wird, wenn er bei gleichgeschlechtlichen weiblichen «Eltern» lebt; ich glaube auch nicht, dass ein Mädchen lernt, wie es eine Frau wird, wenn es bei gleichgeschlechtlichen männlichen «Eltern» lebt. Ich glaube, weder ein Junge noch ein Mädchen wird lernen zu verstehen und wertzuschätzen, was die Heiligkeit der Ehe ausmacht, wenn er oder sie bei unverheirateten Eltern aufwächst. Und ich glaube auch nicht, dass ein kleiner Junge oder ein kleines Mädchen ein gesundes Selbstbild entwickelt, wenn es von Transgender-Eltern erzogen wird.

Ich weiss, dass meine Worte politisch «unkorrekt» sind. Ich weiss auch, dass ich mit meiner Meinung auf Kollisionskurs mit der westlichen Gesellschaft bin. Darum erlaube ich mir, den grossen Martin Luther zu zitieren: «Hier stehe ich, ich kann nicht anders. Gott helfe mir. Amen.»

Luther sagte auch einmal: «Das Familienleben ist eine Schule für den Charakter.»[35] Damit meint er: Junge Menschen übernehmen ihre Werte sowie in der Tat auch ihren Charakter von ihren Eltern. Heute aber steht es nicht mehr so wie früher. Wir können das zwar nicht pauschal von allen Familien sagen, aber den-

---

[35] Matthew Barrett, «Martin Luther on Marriage as a School of Character», *The Gospel Coalition*, 3. August 2011, www.thegospelcoalition.org/article/martin-luther-on-marriage-as-a-school-of-character/

noch trifft auf viele Familien im heutigen Amerika zu, dass sie als «Charakterschule» jämmerlich versagen. Heute sind viele junge Leute von den Werten ihrer Eltern enttäuscht. Mein guter alter Freund Walter Martin (der jetzt beim Herrn ist) hat es einmal so ausgedrückt:

Seit der Rock 'n' Roll-Ära der frühen Fünfziger ist die amerikanische Jugend zunehmend von den Werten ihrer Eltern enttäuscht und unwillig, sich diesen Werten unterzuordnen. Da seit einiger Zeit die Meinung vorherrscht, das Ich sei der höchste Richter über Falsch und Richtig, hinterfragen junge Menschen alle Werte, die die Erwachsenen ihnen überliefert haben. Bei diesem Hinterfragen fehlt der Jugend jedoch ein objektiver ethischer Massstab, weshalb sie keinen Sinn darin sehen, diese Werte beizubehalten. Somit kennen viele heutige Jugendliche keine Werte mehr; Wahrheit und Moral sind völlig subjektive Grössen geworden.[36]

Statt die Werte ihrer Eltern zu übernehmen, basteln sich viele Jugendliche heute ihre eigenen Werte. Sie verwerfen die Ansicht, man könne ihnen Werte von aussen aufzwingen, wie etwa aus der Schrift oder von ihren Eltern; vielmehr müssten diese Werte subjektiv entdeckt werden: «Was immer für dich funktioniert, ist deine Wahrheit», und: «Was immer für mich funktioniert, ist meine Wahrheit.» Das setzt voraus, es gäbe weder absolute Wahrheit noch absolute Werte.

Sie und ich wissen es besser. Als Christen erkennen wir an, dass absolute Moral in der absoluten Moral des Gottes der Bibel gründet (Mt 5,48). Mehr noch: Sie und ich sind als Christen berufen, Salz und Licht in unserer Gesellschaft zu sein (Mt 5,13-16).

---

[36] Walter Martin, *The New Cults* (Ventura, CA: Regal Books, 1980), S. 28.

Da wir als Salz und Licht wirken, lassen Sie uns auf die weisen Worte von Joe Dallas achten, wie wir in einer sexuell dysfunktionalen Welt leben sollen: «Hier ist der ausgewogene Ansatz des Paulus anzuwenden: Wir sollen, soviel an uns liegt, möglichst mit allen Menschen in Frieden leben (Röm 12,18), doch weder uns an den Sünden anderer mitschuldig machen (1Tim 5,22) noch dem eigenen Gewissen Gewalt antun (Röm 14,23).»[37] Seien wir allzeit bereit, die Wahrheit weiterzusagen – doch das sollen wir «mit Sanftmut und Ehrerbietung» tun (1Petr 3,15-16).

Was Gegenwart und Zukunft betrifft

Laut den prophetischen Schriften sagt der Heilige Geist «ausdrücklich: In späteren Zeiten werden manche vom Glauben abfallen; sie werden sich betrügerischen Geistern und den Lehren von Dämonen zuwenden, getäuscht von heuchlerischen Lügnern, deren Gewissen gebrandmarkt ist» (1Tim 4,1-2). Der Ausdruck «deren Gewissen gebrandmarkt ist» kann laut der *Expanded Bible* auch übersetzt werden: «deren Gewissen zerstört ist».

Dies zeigt, dass der endzeitliche Abfall von der rechten Lehre Hand in Hand mit moralischem Verfall geht. Das Gewissen der Menschen der Endzeit wird nicht mehr empfindsam für göttliche Dinge sein, weil es «gebrandmarkt» oder «zerstört» ist. Sieht es heute in Bezug auf sexuelle Sünden nicht genau so aus, dass viele kein Gewissen mehr haben?

Die Schrift sagt ausserdem, «dass in den letzten Tagen schlimme Zeiten eintreten werden» (2Tim 3,1). Ich glaube, dieser Abschnitt bezieht sich direkt auf die alles durchdringende sexuelle Sünde, die wir in unserer heutigen Gesellschaft erleben. Betrachten Sie ihn einmal in diesem Licht:

---

[37] Dallas, «Now What?», a. a. O.

Das aber sollst du wissen, dass in den letzten Tagen schlimme Zeiten eintreten werden. Denn die Menschen werden sich selbst lieben [dazu gehört auch sexuelle Selbstbefriedigung], geldgierig sein, prahlerisch, überheblich, Lästerer [wie jene Humanisten und Atheisten, die genau deshalb nicht an Gott glauben, um ihre Sexualität frei ausüben zu können], den Eltern ungehorsam, undankbar, unheilig [ihnen ist nichts heilig, auch nicht die Ehe oder das Ehebett], lieblos, unversöhnlich, verleumderisch, unbeherrscht [sie ergehen sich in allen möglichen sexuellen Abartigkeiten], gewalttätig, dem Guten feind, Verräter, leichtsinnig, aufgeblasen; sie lieben das Vergnügen mehr als Gott [einschliesslich des wollüstigen Vergnügens sexueller Abartigkeit] (2Tim 3,1-4).

Liebe Leser, Folgendes erwarte ich für die kommenden Jahre:

- Die traditionelle Vorstellung von Ehe gerät immer mehr ins Abseits.
- Die traditionelle Vorstellung von Familie gerät immer mehr ins Abseits.
- Immer mehr Menschen – einschliesslich Christen – werden die gleichgeschlechtliche Ehe akzeptieren.
- «Familie» wird man immer mehr als Gruppe von Menschen verstehen, die in einer liebevollen Beziehung zusammenleben.
- Diejenigen, die sich vor Gott für ihren abartigen Lebenswandel rechtfertigen wollen, werden die Schrift immer übler verdrehen.
- Vorehelicher Sex wird immer mehr als Normalzustand akzeptiert.
- Die «wilde Ehe» wird immer mehr als Normalzustand akzeptiert.

- Pornos zu sehen wird immer mehr als normal akzeptiert.
- Menschen zu kritisieren, die eine andere Meinung als man selbst hat, wird wahrscheinlich zunehmend in vielen Ländern rund um die Welt als «Hassverbrechen» eingestuft.

O Herr, bitte gib Deinem Volk den Mut, in dieser immer finsterer werdenden Zeit die Wahrheit zu sagen – und an der Wahrheit festzuhalten! Herr, erbarme Dich!

8. COMPUTERWAHNSINN: DIE ESKALATION VON CYBERANGRIFFEN UND CYBERKRIEGSFÜHRUNG

An dem Tag, als ich begann, dieses Kapitel zu schreiben, gab es einen massiven Cyberangriff auf die Vereinigten Staaten, der für mehr als die Hälfte der Leute im Land den Internetzugriff lahmlegte. Doch nicht nur der Staat wurde angegriffen, sondern auch Einzelpersonen – und das in einem noch nie gesehenen Ausmass. «Über ein Drittel der Verbraucher in den USA waren in den vergangenen zwölf Monaten von einem Computervirus, einer Hackerattacke oder einem sonstigen Cyberangriff betroffen ... Junge Erwachsene zwischen 18 und 24 Jahren waren die häufigsten Opfer ... Die Gefährdung der Cybersicherheit für Einzelpersonen und Familien ist bedeutend und nimmt ständig zu.»[1]

2015 bis 2016 wurden die Dateien der Demokratischen Partei gehackt, was man jetzt russischen Geheimdiensten anlastet. Chinesische Hacker haben ganze Wagenladungen an Daten über mehr als 20 Millionen US-Regierungsangestellte erbeutet. Nordkorea griff die Rechner von Sony Pictures an, nachdem die Filmfirma eine Komödie veröffentlicht hatte, die Nordkoreas Diktator verspottete.[2] Eine Hackergruppe namens «Shadow Brokers» drang in die Rechner der NSA ein und versucht nun, von dem Geheimdienst benutzte Spionagesoftware zu verkau-

---

[1] «One in Three Americans Hacked in the Past Year», *Business Wire*, Online-Ausgabe vom 13. September 2016.
[2] «A No-Rules Cyberwar Is Well Underway», *San Francisco Chronicle*, Online-Ausgabe vom 7. August 2016.

fen, und verlangt dafür eine Milliarde Dollar.[3] Die Vereinigten Staaten sind darin ebenfalls verwickelt. Bei einer gemeinsamen Operation im Jahr 2012 setzten die Geheimdienste der USA und Israels einen nun unter dem Namen «Stuxnet» bekannten, verheerenden Computerwurm ein, um das iranische Nuklearprogramm zu schädigen.

Es scheint befremdlich, darüber nachzudenken, dass Cyberangriffe und Cyberkriegsführung den Menschen weltweit Sorgen machen. Der Cyberspace ist inzwischen zum digitalen Tummelplatz für zahllose Räuber geworden – sowohl für Individuen wie auch für Staaten. Das Problem wird Tag für Tag bedrohlicher. Laut einem neueren Report «waren 2015 durch Datenlücken 177 Millionen persönliche Datensätze durch Sicherheitslücken ungeschützt ... Das ist eine Verdopplung der Zahlen von 2014, als noch 85,6 Millionen persönliche Datensätze ungeschützt offenlagen». Es ist schwierig, genau festzustellen, wie viele Daten im Cyberspace betroffen waren und gestohlen wurden, denn in vielen Fällen haben die Opfer von Datendiebstahl diesen nicht einmal bemerkt.

Was ist Cyberspace?

Zum Cyberspace gehört das Internet, in dem Sie surfen und über das Sie Ihre E-Mails empfangen. Er schliesst auch andere, meist nicht öffentliche Netzwerke und ähnliche Infrastrukturen ein, in denen Daten gespeichert, verarbeitet und empfangen werden.[4]

Richard Clarke drückt es in seinem Buch *World wide war: Angriff aus dem Internet*, das guten Anklang gefunden hat,

---

[3] Brian Becker, «Cyber Warfare: Hackers Steal NSA Weapons, Offer Them to the Highest Bidder», *Loud & Clear*, Online-Ausgabe vom 19. August 2016.
[4] Tim Johnson, «When Does a Cyber Attack Become an Act of War?», *McClatchy DC*, Online-Ausgabe vom 15. Juli 2016.

etwas verständlicher aus: Der Cyberspace bezeichne «alle Computernetze der Welt und alles, was sie verbinden und steuern»[5]. Er erläutert, dass zum Cyberspace nicht nur das Internet gehört, sondern auch Computernetze, zu denen Normalsterbliche wie Sie und ich eigentlich keinen Zugang haben sollen. Dazu gehören etwa nicht öffentliche Firmennetze, wo man auf vertrauliche Produktdaten oder Marketing-Strategien zugreifen kann, oder aber auch nicht öffentliche Militärnetze, wo Militärangehörige auf Daten über die neuesten Waffentechnologien zugreifen können. Solche nicht öffentlichen Netzwerke sehen ziemlich genau wie das Internet aus, sollen aber von diesem getrennt sein – theoretisch zumindest.

Ein anderer Bereich des Cyberspace sind Kontrollsysteme, die ermöglichen, dass Maschinen untereinander kommunizieren. Zum Beispiel kann ein elektronisches Bedienfeld – sowohl vor Ort als auch weit entfernt – mit Wasserpumpen, Aufzügen in einem Haus, Stromgeneratoren oder Verkehrsampeln kommunizieren.

Noch ein anderer Bereich des Cyberspace ist der Datenfluss, etwa wie er im Aktienhandel oder bei Kreditkartenzahlungen im örtlichen Supermarkt geschieht, nachdem Sie dort eingekauft haben. All das sind wesentliche Bestandteile des Cyberspace.

Zugriff auf nicht öffentliche Netzwerke

Nicht öffentliche Netzwerke sollten eigentlich vom Internet abgeschirmt sein, sodass niemand von aussen in das Netzwerk eindringen kann. Ein abgeschirmtes Netzwerk bezeichnet man oft als Intranet – ein Netzwerk, das beispielsweise innerhalb einer Firma ist und auf das nur Firmenangehörige zugreifen

---

[5] *Cyberpower and National Security*, Hrsg. Franklin Kramer, Stuart Starr u. Larry Wentz (Washington: Potomac Books, 2009), S. xvi; s. auch S. 4.

können. Menschen ausserhalb der Firma, die nur im Internet surfen und mit ihr nichts zu tun haben, sind nicht imstande, auf dieses Netzwerk zuzugreifen. Sollte man meinen. Und hier liegt das Problem: Diese Intranetze sind nicht immer sicher. Manchmal lassen sie ein «Hintertürchen» offen, durch das jedermann frei hereinspazieren kann. Manche, die im Internet surfen, stossen unabsichtlich und zufällig auf solche Netzwerke, ohne dabei Böses im Schilde zu führen. Andere jedoch suchen gezielt nach Schlupflöchern, durch die sie eindringen und Cyberspionage betreiben können, um nicht öffentliche Geheimnisse auszuspähen.

Unablässige Cyberangriffe

Wie ich schon andeutete, nimmt die Zahl der Cyberangriffe derart rasant zu, dass man kaum noch den Überblick behalten kann. Viele dieser Angriffe erfolgen durch Fehler in Anwendungsprogrammen wie Microsoft Office (Microsoft Word ist ein «Hauptschuldiger») oder Adobe Acrobat (PDF-Dateien sind eine populäre Methode, elektronische Dokumente zu übermitteln). Solche Programme haben Sicherheitslücken, die es Hackern leicht machen, dort einzudringen und Zugang zu Dingen zu bekommen, die sie in einem Büro, das diese Programme einsetzt, nicht zu Gesicht bekämen.

Nun wäre es für mich als Autor kein grosses Problem, wenn jemand ein Buch hacken würde, das ich gerade mit Microsoft Word schreibe. Aber mit Microsoft Word im Büro des CIA-Direktors oder eines Ministers sieht das schon ganz anders aus.

Wen wundert es da, dass Computersicherheit eine boomende Industrie voll hochbezahlter Arbeitsplätze geworden ist? Es ist ein lukratives Geschäft, denn die Regierung wie auch Firmen werden eine Menge Geld dafür bezahlen, im Cyberspace weiterhin sicher zu sein.

Ein elektronisches Pearl Harbor

Es mag Sie überraschen zu hören, dass die USA für schweren Schaden durch Cyberwaffen äusserst verwundbar ist. Richard Clarke, ein Anti-Terror-Experte, der Berater zahlreicher US-Präsidenten war, warnt davor, dass unserem Land in nur 15 Minuten gewaltiger Schaden zugefügt werden könne. Es ist durchaus möglich, dass ein einziger massiver Cyberangriff folgendes apokalyptisches Szenario auslösen kann:

- Das interne Netzwerk des Verteidigungsministeriums NIPRNET bricht zusammen, weil überlastete Router im gesamten Netzwerk versagen und immer wieder versuchen, neu zu starten.
- Das NIPRNET kommt zum Stillstand.
- Die Computernetze im Pentagon kollabieren.
- Die Internetbetreiber brechen zusammen.
- Auch die Rechenzentren der bedeutenden Finanzmärkte in New York versagen. Dadurch wird eine unübersehbare Menge von Finanzdaten auf der Stelle völlig ausgelöscht, sodass von da an niemand mehr weiss, wem was gehört.
- Die Computersysteme der nationalen Flugsicherungszentrale der Bundesluftfahrtbehörde in Herndon, Virginia, brechen völlig zusammen.
- Die Computersysteme anderer Flugsicherungszentralen fahren herunter, sodass man dort nicht mehr sehen kann, welches Flugzeug gerade in der Luft ist.
- Infolgedessen stossen viele Düsenverkehrsflugzeuge in der Luft zusammen.
- Angriffe auf die Infrastruktur verursachen in zahlreichen Städten grosse Brände und Explosionen in Raffinerien.
- In Chemiefabriken treten Fehlfunktionen auf, sodass sie Wolken aus tödlichem Chlorgas ausstossen.

- In verschiedenen Wohngebieten explodieren die Hauptgasleitungen.
- In vielen Städten stossen U-Bahnen zusammen.
- Im ganzen Land fallen die Verkehrsampeln aus, was zu Tausenden Opfern durch Verkehrsunfälle führt.
- Im ganzen Land entgleisen Güterzüge.
- In den Grossstädten fällt der Strom aus, weil die Überlandleitungsnetze versagen.
- Kommunikations-, Wetter- und Navigationssatelliten verlassen ihre Umlaufbahnen, was alle Dienste unterbricht, die von diesen Satelliten abhängen.
- Die Versorgung mit Lebensmitteln und Medizin in den Geschäften vor Ort versagt, weil die Transportwege unterbrochen sind.
- Die Kommunikation bricht in vielen Bereichen zusammen, einschliesslich der verschiedenen Abteilungen der Regierung und des Militärs.[6]

In nur fünfzehn Minuten, Leute!

Es kommt noch schlimmer, wenn erst einmal klar wird, dass wir vielleicht nie mit Sicherheit erfahren würden, wer für einen solchen Cyberangriff verantwortlich wäre. Russland? China? Nordkorea? Der Iran? Eine solche Unsicherheit macht einen Vergeltungsschlag höchst problematisch. Deshalb könnten viele mit den USA verfeindete Länder weit stärker versucht sein, einen solchen Angriff zu starten, weil sie wissen, dass sie vielleicht nie gefasst werden.

---

[6] Richard Clarke, *Cyber War: The Next Threat to National Security and What to Do About It* (New York: Harper Collins, 2010), S. 66–68.

Die Bedrohung der Vereinigten Staaten durch Cyberterrorismus

Ein pensionierter Direktor der FBI-Abteilung für Computerkriminalität sagte einmal: «Geben Sie mir eine Gruppe ausgewählter Hacker, und ich werde dieses Land innerhalb von 90 Tagen in die Knie zwingen.»[7] Ich zweifle nicht daran, dass diese Aussage der Wahrheit entspricht. In diesem Fall beunruhigt mich Folgendes besonders: Da die heutigen Terror-Organisationen aus dem Nahen Osten von ölreichen Ländern wie Saudi-Arabien, dem Iran und Syrien finanziert werden, können sie sich nicht bloss eine Gruppe ausgewählter Hacker leisten, sondern eine ganze Armee davon.

Das US-Verteidigungsministerium definiert *Terrorismus* als «den gezielten Einsatz widerrechtlicher Gewalt oder die Androhung davon zwecks Einflössung von Furcht, was dazu dienen soll, Regierungen oder Gesellschaften zu zwingen oder einzuschüchtern, um Ziele zu verfolgen, die im Allgemeinen politischer, religiöser oder ideologischer Natur sind». Davon ausgehend schlägt man nachfolgende Definition für Cyberterrorismus vor:

Ein computergestützter Angriff oder die Androhung eines solchen, um Regierungen oder Gesellschaften zu zwingen oder einzuschüchtern, um Ziele zu verfolgen, die politischer, religiöser oder ideologischer Natur sind. Der Angriff muss zerstörerisch genug sein, um eine Angst zu erzeugen, die mit derjenigen vergleichbar ist, die von physischen Terrorakten ausgeht. Ein Beispiel dafür wären Angriffe, die zu Tod oder Körperverletzung führen, zu ausgedehnten Stromausfällen,

---

[7] Jim Setde, zit. in Thomas Ice u. Timothy Demy, *The Coming Cashless Society* (Eugene, OR: Harvest House, 1996), S. 146.

Flugzeugabstürzen, zur Vergiftung des Trinkwassers oder zu schweren wirtschaftlichen Schäden.[8]

Heute können Terroristen ihre Taten ganz bequem vom Wohnzimmer aus begehen. Es trifft wahrscheinlich zu, dass der Cyberspace Terroristen das Gefühl vermittelt, eine Macht zu besitzen, die sie nie zuvor hatten, weil sie jetzt ihre Angriffe auf die Vereinigten Staaten starten können, ohne auch nur einen Fuss auf deren Staatsgebiet zu setzen.[9]

Ein weiterer Faktor, der Cyberkrieg für Terroristen anziehend macht, ist: Er ist wirtschaftlich. Für gerade einmal 500 US$ kann man sich die neueste Computertechnik zulegen, die genügt, um eine Vielzahl von Terrorakten gegen die Vereinigten Staaten zu begehen. Dass sich eine solche Investition wahrscheinlich auszahlt, macht sie für Terroristen sehr attraktiv.

Mehr noch: Der Cyberspace bietet einen leichten und schnellen Zugang zur ganzen Welt. Von nur einer einzigen Position aus in einem Land des Nahen Ostens kann man Terrorakte gegen die Vereinigten Staaten, Grossbritannien und Israel begehen. Es gibt weder geografische Einschränkungen noch Grenzen. Ein und derselbe Hacker könnte mit seinem Computer in einem Wohnzimmer in einem Land des Nahen Ostens Cyberangriffe gegen eine Vielzahl von Staaten begehen, die er als seine Feinde ansieht.

Cyberdschihad

«Dschihad» stammt vom arabischen Wort *dschihadi*, was wörtlich «sich abmühen» oder «kämpfen auf dem Weg Allahs» bedeutet. Scheinbar jedes Mal, wenn die Vereinigten Staaten

---

[8] *Cyberpower and National Security*, S. 438.
[9] Siehe Gerald Posner, «China's Secret Cyberterrorism», *Combined Arms Center Blog*, 13. Januar 2010.

sich gegen islamische Terroristen stellen, wird ein Dschihad oder «Heiliger Krieg» erklärt. Moslems verstehen den Begriff allgemein mehr so, dass er einen bewaffneten Kampf und Kriegszug bei der Verteidigung des Islams und im Widerstand gegen das Böse bezeichnet.

Radikale islamische Fundamentalisten sind wohlbekannt dafür, dass sie zur Verteidigung ihrer Version des Islams Schusswaffen und Sprengstoff einsetzen. Nach ihrer Meinung hat der Dschihad das Ziel, diejenigen zu terrorisieren, die man als Feinde des Islams wahrnimmt, bis sie sich unterwerfen und zurückziehen.

Manche islamischen Terroristen halten den Cyberspace für ein Mittel, die Ziele des Dschihad zu verfolgen, und Cyberdschihadisten gewinnen an Stosskraft.[10] Zu den namhaften Cyberdschihad-Gruppen von heute zählen Al-Qaida, Al-Schahab (eine militante Organisation mit Sitz in Somalia, die eng mit Al-Qaida verbunden ist), Boko Haram (eine Terrororganisation, die versucht, in Nigeria einen militanten islamischen Staat zu errichten) und der IS.[11] Laut Experten «stellt die Bedrohung eines Cyberangriffs eine eindeutige und ernsthafte Gefahr für Amerika dar und ist wahrscheinlicher als ein nuklearer Angriff»[12].

Jeffrey Carr spricht in seinem Buch *Inside Cyber Warfare* von dieser Form des Dschihad. Er merkt an, wie manche islamische Hacker mit religiösen Begriffen von Cyberangriffen sprechen und unterstreichen, dass ihre Angriffe gleichbedeutend damit seien, im Dschihad gegen die Feinde des Islams zu kämpfen. Ein solcher islamischer Hacker drängte seine Kameraden, sich an

---

[10] Diana Manos, «Cyber Jihadists Are Gaining Momentum, Report Says»,
CIO Briefing Room, Online-Ausgabe vom 29. Juni 2016.
[11] Ebd.
[12] Bradley A. Blakeman, «Cyber Warfare More Dire and Likely Than Nuclear»,
The Hill, Online-Ausgabe vom 27. Mai 2016.

Cyberangriffen gegen Israel zu beteiligen: «Benutzt [die Fähig-keiten als Hacker], die Gott euch gegeben hat, als Kugeln, die ihr den jüdischen Zionisten ins Gesicht schiesst. Wir können gegen sie nicht Auge in Auge kämpfen, aber wir können gegen sie mit unserem Verstand und unseren Händen kämpfen ... Bei Gott, das ist Dschihad!»[13]

Angesichts all dessen kann man verstehen, warum so viele in unserer Regierung fieberhaft daran arbeiten, die Cybersicherheit unseres Landes zu stärken. Die Terroristen haben nicht nur eine *politische* Motivation (den US-Imperialismus zu bekämpfen), son-dern auch eine *religiöse:* die Feinde des Islams zu vernichten und die gesamte Welt zu zwingen, sich dem Islam zu unterwerfen.

Angesichts einer solchen Motivation können Sie darauf wet-ten: Wenn diese Terroristen einen Cyberangriff nutzen *können*, um die US-Infrastruktur (wie unser Stromversorgungsnetz) lahmzulegen, dann *werden* sie das auch tun. Wenn sie einen Cyberangriff nutzen können, um die US-Wirtschaft lahmzule-gen, dann werden sie das auch tun. Wenn sie einen Cyberan-griff nutzen können, um das US-Militär lahmzulegen, dann wer-den sie das auch tun. Kurz gesagt: Diese Terroristen werden den Cyberspace benutzen, um den Vereinigten Staaten jeden nur erdenklichen Schaden zuzufügen.

Verschiedene Arten von Malware

Als *Malware* (kurz aus englisch «malicious», bösartig, und «Soft-ware») bezeichnet man Schadprogramme, die bewirken, dass Computer oder Netzwerke etwas tun, was ihre Betreiber nicht wollen – oft schädliche und störende Dinge. Es gibt eine grosse Vielzahl von Malware, darunter Viren, Würmer, Phishing-Betrug, Spyware, Adware und logische Bomben (ich werde diese Begriffe

---

[13] Jeffrey Carr, *Inside Cyber Warfare* (Sebastopol, CA: O'Reilly Media, 2009), S. 22.

weiter unten erklären). Diese vielfältige Malware stellt das grundlegende Arsenal dar, das heutige Computer-Hacker einsetzen.

Es gibt viele Wege, über die Malware auf Ihren Rechner gelangen kann. Sie können ohne böse Absichten eine Internetseite besuchen, auf einen Link klicken oder sogar selbst Malware auf Ihren Rechner herunterladen, ohne es zu wissen. Oder Sie rufen eine Internetseite auf, die Ihnen (wie Sie meinen) ein legales Programm anbietet, das Sie auf Ihrem Rechner haben möchten – sagen wir etwa, ein Kalenderprogramm. Sie haben keine Ahnung davon, dass Sie zusammen mit diesem heruntergeladenen Programm auch Malware auf Ihrem Rechner installieren, die vielleicht zuletzt Ihren Computer beschädigt oder für hinterhältige Zwecke missbraucht werden kann, wie etwa Ihre Tastenanschläge auszuspionieren.[14]

Eine Methode, die besonders unter männlichen Jugendlichen und jungen Erwachsenen Erfolg hat, hängt mit Internet-Pornografie zusammen. Ein Teenager möchte vielleicht ein Porno-Video auf seinem Rechner ansehen, aber wenn er auf den Link zu dem Video klickt, öffnet sich ein Fenster, das besagt, man brauche ein Plugin für den Windows Mediaplayer, um das Video sehen zu können. Wenn er auf den Link zum Plugin klickt, führt das jedoch dazu, dass er Malware auf seinem Computer installiert. Besonders heimtückisch daran ist: Das benötigte Plugin wird tatsächlich auf seinem Rechner installiert, sodass das Video betrachtet werden kann; doch hinter den Kulissen wird auch die Malware installiert. Dieser Teenager hat keine Ahnung, dass sein Rechner soeben infiziert wurde.[15]

---

[14] Mary Alice Davidson, «The Many Faces of Malware», *Security Management*, Bd. 51, Nr. 8 (September 2007), S. 120–123; zit. nach der Questia Online Library.
[15] Siehe John Viega, *The Myths of Security: What the Computer Security Industry Doesn't Want You to Know* (Sebastopol, Kalifornien: O'Reilly Media, 2009), S. 9–10.

Eine weitere Weise, auf die man seinen Rechner unbemerkt infizieren kann, besteht darin, auf einer Internetseite eingeblendete Werbung anzuklicken. Besonders irreführend daran ist, dass «böse Jungs» manchmal böse Anzeigen auf «guten» Internetseiten schalten. Weil die Internetseite gut ist, nimmt man natürlich an, dass praktisch alle dort erscheinenden Anzeigen ebenfalls von «guten Jungs» geschaltet sein müssten. Aber diese Annahme ist falsch und naiv. Manche bösen Jungs schalten zuerst eine ganze Reihe normaler Anzeigen auf einer guten Internetseite. Dann schieben sie diesen ab und zu eine Anzeige unter, in deren Programmiercode Malware eingebaut ist.

Anzeigenfirmen und Internetseitenbetreiber tun oft ihr Bestes, um das Erscheinen infizierter Anzeigen zu verhindern. Dennoch enthalten Anzeigen Programmcodes, und alles, was Programmcodes enthält, kann auch Schadcodes enthalten. Die Moral von der Geschichte ist: Seien Sie immer vorsichtig mit Anzeigen, egal wo Sie im Internet darauf stossen.

Computernutzer, die nicht regelmässig Sicherheitsupdates für ihre Systemsoftware installieren, sind für eine Infektion mit Malware besonders verwundbar.[16] Seine Systemsoftware nicht auf dem Laufenden zu halten ist so, als ob man «seine Schutzschilde senkt», sodass man noch verwundbarer ist. Sicherheitsupdates für Ihre Systemsoftware machen Ihren Computer sicherer.

Noch eine weitere Möglichkeit, wie Malware auf Ihren Rechner gelangen kann, hat mit Sicherheitslücken in Microsoft Word zu tun. Zum Beispiel schickt Ihnen jemand per E-Mail eine infizierte Microsoft Word-Datei zu. Wenn Sie die Datei öffnen, installiert sie Malware auf Ihrem Computer. (Ich öffne Microsoft

---

[16] Anne Layne-Farrar, «The Law and Economics of Software Security», *Harvard Journal of Law and Public Policy*, Bd. 30, Nr. 1 (2006): 283–287, Questia.

Word-Dateianhänge nie, wenn sie mir nicht von einem persönlichen Bekannten zugeschickt wurden und ich nicht überzeugt bin, dass es absolut sicher ist.)

Manche mit Malware verseuchten Internetseiten können auch versuchen, in Ihren Rechner einzubrechen, indem sie eine Sicherheitslücke in Ihrem Internetbrowser wie etwa dem Microsoft Internet Explorer ausnutzen. Wenn Sie eine Internetseite mit einer verwundbaren Konfiguration Ihres Internetbrowsers und Ihres Betriebssystems öffnen, stehen die Chancen gut, dass Sie Malware auf Ihren Rechner herunterladen, ohne es auch nur zu ahnen.

Ich habe hier nur die Oberfläche dessen angekratzt, auf welche Weise Malware auf Ihren Rechner gelangen kann. Cyberkriminelle sind oft sehr clever und finden immer wieder neue kreative Wege, sich in Ihr System einzuschleichen. *Internetsurfer, sei auf der Hut!* Nachfolgend stelle ich kurz dar, auf welch verschiedene Weise Malware im Cyberspace im Umlauf ist.

Computerviren

Viren sind im Wesentlichen Software, die über das Internet, ein Intranet (zum Beispiel an Ihrem Arbeitsplatz), durch USB-Sticks oder CD-ROMs von einem Computer auf den anderen übertragen wird. Computerviren können den normalen Betrieb eines Rechners beeinträchtigen und ihn schlimmstenfalls sogar unbrauchbar machen. Solche Viren können auch einem Hacker einen verborgenen Zugang zu Ihrem System verschaffen und Informationen von Ihrem Rechner stehlen, zum Beispiel Ihre Bank- oder Kreditkartendaten.

Computerwürmer

Computerwürmer tragen ihren Namen mit Recht, denn in diesem Fall muss der Computernutzer nichts tun, um sie wie bei einem Virus von einem Rechner auf den anderen zu übertragen. Vielmehr können Computerwürmer sich aktiv von einem Rechner auf einen anderen kopieren, indem sie bekannte Sicherheitslücken anderer Programme ausnutzen. Diese Art von Malware pflanzt sich buchstäblich wie ein Wurm über das Internet fort – von einem Rechner zum anderen, von einem Netzwerk zum anderen. Solche Würmer können Hunderttausende Rechner infizieren. Sie können das tatsächlich weltweit innerhalb kürzester Zeit. Um das Bild vom Virus zu erweitern: Würmer sind im höchsten Masse ansteckend.

Spyware

Wie andere Arten von Malware wird auch Spyware ohne die Zustimmung oder das Wissen des Nutzers auf dem Rechner installiert. Sie findet gewöhnlich auf einen Rechner, wenn der Benutzer auf einen Link in einer E-Mail klickt oder eine Microsoft Word-Datei öffnet, die im Anhang der E-Mail mitgeschickt wurde.

Spyware ist darauf spezialisiert, Informationen von einem Rechner zu sammeln, darunter Benutzernamen und Passwörter. Diese Art von Malware nutzt gewöhnlich einen sogenannten Keylogger, der alles aufzeichnet, was über die Tastatur eines infizierten Rechners eingegeben wird. Spyware kann in einer Firmenumgebung dazu benutzt werden, vertrauliche oder geschützte Dokumente vom Rechner einer Führungskraft zu stehlen.

Phishing-Betrug

Phishing-Betrug ist besonders hinterhältig. Hierbei bekommen Sie eine E-Mail, die scheinbar von Ihrer Bank ist. Die E-Mail weist alle Bilder und Logos auf, die man normalerweise in Verbindung mit Ihrer Bank zu sehen bekommt. Sie scheint eine ganz gewöhnliche Mitteilung Ihrer Bank zu sein.

Die E-Mail fordert Sie in der Regel auf, einen Link darin anzuklicken, um die Internetseite der Bank zu besuchen, wo Sie Ihren Benutzernamen und Ihr Passwort eingeben sollen. Die Webseite sieht wie die Ihrer Bank aus, ist aber eine Fälschung durch einen Hacker, der versucht, Ihren Benutzernamen und Ihr Passwort zu erfahren, um so Zugriff auf Ihr Geld zu bekommen. Meine nichts ahnende junge Nichte fiel auf einen genau solchen Phishing-Betrug herein, woraufhin ein gewisser Betrag von ihrem Konto abgehoben wurde. Am Ende machte sie mit ihrer Bank die albtraumhafte Erfahrung durch, das dadurch gestiftete Chaos zu entwirren und ihr Geld zurückzubekommen.

Zur Zeit gibt es mehr als 100 000 Phishing-Seiten im Internet und praktisch Millionen von Phishing-Mails, die täglich über das Internet versendet werden. Dies stellt eine der derzeit effektivsten Betrugsmaschen dar.

Spear Phishing-Betrug

Spear Phishing-Betrug ist heute ebenfalls weit verbreitet. Ein Spear Phishing-Betrug (vom englischen Wort für Speerfischen, d. h. ein gezielter Einzelangriff) beginnt mit einer E-Mail, die man scheinbar von einem Bekannten unter dessen wahrem Namen bekommt – sei es der Name von Freunden, Familienangehörigen oder Bekannten. Diese werden oft aus sozialen Netzwerken wie Facebook abgegriffen und anschliessend für einen Spear Phishing-Angriff missbraucht.

Die E-Mail scheint eine Nachricht von einem wirklich existenten Freund zu sein und fordert den Empfänger gewöhnlich auf, einen Link anzuklicken oder einen Dateianhang zu öffnen. Die E-Mail kann zum Beispiel lauten: «Hallo John, ich bin auf diesen Artikel gestossen und denke, Du wirst ihn sicher gerne lesen. Viel Spass dabei! Alles Liebe, Ginny Nelson.» John braucht nur auf den Link zum Artikel zu klicken, und – *Schnapp!* – sitzt er in der Falle und hat Malware auf seinen Rechner geladen.

Logische Bomben

Eine logische Bombe ist eine besonders üble Art von Malware. Sie ist ein Programmcode oder ein Anwendungsprogramm, das einen Computer oder ein ganzes Netzwerk dazu bringt, herunterzufahren oder alle Daten im Netzwerk zu löschen. Sobald eine logische Bombe auf Ihrem Computer oder in Ihrem Netzwerk aktiviert wurde, ist alles darin nur noch Elektroschrott.

Manche logische Bomben sind besonders bösartig. Stellen wir uns vor, ein ausländischer Hacker sei in das Netzwerk eingedrungen, das die Überland-Stromleitungen steuert. Dieser Hacker könnte das Steuerungsnetzwerk mit einer logischen Bombe infizieren, die zuerst eine Überspannung auslöst, die alle Transformatoren zerstört, und die sich anschliessend selbst aus dem Computernetzwerk vollständig löscht.[17] Wenn das geschieht, haben wir einen kompletten Stromausfall – wahrscheinlich für sehr lange Zeit.

Hintertüren

Ist ein Hacker erst einmal in ein nicht öffentliches Netzwerk eingedrungen, lässt er oft eine «Hintertür» zurück, um künftig leichter und schneller wieder Zugriff zu erlangen. Diese Hintertür ist eine Malware. Ist sie installiert, kann der Hacker über den Computer leicht unerlaubt auf das Netzwerk zugreifen.

Diese Hintertür gewährt einem Hacker Zugriff als «Root» (ein Benutzer mit vollumfänglichen Zugriffsrechten; Anm. d. Übers.). In unseren Tagen allumfassender Cyberkriminalität ist ein Schwarzmarkt entstanden, auf dem Hacker «Rootkits»

---

[17] Siehe Clarke, *Cyber War*, S. 91–92.

(«Root-Bausätze») untereinander handeln – oft zu satten Preisen. Ein Rootkit ermöglicht dessen Käufer Root-Zugriff auf ein Netzwerk oder vielleicht auch auf eine Software im Entwicklungsstadium. Der Root-Zugriff erlaubt ihm, Programmcodes im Netzwerk gezielt zu manipulieren und dann jeden Beweis dafür verschwinden zu lassen, dass er dort war. Es ist wie bei einem Kriminellen, der nach einem Einbruch im ganzen Haus seine Fingerabdrücke abwischt und ein Fenster öffnet, um beim nächsten Mal wieder leicht hineinzukommen.

Botnetze

Ein Botnetz ist ein Netzwerk bot-kontrollierter Computer, die aufgrund einer vorherigen Infektion durch die Befehle eines unberechtigten Benutzers ferngesteuert werden («bot» steht kurz für «Roboter», «net» für «Netzwerk»). Dies geschieht für gewöhnlich, ohne dass der Besitzer des Computers etwas davon weiss. Das einzige Anzeichen für eine Bot-Infektion kann sein, dass der Rechner etwas langsamer als sonst ist. Ein Hacker kann ein Netzwerk bot-kontrollierter Computer – das beispielsweise aus 10 000 Rechnern besteht – benutzen, um einen Angriff auf eine bestimmte Webseite zu starten, gewöhnlich indem er die zahlreichen Bots auf den betroffenen Computern anweist, die Ziel-Webseite im Internet unablässig mit Datenverkehr zu überfluten. Das führt dazu, dass die Webseite in ihrem Betrieb gestört oder gar vollständig blockiert wird.

Antivirus-Software

Viele haben auf ihrem Rechner Antivirus-Software, die sie (wie sie meinen) vor Computerviren schützt. Sicher, Antivirus-Software wird manche, wenn nicht viele Computerviren erkennen und entfernen. Bedenken Sie aber, dass alle 2,2 Sekunden eine neue Malware in den Cyberspace eintritt. Meinen Sie, ein Hersteller von Antivirus-Software hätte angesichts dieser Statistik die nötigen Arbeitskräfte, mit einer Malware-Bedrohung fertig zu werden, bei der alle 2,2 Sekunden ein neuer Virus produziert wird? Wohl kaum. Laut Aussage von Computerexperten können die bedeutenden Antivirus-Hersteller nur jede zehnte neu entdeckte Malware finden und entfernen. Wenn Sie jetzt denken, dass Sie wohl doch nicht so sicher sind, wie Sie bisher meinten, *dann haben Sie in Sachen Cybersicherheit gerade erst einmal die wichtigsten Grundsätze verstanden.*

Die Militarisierung des Cyberspace

Ursprünglich fochten Menschen alle ihre Schlachten an Land aus. Mit dem technischen Fortschritt kam ein weiterer Bereich hinzu: die See. Dann entwickelten die Menschen die Technik der Seekriegsführung mit U-Booten. Bald darauf führte ein Quantensprung des technischen Fortschritts zu einem dritten Bereich der Kriegsführung – in der Luft. Noch später gelang es der Menschheit, den Weltraum zu erobern, wo man Militärsatelliten aussetzte, etwa zur Ausspähung seiner Feinde oder zur Navigationshilfe (wie das «Global Positioning System» GPS). Mit jeder neuen Technik haben die Menschen neue Arten entdeckt, gegeneinander Krieg zu führen.[18]

Heute ist noch ein weiterer Bereich als Schlachtgebiet hinzugekommen – nur ist es diesmal kein physischer Bereich. Ich rede natürlich vom Cyberspace.[19]

Weil die Cyberkriegsführung ein relativ junges Phänomen ist, besteht eines ihrer Probleme darin zu definieren, was genau das ist. Derzeit hat die weltweite Staatengemeinschaft noch

[18] Siehe *Cyberpower and National Security*, S. 25.
[19] Siehe z. B. Paul D. Berg, «Dominant Air, Space and Cyberspace Operations», *Air & Space Power Journal*, Bd. 21, Nr. 1 (2007), Questia.

keine internationale Übereinkunft gefunden, was einen Akt des Cyberkriegs darstellt – obwohl unsere Regierungschefs diesen Begriff im Munde führen.[20] Da keine Standarddefinition besteht, muss das, was ein Land als Akt des Cyberkriegs betrachtet, für ein anderes Land nicht unbedingt einen solchen darstellen. Wenn man überlegt, dass heute zahllose Staaten «das Internet wirkungsvoll für politische, militärische und wirtschaftliche Spionagetätigkeiten einsetzen»,[21] sollte man meinen, dass die Internationale Gemeinschaft zusammenkommen und irgendeine Übereinkunft schmieden könnte, welche Regeln bei der Cyberkriegsführung gelten. Aber das ist bis jetzt nicht geschehen. Es ist etwas, auf das man in den kommenden Jahren noch achtgeben muss.

Cyberkriegsführung umfasst im allgemeinsten Sinne «die Kunst und Wissenschaft, kampflos zu kämpfen oder einen Gegner zu besiegen, ohne dessen Blut zu vergiessen».[22] Der Schwerpunkt der Cyberkriegsführung liegt darin, über den Cyberspace Personal, Einrichtungen und Ausrüstungsgegenstände in der Absicht anzugreifen, die Kampffähigkeit des Feindes zu schwächen, zu neutralisieren oder völlig zu vernichten, während man zugleich die eigene schützt.

Richard Clarke unterstreicht, dass ein bedeutendes Ziel der Cyberkriegsführung darin besteht, in feindliche Netzwerke einzudringen und entweder die Kontrolle darüber zu erlangen oder sie zum Absturz zu bringen. Wenn man die Kontrolle über das feindliche Netzwerk erlangen kann, ermöglicht das die Zerstörung oder schwere Beschädigung der feindlichen Infrastruktur – zum Beispiel, dass man ihre Stromgeneratoren in die Luft

---

[20] Johnson, «When Does a Cyber Attack Become an Act of War?»
[21] Carr, *Inside Cyber Warfare*, S. 1–2.
[22] Ebd.; s. auch Arnaud de Borchgrave, «Silent Cyberwar», *Washington Times*, Online-Ausgabe vom 19. Februar 2019.

gehen lässt, ihre Luftfahrtkontrolle blind macht, ihre Züge entgleisen lässt, ihren Bank- und Finanzverkehr unterbricht, falsche Befehle an die Fusssoldaten schickt und dafür sorgt, dass ihre Geschosse am falschen Ort hochgehen. Wenn das feindliche Netzwerk nicht unter Kontrolle, sondern nur zum Absturz gebracht werden kann, würde auch das immer noch alle Daten von dessen Rechnern und Netzwerken vollständig löschen, das Finanzsystem zusammenbrechen lassen, alle Kommunikationswege unterbrechen und ein allgemeines Chaos verursachen.[23]

Die Vereinigten Staaten sind in dieser Hinsicht sehr verwundbar. Computer und Computernetzwerke spielen für den Betrieb der Infrastruktur unseres Landes eine bedeutende Rolle – einschliesslich des Überland-Stromnetzes, des Transportwesens, der Banken und Finanzinstitute und vielem mehr. In diese Netzwerke, die alle jene Teile unserer Infrastruktur steuern, kann man vom Ausland aus eindringen und das dann ausnutzen. Es geschieht alles in der digitalen Welt des Cyberspace. Das heisst: Man kann per Fernsteuerung von irgendeinem anderen Staat aus Befehle erteilen – zum Beispiel China, Russland oder Nordkorea – und dadurch unserem Staat jeden erdenklichen Schaden zufügen.

Es ist nicht zu viel gesagt, dass der Cyberspace die Kriegsführung, wie wir sie bisher verstanden, von Grund auf verändert. Traditionelle Vorstellungen vom Krieg werden in einer im Cyberspace vernetzten Welt obsolet. Ein Analyst hat es einmal so ausgedrückt: «Krieg bedeutet jetzt, dass jede beliebige Gruppe gegen eine andere kämpfen kann, egal wo auf der Welt, egal durch welche Methoden, und zwar auf der Stelle.»[24]

---

[23] Clarke, *Cyber War*, S. 70–71; s. auch Huba Wass de Czege, «Warfare by Internet: The Logic of Strategic Deterrence, Defense, and Attack», *Military Review*, Bd. 90, Nr. 4 (2010): 85–87, Online-Ausgabe, Questia.

Künftige prophezeite Kriege

Ein US-Sicherheitsexperte warnte kürzlich: «Cyberkrieg ist eine sehr reale Gefahr und wird wahrscheinlich noch viel schlimmer ausfallen.»[25] Ich denke, er hat recht. Ich glaube ferner, dass diese Techniken in den Kriegen genutzt werden, die uns für die Zukunft prophezeit sind.

Im Hinblick auf die Endzeit sagte Jesus voraus: «Ihr werdet aber von Kriegen und Kriegsgerüchten hören ... es wird sich Nation gegen Nation erheben und Königreich gegen Königreich» (Mt 24,6-7). Wir werden Zeugen davon, wie mit dem zweiten apokalyptischen Reiter Krieg ausbricht. In Offenbarung 6,4 lesen wir: «Und es zog ein anderes Pferd aus, das war feuerrot, und dem, der darauf sass, ihm wurde gegeben, den Frieden von der Erde zu nehmen, damit sie einander hinschlachten sollten; und es wurde ihm ein grosses Schwert gegeben.» Die rote Farbe des Pferdes symbolisiert Blutvergiessen, Tod durch das Schwert und Krieg. Beachten Sie, dass der Friede «von der Erde» genommen wird: Das Blutvergiessen wird weltweit sein.

Natürlich ist der letzte Krieg, den die Offenbarung schildert, die Schlacht von Harmageddon. Harmageddon bedeutet wörtlich «Berg von Megiddo»; es bezeichnet einen Ort etwa 100 Kilometer nördlich von Jerusalem. Dort kämpfte Barak gegen die Kanaaniter (Richter 4) und Gideon gegen die Midianiter (Richter 7). Dort werden auch die letzten, schrecklichen Schlachten der Menschheit direkt vor der Wiederkunft Jesu Christi stattfinden (Offb 16,16).

Es steht fest, dass Cyberkriegsführung bei alledem eine signifikante Rolle spielen wird. Laut Aussage von Generalen werden bei künftigen Kriegen physischen Angriffen gegen ein Land

---

[24] «The Cyber-Security Menace Grows», *Compliance Week*, 1. Juli 2010, HighBeam Research.
[25] Dan Tynan, «Cyberwar Is Not Coming to the U.S.–It's Already Here», *The Guardian*, Online-Ausgabe vom 4. August 2016.

stets Cyberangriffe vorangehen. Damit bezweckt man, den Feind gründlich zu verwirren, und dann den physischen Angriff zu starten. Da in die Kriege der Endzeit Nationen in aller Welt verwickelt sein werden, ist es vernünftig anzunehmen, dass alle oder die meisten dieser Nationen alle ihnen verfügbaren Mittel der Cyberkriegsführung nutzen werden, um gegen ihre Feinde zu bestehen. Zweifellos wird auch der Antichrist Cybertechnik nutzen, um als der bedeutendste Militärbefehlshaber der Welt sowohl die Weltherrschaft zu erlangen als auch die Weltwirtschaft zu kontrollieren.

9. DIE ZUNEHMENDE GEFAHR EINES ELEKTROMAGNETISCHEN IMPULSES DURCH NUKLEARWAFFEN

Sprechen die prophetischen Schriften das Thema eines elektromagnetischen Impulses an? Obwohl es hierzu keine direkten Belege gibt, nehmen manche Ausleger biblischer Prophetie an, dass es in prophetischen Schriften gewisse Andeutungen für Nuklearwaffen gibt.

Aus Sicht der künftigen siebenjährigen Drangsalszeit sagt uns Offenbarung 8,7: «... der dritte Teil der Erde verbrannte, und der dritte Teil der Bäume verbrannte, und alles grüne Gras verbrannte.» Mit anderen Worten: Ein Grossteil der Erde wird in kurzer Zeit eingeäschert. Bald darauf wird, wie Offenbarung 16,2 prophezeit, an den Menschen weltweit «ein böses und schlimmes Geschwür» ausbrechen. Manche fragen sich, ob dieses Geschwür die Folge einer radioaktiven Verseuchung sein könnte, die auf die Explosion von Nuklearwaffen folgt. Das mag möglich sein.

Andere fragen sich, ob Jesus vielleicht auf Nuklearwaffen anspielt, wenn Er für die Endzeit prophezeit, dass «die Menschen in Ohnmacht sinken werden vor Furcht und Erwartung dessen, was über den Erdkreis kommen soll; denn die Kräfte des Himmels werden erschüttert werden» (Lk 21,26). Es ist möglich, dass diese Worte die Kraft beschreiben, die von einer oder mehr Nuklearexplosionen freigesetzt wird.

Ob dem nun so sei oder nicht, heutige Prophetie-Experten legen oft nahe, dass am Ende eine nukleare Explosion auf amerikanischem Boden durchaus möglich ist. Diese Möglichkeit besteht, weil die Prophetie offenbart, dass in der Endzeit das Gleichgewicht der Mächte sich von den Vereinigten Staaten von Amerika als führender Weltmacht hin zu den Vereinigten Staaten von Europa verlagern wird – das heisst, zu einem wiederbelebten Römischen Reich, an dessen Spitze der Antichrist steht. Diese Verschiebung der Macht kann ein Anzeichen dafür sein, dass die Vereinigten Staaten von Amerika in der Endzeit wie auch immer an Macht verlieren werden.

Diesen Machtverlust kann man anhand vieler Szenarien erklären – zwei eher wahrscheinliche davon sind entweder ein Angriff gegen die Vereinigten Staaten per Nuklearschlag oder aber per elektromagnetischem Impuls (EMP). Regierungsberater sagen, dass ein Nuklearschlag auf US-Gebiet innerhalb der nächsten zehn Jahre eher wahrscheinlich als unwahrscheinlich ist. Selbst wenn ein solcher Angriff nur eine grössere Stadt treffen sollte, hätte dies für die nachfolgenden Jahre einen verheerenden und lähmenden Effekt auf die fragile US-Wirtschaft.

Über die Möglichkeit eines Nuklearschlags gegen die Vereinigten Staaten nachzudenken, ist nicht bloss Sache von Sensationsgierigen oder Angstmachern. Einige der grössten Denker in unserem Land läuten die Alarmglocken. Nationale Sicherheitsexperten sagen, die Wahrscheinlichkeit eines Angriffs mit Massenvernichtungswaffen innerhalb des nächsten Jahrzehnts liege sehr hoch, nämlich bei 70 Prozent. Manche US-Senatoren sagen, die Vereinigten Staaten stünden vor einer existenziellen Bedrohung durch Terroristen, die vielleicht Massenvernichtungswaffen in die Hände bekommen könnten. Im nächsten Jahrzehnt, so sagen sie, stünden wir vor der durchaus realen Gefahr eines nuklearen Dschihads.

Ein Problem der Vereinigten Staaten besteht darin, dass ihre Grenzen fortwährend viele Schlupflöcher haben. Es wäre für einen Terroristen ein Leichtes, eine Nuklearbombe ins Land zu schmuggeln. Eine solche Bombe könnte auch per Schiff in die USA gelangen. Täglich landen etwa 50 000 Frachtcontainerschiffe in den Vereinigten Staaten, und nur etwa fünf Prozent davon werden gründlich durchsucht. Eine Bombe könnte so in einem nicht durchsuchten Container leicht den Weg ins Land finden.

Es ist auch möglich, dass eine Terrorgruppe eine Nuklearwaffe von einem Handelsschiff aus starten könnte, das vor der Küste der Vereinigten Staaten liegt. Etwa 75 Prozent der US-Bevölkerung wohnt bis zu 200 Meilen (ca. 320 km) von der Küste entfernt. Bei so vielen Handelsschiffen, die vor der US-Küste fahren (über 130 000 aus 195 Ländern), liegt die Gefahr eines Nuklearschlags auf der Hand.

Das Nuklearpotenzial Nordkoreas

Die Vereinigten Staaten werden auch durch Nuklearwaffen bedroht, die mit ballistischen Interkontinentalraketen (BIKR) abgeschossen werden. Nordkorea wird in dieser Hinsicht immer mehr zu einer Hauptgefahr. Erst vor Kurzem veröffentlichte Nordkorea weltweit ein vierminütiges Video, das mit einem Nuklearschlag gegen Washington DC drohte. Es stellt eine animierte Szene dar, in der ein nordkoreanisches U-Boot eine Rakete abfeuert, die beim Lincoln-Denkmal einschlägt und eine Explosion auslöst, die die Stadt vernichtet. Das Video prahlt: «Wenn uns die amerikanischen Imperialisten auch nur ein wenig provozieren, werden wir nicht zögern, ihnen mit einem nuklearen Präventivschlag eine Ohrfeige zu verpassen.»[1]

---

[1] Curt Mills, «North Korea Threatens Nuke Strike in Washington», *Examiner*, Online-Ausgabe vom 26. März 2016.

Nordkorea hat noch weitere Videos mit ähnlichen Drohungen veröffentlicht. Eines davon stellt einen Nuklearangriff auf Manhattan dar. Ein anderes zeigt den US-Präsidenten und Soldaten in Flammen. Ein weiteres fordert: «Die Vereinigten Staaten müssen sich entscheiden! Es liegt an ihnen, ob es künftig noch eine Nation namens Vereinigte Staaten auf diesem Planeten geben wird oder nicht.»[2]

Genau heute, während ich dieses Kapitel schreibe, bringt ein neuer Bericht ans Licht, dass Nordkorea Interkontinentalraketen getestet hat, die die Vereinigten Staaten erreichen können. «Nordkorea hat noch nie ein Geheimnis daraus gemacht, dass es zum Ziel hat, eine Interkontinentalrakete zu entwickeln, die imstande ist, das Kerngebiet der Vereinigten Staaten zu treffen. Dies gäbe Nordkorea die Möglichkeit, einen Nuklear-Sprengkopf auf seinen Erzfeind abzufeuern.» Man erwartet, dass Nordkorea innerhalb der nächsten paar Jahre über funktionsfähige ballistische Interkontinentalraketen verfügen wird.[3]

Kim Jong Un, der «oberste Führer» Nordkoreas, sagte: «Nachdem wir Zeugen dessen geworden sind, was in Libyen mit Muammar al-Gaddafi und im Irak mit Saddam Hussein geschehen ist, ist er Nordkorea todernst damit, dass Nuklearwaffen die einzige sichere Garantie dafür bieten, dass wir eine Invasion durch die USA überleben können.»[4] Die Lage verschärft sich.

Das Nuklearpotenzial Russlands

Mittlerweile betreibt Russland nicht nur eine gewaltige nukleare Aufrüstung, sondern trifft auch bedeutende Vorbereitungen,

---

[2] Ebd.
[3] Anna Fifield, «Did North Korea Just Test Missiles Capable of Hitting the U.S.? Maybe», *Washington Post*, Online-Ausgabe vom 26. Oktober 2016.
[4] «N. Korea's Nuclear Threat Growing after Latest Test», *Manila Bulletin*, Online-Ausgabe vom 21. September 2016.

um Nuklearexplosionen auf russischem Boden zu überleben. Laut einem neueren Artikel ist derzeit in Russland diesbezüglich einiges los: «Es gibt besorgniserregende Anzeichen. Dazu zählt, dass man dort immer öfter über den Einsatz von Nuklearwaffen spricht, Manöver mit Nuklearmunition durchführt und eine neue Kriegsdoktrin öffentlich diskutiert wird, die einen schnelleren Einsatz solcher Waffen fordert.»[5]

Viele verstehen Russlands derzeitige Aktivitäten als direkte Herausforderung der NATO, in der die Vereinigten Staaten Mitglied sind. Manche spekulieren, dass die russische Rhetorik und zunehmende nukleare Aufrüstung als trotzige Warnung an die NATO gemeint sind, nach dem Motto: «Hütet euch davor, euch in unsere Angelegenheiten einzumischen, sonst könnte euch das noch leid tun.»[6]

Der US-Verteidigungsminister hat demgegenüber alles andere als klein beigegeben, sondern öffentlich klargestellt (und Russland hat das zweifellos vernommen): «Wir schreiben das nukleare Drehbuch der NATO neu, um konventionelle und nukleare Abschreckung besser aufeinander abzustimmen und sicherzustellen, dass wir planen und üben wie in einem echten Kampf, und um Russland von dem Gedanken abzuschrecken, es könnte in einem Konflikt mit der NATO vom Einsatz nuklearer Waffen profitieren.»[7]

US-Militärexperten merken dazu an, dass man Nuklearwaffen auf verschiedene Weise einsetzen kann – nicht zuletzt bei einem massiven, apokalyptischen Schlagabtausch. Eine andere Einsatzmöglichkeit solcher Waffen wäre, «einen in konventioneller Rüstung überlegenen Gegner zum Rückzug zu zwingen

---

[5] Oren Dorell, «U. S. Allies Worry: Russia's Missile Exercise May Be Tip of Nuclear Iceberg», *USA Today*, Online-Ausgabe vom 21. Oktober 2016.
[6] Ebd.
[7] Ebd.

oder dazu, einen Verbündeten im Kriegsfall im Stich zu lassen.»[8] Wenn also zum Beispiel die Russen einen Angriff gegen ein kleines Land starten würden, das Mitglied der NATO ist, könnten sie mit nuklearen Konsequenzen drohen, falls ein starkes NATO-Mitglied (wie die Vereinigten Staaten) versuchen sollte, einzugreifen.

Eine weitere Einsatzmöglichkeit des russischen Nuklearpotenzials wäre, die US-Tarnkappenbomber erfolgreich zu bekämpfen, die für das Radar unsichtbar sind. Ein US-Geheimdienst hat enthüllt, dass Russland inzwischen über «nuklear bestückte, mit Überschallgeschwindigkeit fliegende Flugabwehrraketen verfügt, deren Explosion in der näheren Umgebung eine ganze Formation alliierter Flugzeuge auf einmal vernichten könnte».[9] Selbst wenn also die Russen gegen eine Formation von Tarnkappenflugzeugen keinen direkten Treffer landen würden, wäre die Explosion einer Nuklearwaffe in deren näherer Umgebung genug, um sie alle auszulöschen.

Ebenso hat Russland jetzt nuklear bestückte Torpedos und Wasserbomben, die dazu dienen könnten, nuklear bewaffnete US-U-Boote und Flugzeugträger zu zerstören. Kurz gesagt: Russland entdeckt zahlreiche verschiedene Anwendungsmöglichkeiten für Nuklearwaffen. Und es besteht kein Zweifel, dass viele dieser Anwendungen dazu entwickelt wurden, um das militärische Leistungsvermögen der USA zu vernichten oder zumindest zu schwächen.

Die Doktrin der «sicheren gegenseitigen Vernichtung» hielt Russland wie auch die Vereinigten Staaten früher davon ab, einander anzugreifen. Der Gedanke dahinter war: Falls einer den anderen angriffe, erfolgte ein nuklearer Vergeltungsschlag, der

---

[8] Ebd.
[9] Ebd.

die Gesamtbevölkerung beider Staaten vernichten würde. Allerdings «trifft Moskau nun Vorkehrungen, um sicherzustellen, dass 100 Prozent seiner Bevölkerung vor einem solchen Angriff geschützt wären».[10] Man versucht, dieses Ziel durch Überlebenstraining zu erreichen. Ein neuerer Report besagt:

> Über 40 Millionen Russen haben an nuklearen Kriegsübungen teilgenommen, die vier Tage dauerten. Zu den Übungen gehörten Strahlenschutzmassnahmen und Überleben im Wald. Daran nahmen sogar Schüler teil, die erst in der fünften Klasse waren. Die russische Regierung liess verlautbaren, die Übungen dienten der Sicherheit der Zivilbevölkerung.[11]

Man fragt sich, wie all dies mit dem Atomwaffensperrvertrag vereinbar ist, den die Russen und die Vereinigten Staaten vor langer Zeit unterzeichnet haben. Anscheinend liegt der Grund für die derzeitigen Spannungen in dem Abbruch der amerikanisch-russischen Gespräche über das Schicksal Syriens. Amerikas «feindselige Handlungen» gegenüber den Russen wurden von Wladimir Putin und anderen russischen Führern nicht gut aufgenommen.

Russland hat jetzt nuklear bestückbare Raketen in seine europäische Enklave Kaliningrad verlegt und verspricht «‹asymmetrische› und ‹schmerzhafte› Handlungen gegen die USA, sollten diese sich entschliessen, wegen Syrien Sanktionen gegen Russland zu verhängen».[12] Angesichts der «feindseligen Handlungen» der Vereinigten Staaten schlagen die russischen

---

[10] Alex Lockie, «Russia Is Preparing for Nuclear War», *Business Insider*, Online-Ausgabe vom 25. Oktober 2016.
[11] Rubelle Carmeli Tan, «Russia vs. USA War: Russia Ready for Nuclear Attacks», *Morning Ledger*, Online-Ausgabe vom 26. Oktober 2016.
[12] Lockie, «Russia Is Preparing for Nuclear War».

Staatsmedien «einen immer schärferen anti-amerikanischen Ton an»[13]. Sogar während der Nuklearkriegsübungen prangerten russische Medien die Vereinigten Staaten mit Schlagzeilen an wie: «Russland ist der arroganten amerikanischen Lügen überdrüssig.»

Wenn Sie zögern, all das als potenzielle Drohung wahrzunehmen, dann bedenken Sie eine jüngste Schlagzeile des Newsweek-Magazins aus dem Jahr 2016: «Ehemaliger NATO-General schreibt in neuem Buch: Krieg mit Russland zeichnet sich ab.» In seinem Roman *2017 War with Russia* («2017: Krieg mit Russland») behauptet General Sir Richard Shirreff, ein kriegslüsternes Russland sei die drängendste Bedrohung des Westens. Zwar ist Shirreffs Buch nur fiktiv, bringt aber eine Tatsache auf den Punkt: *Russland ist für die Vereinigten Staaten eine gewaltige Gefahr.* Shirreff sagt: «Ich bin besorgt, ernsthaft besorgt, dass wir wie Schlafwandler in eine totale Katastrophe taumeln.»[14]

Übereinstimmend damit sagt James Stavridis, amerikanischer Admiral im Ruhestand und ehemaliger NATO-Oberbefehlshaber in Europa, der auch das Vorwort zu Shirreffs Buch schrieb: «Von all den Herausforderungen, vor denen Amerika auf der Bühne der Weltpolitik im zweiten Jahrzehnt des 21. Jahrhunderts steht, ist die gefährlichste der Wiederaufstieg Russlands unter Präsident Putin.»[15] Dennoch sind erstaunlicherweise die meisten Amerikaner sich dieser Gefahr nicht bewusst.

Das amerikanische Verteidigungsministerium erwirbt derzeit ein «terminal high altitude area defense system» – ein Hightech-System, das dazu dient, anfliegende Raketen innerhalb wie

---

[13] Ebd.
[14] Alexander Nazaryan, «War With Russia Looms, Says Former NATO General in New Book», *Newsweek*, Online-Ausgabe vom 1. August 2016.
[15] Ebd.

oberhalb der Atmosphäre abzuschiessen.[16] Die Zeitschrift *National Defense* berichtet auch über den Wunsch von Militärs, Raketen mit Laserstrahlen abzufangen. Allerdings «muss ein funktionsfähiges System auch imstande sein, einen Laserstrahl auf ‹viel weitere Entfernungen und mit viel höherer Energie› abzufeuern, als mit heute vorhandenen militärischen Lasern möglich ist … Der Leiter der Raketenabwehrtechnik hofft, bis 2021 das Vorführmodell eines solchen Lasers zu haben … Das Pentagon erwirbt ausserdem Schnellfeuer-Laser, die am Boden und auf Schiffen stationiert werden».[17]

Alles in allem: *Sowohl die Russen als auch die Vereinigten Staaten bereiten sich auf einen nuklearen Schlagabtausch vor.*

Amerika durch einen EMP-Angriff lähmen?

Eine weitere potenzielle Gefahr für die Vereinigten Staaten ist, dass diese durch einen elektromagnetischen Puls (EMP) handlungsunfähig werden könnten. Diese durchaus ernst zu nehmende Gefahr dokumentiert ein Bericht, den 2004 ein Sonderausschuss des US-Kongresses erstellt hat. Er trägt den Titel: «Ausschuss zur Einschätzung der Bedrohung der Vereinigten Staaten durch einen Angriff per elektromagnetischem Puls». Darin beklagen einige Abgeordnete, dass nun die Technik zur Verfügung stehe, um den «American Way of Life» zu beenden.

Laut diesem Bericht genügte eine einzige Atomwaffe, die durch eine Rakete in einer Höhe von ein paar hundert Kilometern über den Vereinigten Staaten gezündet würde, um der Nation katastrophalen Schaden zuzufügen. Eine solche Rakete könne man leicht von einem Frachtschiff aus starten, das sich

---

[16] Jon Harper, «North Korea, Iran's Advances Fuel Demand for Regional Missile Defense», *National Defense*, Online-Ausgabe vom 1. April 2016.
[17] Ebd.

vor der Küste der Vereinigten Staaten befindet. Die Kommission erläutert ferner: Je höher die Waffe detoniere, desto grösser sei das betroffene Gebiet. In einer Höhe von 300 Meilen (rund 480 Kilometern) wären das gesamte Festlandgebiet der Vereinigten Staaten sowie Teile von Kanada und Mexiko betroffen. Eine Detonation in etwa der halben Höhe würde wahrscheinlich gut die Hälfte der Vereinigten Staaten in Mitleidenschaft ziehen.

Der durch eine solche Waffe ausgelöste elektromagnetische Puls würde wahrscheinlich unsere Stromversorgung, elektronischen Geräte und Informationsverarbeitung schwer beschädigen oder ganz ausschalten – alles, wovon Amerika täglich abhängig ist. Eine hohe Gefahr bestünde für die Infrastruktur zur Steuerung der Stromversorgung, für Sensoren und Schutzsysteme aller Art, Computer, Mobiltelefone, Telekommunikation, Autos, Boote, Flugzeuge, Züge, Transportwesen, Treibstoff- und Energieversorgung, Banken- und Finanzwesen, Notdienste und selbst Nahrungs- und Wasserversorgung. Alles, was mit Elektronik zu tun hat, ist gefährdet.

Die Auswirkungen für die amerikanische Gesellschaft wären katastrophal, weil unsere Infrastruktur – sowohl die zivile als auch die militärische – mit elektrischer Energie und elektronischen Geräten funktioniert. Die Kommission schätzt, dass es «Monate oder Jahre» dauern würde, um sich von einem solchen Angriff wieder vollständig zu erholen.

Es ist durchaus wahrscheinlich, dass nach einem schweren EMP-Angriff in manchen Teilen der Vereinigten Staaten Hungersnöte und Seuchen ausbrechen. Laut Expertenaussagen vor dem US-Kongress könne ein EMP-Angriff die Vereinigten Staaten in einen vorindustriellen Stand zurückwerfen, was das Transportwesen und die Versorgungsmöglichkeiten für die Gesamtbevölkerung mit Nahrung und Wasser betrifft. Statt Autos, Busse und Züge könnten die Leute nur noch Fahrräder oder vielleicht Pferde und Kutschen benutzen. Was bedeutet das praktisch? Nahrungsmittel könnten nicht mehr zu ihrem örtlichen Supermarkt transportiert werden. Medikamente könnten nicht mehr zu ihrer örtlichen Apotheke transportiert werden. Selbst wenn es eine Möglichkeit gäbe, Nahrungsmittel zu ihrem örtlichen Supermarkt zu transportieren, würde der Stromausfall dazu führen, dass die Kühlgeräte dort nicht funktionieren, sodass die Nahrungsmittel schnell verderben würden. Weil alle Kommunikationswege abgeschnitten sind, bricht weithin Panik und Verwirrung aus. Und da man die örtliche Polizei nicht rufen kann, liegt es an jedem Einzelnen selbst, seine rapide abnehmenden Nahrungsvorräte zu beschützen.

Erlauben Sie mir angesichts all dessen, noch einmal auf die Bedrohung durch Nordkorea zurückzukommen. Nordkorea hat kürzlich eine Wasserstoffbombe mit relativ geringer Sprengkraft gezündet. Manche «Experten» in den Medien haben das als «irrelevant» abgetan. Allerdings ist dies genau die Art von Bombe, mit der man einen Super-EMP auslösen kann, der das gesamte Stromnetz der Vereinigten Staaten und alle elektrischen Geräte ausschalten würde. Der EMP-Experte Peter Vincent Pry hat öffentlich festgestellt, dass die Detonation einer nordkoreanischen Atombombe mit geringerer Sprengkraft genau das ist, was eine Super-EMP-Waffe ausmacht.[18] Tatsächlich waren vier der jüngsten nordkoreanischen Atomwaffentests solche Detonationen mit geringer Sprengkraft, die ideal dazu geeignet wären, den Vereinigten Staaten einen EMP-Albtraum zu bringen. Militärexperten «weisen seit Langem darauf hin, dass Feinde der USA wie der Iran und Nordkorea eine überatmosphärische Nuk-

---

[18] Paul Bedard, «Expert: North Korea's H-Bomb Is ‹Super-EMP› Weapon», *Washington Examiner*, Online-Ausgabe vom 6. Januar 2016.

learexplosion über den Vereinigten Staaten im Blick haben, die die Stromversorgung des halben Landes lahmlegen könnte»[19].

Angesichts dieser Gefahr hat das House Homeland Security Committee[20] Mitte 2016 den «Critical Infrastructure Protection Act» verabschiedet (Gesetz zum Schutz der lebensnotwendigen Infrastruktur), aufgrund dessen man in Kürze Möglichkeiten erforschen will, das Stromnetz zu schützen.[21] Das kann vielleicht schon etwas zu spät sein. So langsam, wie die Vorgänge auf Regierungsebene laufen, muss man sich fragen, ob diese überhaupt noch im kommenden Jahrzehnt konkrete Massnahmen ergreift. Viele äussern sich darüber weiterhin besorgt.[22]

Die ständige Bedrohung durch den Iran

Der Iran verfolgt schon lange das Ziel, Nuklearwaffen zu entwickeln, was zu zwei weiteren Bedrohungen der lebenswichtigen Interessen der Vereinigten Staaten führt. Erstens: Falls der Iran Nuklearwaffen erwirbt, kann er vielleicht daraus folgern, nicht mehr durch konventionelle Vergeltungsschläge Amerikas bedroht zu sein und deshalb ungehindert weltweit eine aggressive antiamerikanische Politik verfolgen kann.

Zweitens: Wenn der Iran Nuklearwaffen erwirbt, könnte das andere Nationen anspornen, sich ebenfalls nuklear zu bewaffnen. Am Ende könnte es zahlreiche Nationen im Nahen Osten geben, die über Nuklearsprengköpfe verfügen, was für zahl-

---

[19] Paul Bedard, «Feds: EMP Hit on Electric Grid Threatens National Security», *Washington Examiner*, Online-Ausgabe vom 19. Mai 2016.
[20] Anm. d. Übers.: Das United States House Committee on Homeland Security ist ein ständiger Ausschuss des Repräsentantenhauses der Vereinigten Staaten. Er wurde 2002 anlässlich der Terroranschläge vom 11. September 2001 gegründet und «hat die Aufgabe, Gesetzentwürfe, die die Sicherheit der USA betreffen, zu bearbeiten, zu billigen oder zurückzuweisen». (Quelle: deutschsprachige Wikipedia)
[21] Bedard, «Expert: North Korea's H-Bomb Is ‹Super-EMP› Weapon».
[22] Siehe Bedard, «Feds: EMP Hit on Electric Grid Threatens National Security».

reiche Menschen weltweit eine zunehmende Bedrohung und Gefahr wäre.

Es besteht ferner die Möglichkeit, dass der Iran Dritte mit solchen Waffen versorgt – etwa Terroristen. Das würde die Wahrscheinlichkeit eines Angriffs auf die Vereinigten Staaten stark erhöhen. Irren Sie sich nicht: Wenn Terroristen diese Waffen in die Hände bekommen, steht praktisch ausser Frage, dass sie diese auch einsetzen.

Angesichts all dessen haben die Vereinigten Staaten im Juli 2015 ein Nuklearabkommen mit dem Iran geschlossen – den Joint Comprehensive Plan of Action («gemeinsamer umfassender Handlungsplan»; gewöhnlich kurz «Iran-Deal» genannt). Die Vereinbarung wurde getroffen, um den Iran davon abzuhalten, während der fünfzehnjährigen Laufzeit eine Atombombe zu entwickeln; ferner verpflichtet die Vereinbarung den Iran, auch über diese Zeit hinaus unter internationaler Inspektion zu bleiben.[23] (Anmerkung d. Hrsg.: Inzwischen wurde dieser «Deal» von den USA wieder gekündigt.)

Das Problem dabei ist, dass der Iran-Deal tatsächlich dessen Nuklearprogramm nicht wirksam eliminiert. Ein Jahr nach seiner Unterzeichnung kamen bestimmte Details ans Licht. Wir wissen jetzt, dass dem Iran erlaubt ist, zehn Jahre nach Inkrafttreten des Vertrags sein Hauptarsenal an Zentrifugen durch fortschrittlichere Ausrüstung zu ersetzen. So wird der Iran letztendlich zwar weniger Zentrifugen zur Urananreicherung besitzen, aber die neuen Geräte werden effektiver und imstande sein, Uran doppelt so schnell wie zuvor anzureichern.[24]

---

[23] Elaine Sciolino, «A Journalist's Dark Perspective on the Nuclear Deal with Iran», *Washington Post*, Online-Ausgabe vom 21. Oktober 2016.
[24] Frances Martel, «Fact-Check: Iran Deal Does Not ‹Eliminate› Nuclear Program», *Breitbart Live*, Online-Ausgabe vom 4. Oktober 2016.

Ich glaube, die Iraner haben auf jeden Fall die Absicht, Nuklearwaffen zu entwickeln, und sie sind im Blick auf ihre wahren Absichten nicht aufrichtig. Die *Jerusalem Post* zitiert einen führenden israelischen Sicherheitsbeamten wie folgt: «Die Geschichte lehrt, dass Schurkenstaaten oft die Diplomatie als Tarnung nutzen, während sie ihr Werk vollenden.»[25] Jerome Corsi warnt: «Der Iran wird weiter das Ziel verfolgen, so schnell wie möglich Nuklearwaffen zu entwickeln. Bis dahin wird er jeden Vertrag unterschreiben, alles versprechen, betrügen – kurz: alles Nötige tun, um die Welt hinters Licht zu führen.»[26] Corsi meint, man müsse die Mentalität der Mullahs wie folgt sehen: Betrügen, um Zeit zu schinden. «Während sie Zeit schinden, sind die Mullahs bereit, jedes nötige Zugeständnis zu machen; aber sie sind entschlossen, ihr letztes Ziel nicht aus den Augen zu verlieren: Nuklearwaffen zu bekommen, die Vereinigten Staaten zu besiegen und Israel vom Angesicht des Erdbodens zu vertilgen.»[27]

Kurz nach der Unterzeichnung des Deals veröffentlichte der höchste Führer des Iran, Ayatollah Khamenei, ein Buch mit dem Titel *Palästina*. Darin behauptet Khamenei: «Der Iran spielt zwingend eine Rolle bei der Zerstörung Israels und muss daher darauf hinarbeiten, die stärkstmöglichen Waffen zu erschaffen und zu besitzen.»[28] Khamenei verspricht, dass Israel die nächsten 25 Jahre nicht überleben wird. Angesichts dessen meine ich mit Recht sagen zu können: Falls das Abkommen der USA mit dem Iran überhaupt Auswirkungen hat, dann bestenfalls nur kurzfristige; es wird das Problem nicht tatsächlich lösen.

---

[25] Ali Ansari, *Confronting Iran* (New York: Basic Books, 2006), S. 2.
[26] Jerome Corsi, *Atomic Iran* (Nashville, TN: WND Books, 2005), S. 180.
[27] Ebd.
[28] Martel, «Fact-Check: Iran Deal Does Not ‹Eliminate› Nuclear Program».

Eine Analyse, die ich las, legt nahe, dass wir ständig «bereit sein müssen, einem iranischen Regime entgegenzutreten, das dem Westen ebenso feindlich gesinnt ist wie vergangene ... Es besteht auch das echte Risiko, dass sich in dieser Region ein noch viel grösserer und weitreichenderer Krieg zusammenbraut»[29]. Ich stimme dieser Einschätzung zu. Tatsächlich glaube ich, dass der noch viel grössere und weitreichendere Krieg, der sich in dieser Region zusammenbraut, kein anderer ist als die von Hesekiel prophezeite Invasion, worauf ich noch später in diesem Buch zu sprechen komme. In jenem Kapitel werde ich zeigen, dass eines Tages in nicht allzu ferner Zukunft eine massive Invasion nach Israel stattfinden wird, an der nicht nur der Iran, sondern auch die Türkei, der Sudan, Libyen und andere islamische Staaten zusammen mit Russland beteiligt sein werden.

Alle Augen richten sich auf den Nahen Osten.

---

[29] Sciolino, «A Journalist's Dark Perspective on the Nuclear Deal with Iran».

10. EIN PULVERFASS MIT BRENNENDER LUNTE: ISRAEL UND DER NAHOSTKONFLIKT

Israel und der Nahe Osten sind schon seit Jahrzehnten wie ein Pulverfass, das jederzeit explodieren kann. Zu den Kriegen in dieser Region zählen der israelische Unabhängigkeitskrieg (1947–1948), der zur Staatsgründung Israels führte, die Suezkrise und der damit verbundene Sinai-Feldzug (1956), der Sechstagekrieg (1967), der sog. «Abnutzungskrieg» zwischen Israel und Ägypten (1968–1970), der Jom-Kippur-Krieg (1973), der libanesische Bürgerkrieg (1982–1985), der Zweite Golfkrieg oder Erste Irakkrieg (1991), der «Krieg gegen den Terror» (2001 bis heute), der Zweite Irakkrieg (2003) sowie der gegenwärtige Krieg gegen den «Islamischen Staat» (IS). Das sind 70 Jahre ständiger Konflikte.

Gewöhnlich haben die Amerikaner sich nicht besonders um den Nahen Osten geschert. Im Rückblick auf den 11. September 2001 jedoch glauben nun vier von zehn Amerikanern, die Kriege im Nahen Osten seien ein Anzeichen dafür, dass wir in den letzten Tagen leben. Darüber hinaus stimmen über die Hälfte der Amerikaner der Aussage zu, dass die Wiedergeburt Israels 1948 eine Erfüllung biblischer Prophetie sei. All dies – verbunden mit der eskalierenden Bedrohung durch Terrorismus von Gegnern aus dem Nahen Osten – motiviert Amerikaner dazu, auf die dortigen Ereignisse genau zu achten.

Vielfach liegt der Konfliktherd in der Stadt Jerusalem. Dieses ist in der Tat für die Juden die heiligste aller Städte und für die Moslems die drittheiligste (nach Mekka und Medina). Der Konflikt ist somit für Juden und Moslems ebenso ein *religiöser* wie auch ein *politischer.* Immerhin glauben die Juden, dass Jahwe, der Gott der Bibel, ihnen Jerusalem zugesprochen habe. Moslems hingegen glauben, Allah, der Gott des Korans, habe ihnen die Stadt zugesprochen. Weil beide Seiten unbeugsam an ihrer religiösen Überzeugung festhalten, scheint der Konflikt unausweichlich und unlösbar.

Islamische Führer alter wie neuer Schule haben in Sachen Jerusalem immer einen harten Kurs verfolgt. Anwar al-Sadat (1918–1981) erklärte in den 1970er-Jahren: «Jerusalem ist Eigentum der islamischen Nation ... Niemand kann je über Jerusalems Schicksal entscheiden. Wir werden es mit Allahs Hilfe zurückerobern.»[1] Ebenso verkündete Jassir Arafat (1929–2004) in den 1990er-Jahren: «Wer nicht als Tatsache akzeptiert, dass Jerusalem die Hauptstadt eines Palästinenserstaates sein wird, und zwar allein dieses Staates, kann zum Toten Meer gehen und daraus trinken.» In jüngerer Zeit hat der Vorsitzende des iranischen Schlichtungsrates[2] Ali Akbar Velayati mit überaus klaren Worten verlautbart, der Iran werde Israel nicht anerkennen, weil «es ein besetztes Gebiet ist». In der Tat «glaubt der Iran, dass Israel den Palästinensern das Land geraubt hat».[3] Sie wollten ihr Land zurückhaben; es gehöre ihnen, weil Allah es ihnen gegeben habe.

Auf jüdischer Seite hat der israelische Premierminister Benjamin Netanjahu mit gleichem Nachdruck versprochen: «Ich werde niemals zulassen, dass Jerusalem je wieder geteilt wird. *Niemals! Niemals!* Wir werden die Einheit Jerusalems bewah-

---

[1] Einige der Zitate in diesem und dem nächsten Absatz stammen aus Randall Price, *Unholy War: The Truth Behind the Headlines* (Eugene, OR: Harvest House, 2001), S. 344.

[2] Ein Organ des iranischen Staatsapparates mit der Aufgabe, eine mögliche Pattsituation bei der Gesetzgebung aufzuheben (Anm. d. Übers.).

[3] «Iranian Official: We Will Not Recognize Israel», *Middle East Monitor*, Online-Ausgabe vom 30. Juni 2016.

ren und ... diese Schutzmauern niemals aufgeben.» Netanjahu schwor Ende 2016, «die Einheit Jerusalems unter israelischer Kontrolle zu bewahren». Bei einer Ansprache vor der Knesset, dem Parlament Israels, zum 49. Jahrestag der Eroberung Ost-Jerusalems durch die Israelis, erklärte Netanjahu: «Wir sind hier tiefer verwurzelt als alle anderen Nationen, und das schliesst den Tempelberg ein. Jerusalem war unser und wird unser bleiben.»[4] Sowohl Moslems als auch Juden bleiben unbeugsam.

Die Juden berufen sich auf göttliches Recht

Von Anfang an gab Gott den Juden sehr detaillierte Landverheissungen. Genauer gesagt schloss Gott um 2100 v. Chr. einen grundlegenden Bund mit Abraham. In diesem Bund verhiess Gott Abraham einen Sohn und dass seine Nachkommen so zahlreich wie die Sterne am Himmel sein würden (1Mo 12,1-3; 13,14-17). Gott gab Abraham auch konkrete Landverheissungen: «Deinen Nachkommen will ich dieses Land geben vom Strom Ägyptens an bis zum grossen Strom, dem Euphratstrom: das Land der Keniter, der Kenisiter, der Kadmoniter, der Hetiter, der Perisiter, der Rephaïter, der Amoriter, der Kanaaniter, der Girgaschiter und der Jebusiter» (1Mo 15,18-21).

Diese Landverheissungen wurden gegenüber Abrahams Sohn Isaak bestätigt. Ihm versprach Gott: «Dir und deinen Nachkommen will ich alle diese Länder geben und will meinen Eid wahr machen, den ich deinem Vater Abraham geschworen habe, und will deine Nachkommen mehren wie die Sterne am Himmel und will deinen Nachkommen alle diese Länder geben» (1Mo 26,3-4).

Die Landverheissungen wurden später gegenüber Isaaks Sohn Jakob bestätigt. Ihm versprach Gott: «Das Land, auf dem

---

[4] «Netanyahu: ‹Jerusalem Was Ours and Will Remain Ours›», *Middle East Monitor*, Online-Ausgabe vom 2. Juni 2016.

du liegst, will ich dir und deinen Nachkommen geben. Deine Nachkommen werden zahlreich sein wie der Staub auf der Erde. Du wirst dich ausbreiten nach Westen und Osten, nach Norden und Süden» (1Mo 28,13-14). In noch viel späterer Zeit verspricht Gott in Psalm 105,8-11:

Er gedenkt auf ewig an seinen Bund,
an das Wort, das er ergehen liess
auf tausend Geschlechter hin;
[an den Bund,] den er mit Abraham geschlossen,
an seinen Eid, den er Isaak geschworen hat.
Er stellte ihn auf für Jakob als Satzung,
für Israel als ewigen Bund,
als er sprach: «Dir gebe ich das Land Kanaan
als das Los eures Erbteils.»

Der Gott der Bibel hat dem Volk der Juden ganz klar das Heilige Land als ewigen Besitz gegeben.

Die Moslems berufen sich auf göttliches Recht

Moslems behaupten, dass die Bibel im Original zwar das Wort Gottes war (das Wort Allahs) und ihre Lehre noch bis zur Zeit Mohammeds im 7. Jahrhundert rein bewahrt war; kurz danach aber wäre sie von Juden und Christen verfälscht worden. Seit der Zeit Mohammeds sei die Bibel angeblich mit vielen «Unwahrheiten» vermischt worden. Daher seien Original und Fiktion, Göttliches und Menschliches derart miteinander vermengt worden, dass man die Spreu nicht mehr vom Weizen trennen könne.

Moslems behaupten, die Juden hätten aus Eigennutz vieles ins Alte Testament eingefügt. Konkreter gesagt behaupten Moslems, dass sie zwar die wahren und rechtmässigen Erben der

Verheissungen an Abraham seien – und zwar durch Ismael (von dem, wie sie behaupten, die arabischen Völker abstammen); die Juden aber hätten zum eigenen Nutzen eine Geschichte erfunden und in die Handschriften des Alten Testaments eingefügt – mit dem Ergebnis, dass Isaak zum Erben der Verheissungen des Landes Palästina an Abraham wurde.

Diese verfälschte jüdische Fassung hätte Ismael und seine Nachkommen zu Ausgestossenen gemacht, die daher kein Anrecht auf das Land hätten. Das ursprüngliche Alte Testament hätte jedoch, so die Moslems, diese erfundene Geschichte nicht enthalten. Sie glauben deshalb, dass das Heilige Land in Wahrheit ihnen gehört, und haben sich geschworen, so lange zu kämpfen, bis sie das Land zurückbekommen.

Natürlich ist es nicht nur falsch, sondern auch töricht zu behaupten, die Bibel wäre kurz nach der Zeit Mohammeds verfälscht worden. Bis zum siebenten Jahrhundert waren bereits Tausende und Abertausende handschriftliche Kopien über weite Teile der Welt verbreitet. Um die Bibel erfolgreich verfälschen zu können, hätte man alle diese Kopien bis auf die letzte einsammeln und dann verändern müssen – vorausgesetzt, ihre Besitzer hätten sie bereitwillig ausgeliefert. Das ist ein vollkommen unglaubwürdiges Szenario.

Mehr noch: Bereits Jahrhunderte vor der Geburt Mohammeds war die Bibel in eine Vielzahl von Sprachen übersetzt. Es ist unmöglich, dass diese verschiedenen Übersetzungen in aller Welt einheitlich verändert worden wären, um eine einheitliche Verfälschung zu erreichen.

Moslems mögen dies zwar nur ungern zugeben, aber Gottes Landverheissungen an Abraham, Isaak, Jakob und das Volk Israel werden durch Tausende zuverlässiger Handschriften gestützt, von denen manche bis ins zweite Jahrhundert n. Chr. datieren – lange, bevor Mohammed geboren wurde.

Gottes Verheissung der Rückkehr der Juden
und der Groll der Moslems dagegen

Im nächsten Kapitel werde ich den Schwerpunkt auf die Invasion islamischer Nationen nach Israel legen, die der Prophet Hesekiel voraussagt. In jenem Kapitel werde ich auch auf Hesekiels Prophezeiungen der Wiedergeburt Israels und der Wiederherstellung ihres Landes eingehen. Keine Frage, Israel und sein Tempel wurden von den Römern im Jahr 70 n. Chr. vernichtet. Doch Gott hatte den Juden verheissen: «Ich will euch aus den Heidenvölkern herausholen und aus allen Ländern sammeln und euch wieder in euer Land bringen» (Hes 36,24; siehe auch die Vision der vertrockneten Gebeine in Hesekiel 37). Hierin liegt auch die Tragweite der Ereignisse von 1948 – dem Jahr, als Israel als Staat wiedergegründet wurde, nachdem die Juden lange Zeit weltweit zerstreut waren.

Moslems betrachten die blosse Existenz des Staates Israel als Akt der Aggression. Sie sagen, schon die Wiederansiedlung der Juden im Land sei unrechtmässig, denn die Juden hätten kein Recht, zurückzukehren oder in ein Land zu kommen, das nun unter islamischer Herrschaft stehe. Nach islamischer Logik kann kein Gebiet, das irgendwann unter islamischer Herrschaft stand, jemals wieder an eine nicht islamische Regierung fallen. Das heisst: Israel kann nicht wieder auf islamischem Boden erstehen. Das stellt eine schwere Beleidigung Allahs dar. Die Moslems wollen deshalb das Land zurückhaben.

Nun kamen Ende des neunzehnten bis Anfang des zwanzigsten Jahrhunderts im Nahen Osten drei entscheidende Ideen auf, die mit dem derzeitigen Konflikt über das Land verbunden sind: der Zionismus, der arabische Nationalismus und der islamische Fundamentalismus. Wollen wir diese kurz betrachten.

Der Zionismus

Der Zionismus ist nach dem Berg Zion benannt, dem Hügel in Jerusalem, auf dem einst in der Antike der Palast des Königs David stand. Der Zion wurde deshalb zum Symbol für Jerusalem während der Herrschaft Davids (2Sam 5,7). Zionismus ist eine Alternativbezeichnung einer Art des jüdischen Nationalismus, der die Rückkehr in die angestammte Heimat der Juden anstrebt. Dazu gehört nicht nur, dass die Juden ins Land zurückkehren, sondern auch, dass sie die Souveränität über ihre angestammte Heimat wiedererlangen. Der Zionismus ist somit im Wesentlichen eine nationale Befreiungsbewegung des jüdischen Volkes. Christen, die am Recht der Juden festhalten, ins Land zurückzukehren und einen unabhängigen Staat aufzurichten, nennt man oft christliche Zionisten.

Arabischer Nationalismus

Der arabische Nationalismus kam Ende des neunzehnten bis Anfang des zwanzigsten Jahrhunderts auf. Diese Bewegung versucht, die Araber zu einem einzigen Volk zu vereinen, indem er sich auf ihre gemeinsame Geschichte, Kultur und Sprache beruft. Hierbei handelt es sich um eine säkulare Bewegung, die versucht, in den arabischen Ländern des Nahen Ostens die Herrschaft der Araber wiederzuerlangen und aufrechtzuerhalten. In den vergangenen Jahrzehnten haben arabische Nationalisten versucht, den direkten westlichen Einfluss auf die arabische Welt zu beenden oder zumindest zu minimieren. Ebenso betrachtet man Israel als Krebsgeschwür, das entfernt werden muss.

Islamischer Fundamentalismus

Der islamische Fundamentalismus ist eine religiöse Einstellung, die Ende des zwanzigsten Jahrhunderts ihre stärkste Anziehungskraft entfaltete und nun versucht, im Nahen Osten und zuletzt weltweit eine islamische Vorherrschaft aufzurichten. Israel betrachtet man als schwerwiegende Beleidigung Allahs, da es ein Symbol jüdischer Macht ist, das in einer islamischen Welt keine Existenzberechtigung hat. Israel müsse daher ins Meer getrieben werden.

Die gleichzeitige Existenz von Zionismus, arabischem Nationalismus und islamischem Fundamentalismus ist ein Pulverfass mit brennender Lunte, bei dem die Katastrophe vorprogrammiert ist. Es kann jederzeit in die Luft gehen, und die explosive Natur dieses Konflikts weist keinerlei Anzeichen für eine Entspannung auf.

Die Einwanderung und Repatriierung der Juden und die Vertreibung der Palästinenser

Die jüdische Regierung in Israel versucht derzeit, allen Juden, die ins Land zurückkehren wollen, die Einwanderung und Repatriierung zu garantieren. Dies gründet auf einem wichtigen Gesetz, das der neugegründete Staat Israel das «Gesetz der Heimkehr» nennt: ein Gesetz, das allen Juden das Recht gibt, nach Israel einzuwandern und auf Wunsch per sofort die israelische Staatsbürgerschaft zu erwerben. Die Araber hingegen sagen, die Einwanderung der Juden nach Palästina müsse aufhören.

Infolge des andauernden Konflikts zwischen Juden und Arabern wurden viele Palästinenser vertrieben und liessen sich in Flüchtlingslagern in Jordanien, der Westbank und in Gaza nieder. Heute gibt es Millionen palästinensischer Flüchtlinge. Während man Juden aus aller Welt als israelische Staatsbürger aufnimmt, wird den palästinensischen Flüchtlingen in den arabischen Nachbarländern – ausser in Jordanien – der Erwerb der Staatsbürgerschaft verweigert.

Israel ist bereit, in begrenztem Umfang zu einer Lösung des Flüchtlingsproblems beizutragen, will aber keine Millionen unzufriedener Palästinenser ins Land lassen, die sich anschliessend mit den arabischen Staaten verbünden und versuchen könnten, Israel anzugreifen. Das grösste Eingeständnis, das man machen will, ist eine begrenzte Anzahl Palästinenser ausserhalb des eigentlichen Staatsgebiets Israels siedeln zu lassen, Juden und Palästinenser durch eine Grenzmauer zu trennen und das Palästinensergebiet zu demilitarisieren.

Die Palästinenser haben beständig versucht, entweder die Erlaubnis zur Rückkehr in ihre früheren Häuser zu erlangen oder eine Entschädigung zu erhalten, wenn sie sich entschliessen, nicht zurückzukehren. Sie behaupten, Israel missachte die Resolutionen 194 und 242 des UN-Sicherheitsrates, die den vertriebenen Palästinensern Repatriierung und Entschädigungsleistungen garantieren.

Keine Seite bewegt sich hierbei; der Konflikt dauert weiter an.

Derzeit am Konflikt beteiligte arabische und islamische Gruppen

Im Nahostkonflikt sind so viele arabische und islamische Gruppen aufgekommen, dass man kaum noch den Überblick behalten kann. Nachfolgend eine kurze Einführung zu den wichtigsten dieser Gruppen, die uns verstehen helfen soll, wie die Araber und Moslems über Israel und dessen langjährigen Verbündeten – die Vereinigten Staaten – denken.

Die Palästinensische Befreiungsorganisation

Die Palästinensische Befreiungsorganisation (PLO) wurde 1964 von der Arabischen Liga gegründet. Sie war ursprünglich dazu gedacht, den Arabern als Hauptwerkzeug zur Vernichtung Israels zu dienen. Um ihr Ziel zu erreichen, bediente sie sich terroristischer Taktiken. Die PLO griff sowohl israelische Zivilisten als auch militärische Ziele an. Entführungen und Ermordungen waren an der Tagesordnung. Dabei befleissigte sich die PLO allezeit, für eine Ein-Staaten-Doktrin zu werben: ein arabisches Palästina. In den 1980er-Jahren verlagerte die PLO ihre Strategie darauf, weltweit mehr politischen Einfluss zu gewinnen. Ihr neues Ziel war, 1. einen unabhängigen Palästinenserstaat zu proklamieren, 2. dem Terrorismus zu entsagen und 3. das Existenzrecht Israels anzuerkennen. Diese Neuausrichtung markiert den Beginn einer Zwei-Staaten-Doktrin: Palästina und Israel. Wie zu erwarten, scheiterten die Gespräche in den folgenden Jahren, und der Konflikt dauerte an.

Al-Qaida

Al-Qaida heisst auf Arabisch «die Basis» (oder Militärbasis). Al-Qaida hat versucht, den amerikanischen Einfluss im Nahen Osten zurückzudrängen, besonders in Israel und im Irak, sowie die amerikanischen Truppen von saudi-arabischem Gebiet zu vertreiben. Das Al-Qaida-Netzwerk versucht, weltweit militante Moslems und Extremistenorganisationen zu finanzieren, rekrutieren, trainieren und zu koordinieren. Viele Mitglieder von Al-Qaida haben die Aufrichtung eines Kalifats zum Ziel – eines einzigen islamischen Staats, der von einem Kalifen regiert wird, d. i. einem Nachfolger Mohammeds, und der sich über alle islamischen Länder erstreckt. Obwohl das US-Militär schon länger auf der Jagd nach Al-Qaida ist, erfreut diese sich weiterhin bester Gesundheit.

Was die Finanzierung von Al-Qaida betrifft, so weisen die entscheidenden Beweise nach Saudi-Arabien. Rachel Ehrenfeld, die Autorin des bahnbrechenden Buches *Funding Evil: How Terrorism Is Financed – and How to Stop It* («Die Förderung des Bösen: Wie Terrorismus finanziert wird – und wie man das stoppen kann»), sagt, Al-Qaida werde durch die reiche saudische Königsfamilie mit Einnahmen aus dem Ölgeschäft finanziert, sowie durch saudische Wohlfahrtsorganisationen, Banken und Finanzverbünde, saudische Firmen (unter anderem Immobilien-, Presse-, Software- und Baugesellschaften) sowie saudische Kriminelle (zum Beispiel durch Kreditkartenbetrug, Musikpiraterie, Prostitutionsringe und Rauschgifthandel). Trotz einer Vielzahl der Geldquellen stammt der Löwenanteil der Finanzierung klipp und klar aus saudischen Ölgeschäften.[5]

Hisbollah

Die Hisbollah, buchstäblich «Partei Gottes», ist ein libanesischer Dachverband radikaler Schiiten, die Israel hassen und gegen den Westen kämpfen. Sie wurde 1982 gegründet und ist tief in Terrorismus verstrickt. Sie glaubt, Israel würde Land besetzen, das allein den Moslems gehöre, und greift auf jede Stufe von Gewalt und Terrorismus zurück, um die Situation zu «korrigieren». Die Hisbollah tritt für die Aufrichtung eines schiitischen islamischen Regimes im Libanon ein sowie für die «Befreiung» aller «besetzten arabischen Gebiete» einschliesslich Jerusalems. Die Hisbollah hat deshalb immer wieder geschworen, Israel zu vernichten und im Libanon einen islamischen Staat aufzurichten. Sie versucht ausserdem, alle Juden weltweit auszurotten.

Der Generalsekretär der Hisbollah, Hassan Nasrallah, hat offen zugegeben, Gelder vom ölreichen Iran zu erhalten, um seine Terroraktivitäten gegen Israel zu unterstützen. In früheren Jahren stellte der Iran der Hisbollah dafür jährlich 60 bis 100 Millionen US\$ zur Verfügung und erhöhte 2001 die Zahlungen auf 10 Millionen US\$ pro Monat. Der Iran stellt diese

---

[5] Rachel Ehrenfeld, *Funding Evil: How Terrorism Is Financed – and How to Stop It* (Chicago: Bonus Books, 2005), S. 35.

Mittel ausdrücklich für Terrorakte gegen Israel zur Verfügung. Er unterstützt die Hisbollah auch durch Lieferung von Waffen und Sprengstoffen, organisatorische Hilfe, Bereitstellung von Ausbildern und politische Unterstützung.[6] Zahlreiche Berichte weisen darauf hin, dass Syrien der Hisbollah nicht nur Unterschlupf und Geldmittel gewährt, sondern sie auch mit Waffen aus eigenen Beständen und Tausenden weitreichender Raketen versorgt. Ebenso stellt man ihr Übungsanlagen zur Verfügung, dazu logistische und technische Unterstützung bei Angriffen gegen Israel.

Die Hamas

«Hamas» ist ein arabischer Ausdruck mit der Bedeutung «islamische Widerstandsbewegung». Die Organisation wurde 1987 von Scheich Achmed Yassin gegründet, um einen Dschihad zur Befreiung Palästinas zu führen und einen islamischen Palästinenserstaat zu gründen. Die Mitglieder der Hamas glauben, Verhandlungen mit Israel seien Zeitverschwendung, weil Araber und Juden nicht koexistieren könnten. Der militärische Flügel der Hamas hat zahllose Terrattacken gegen Israel geführt, darunter Hunderte Selbstmord-Bombenattentate. Yassin rief einmal die Iraker auf: «Werdet menschliche Bomben! Benutzt Gürtel und Koffer, um jeden Feind zu töten, der auf Erden wandelt und sie dadurch verunreinigt!»[7] Der ehemalige US-Präsident George W. Bush stuft die Hamas als eine der tödlichsten Terrororganisationen der Welt ein. Oft sieht man ihre Unterstützer Schilder mit Parolen tragen wie «Tod den USA!». Die Hamas verfügt zweifellos über weitverzweigte Geldquellen, unter ande-

---

[6] Ebd., S. 125–126.
[7] Ophir Falk u. Henry Morgenstern, *Suicide Terror: Understanding and Confronting the Threat* (New York: John Wiley and Sons, 2009), S. 53.

rem aus dem Iran, Saudi-Arabien, den Golfstaaten, den Vereinigten Arabischen Emiraten, Syrien und dem Irak.

Islamischer Dschihad in Palästina

Der Islamische Dschihad in Palästina ist eine islamistische
Terrororganisation mit Sitz in Damaskus (Syrien). Sein Ziel ist
die Vernichtung Israels und die Aufrichtung eines islamischen
Staates in Palästina. Die Gruppe entstand in den 1970er-Jahren
und hat sich in grossem Stil an Selbstmordbomber-Angriffen
gegen israelische Zivilisten und Militärziele beteiligt. Es überrascht nicht, dass iranische Gelder aus dem Ölgeschäft dazu beitragen, diese Organisation zu unterstützen. Ebenso hat Syrien
der Gruppe ein sicheres Rückzugsgebiet, Finanzen, Waffen und
Training geboten. Laut palästinensischen Geheimdienstdoku-
menten, die die Israelis 2002 fanden, wurden Geldüberweisun-
gen aus dem Iran und Syrien an palästinensische Terrorgrup-
pen benutzt, um Terroranschläge gegen Israel vorzubereiten,
Familien toter und inhaftierter Terroristen zu unterstützen, Waffen zu beschaffen und Ausrüstungsgegenstände für Terroranschläge zu kaufen.[8]

Der IS

IS (ehemals ISIS) ist die Abkürzung für «Islamischer Staat» (im
Irak und Syrien). Er nahm seinen Anfang als Splittergruppe von
Al-Qaida. Der IS beabsichtigt, einen als Kalifat bezeichneten Staat
im Gebiet des Irak, Syriens und darüber hinaus zu gründen. Der
IS versucht, die Scharia als geltendes Recht einzuführen, die im
Islam des achten Jahrhunderts wurzelt. Die Gruppe hat zahllose
Menschen – gewöhnlich mit grausamsten Mitteln – hingerichtet,
um ihre Ansicht von der Scharia durchzusetzen. Sie ist wohlbe-

---

[8] Ehrenfeld, *Funding Evil*, S. 133.

kannt dafür, soziale Medien zur Verbreitung ihrer radikalen Politik und ihres religiösen Fundamentalismus zu benutzen. Der IS hat ausserdem viele gefangene Frauen und Mädchen zu Sexsklaven gemacht. Bis heute (Stand: Ende 2016) haben IS-Kämpfer sich nicht davon abhalten lassen, diejenigen Menschen zu töten, die sie für die Feinde ihrer Art von Islam halten. Mit ihren zahlreichen Attacken bezwecken sie anscheinend, zu zeigen, dass ihr Einfluss sehr weit reicht – nicht nur bis nach Bagdad, sondern auch bis zum Bosporus, nach Belgien und nach Bangladesch.

Alles in allem wollen diese verschiedenen Gruppen den «kleinen Satan» (Israel) und den «grossen Satan» (die Vereinigten Staaten) niederringen. Sie alle erstreben die Vorherrschaft des Islam.

Gescheiterte Friedensbemühungen

Gelegentlich kam es für den Nahen Osten zu Friedensabkommen wie etwa dem von Oslo 1993. Allerdings haben ungelöste Fragen, die unverändert mit Jerusalem verknüpft sind, den Konflikt immer wieder aufflammen lassen.

Ein weit dauerhafterer Frieden kam mit dem 1978 unterzeichneten Abkommen von Camp David zustande, bei dem Jimmy Carter Anwar as-Sadat und Menachem Begin in Camp David (Maryland) am Verhandlungstisch zusammenbrachte. Dieses Treffen führte dazu, dass die Israelis dem Rückzug aus dem Sinai zustimmten, damit sich im Gegenzug die Beziehungen zu Ägypten normalisierten. Das Abkommen von Camp David veränderte zwar die politische Landschaft, doch Probleme blieben. Es führte zu einem Friedensvertrag zwischen Ägypten und Israel, jedoch nicht zu Frieden zwischen Israel und anderen arabischen Staaten. Beide Seiten waren nicht imstande, im weiteren arabisch-israelischen Verhältnis entscheidende Fortschritte zum Frieden hin zu erzielen.

Amerikanische Präsidenten haben seitdem beständig versucht zu vermitteln, was aber bislang zu keinem dauerhaften Friedensprozess führte. Schlimmer noch: Das Vakuum, das der Rückzug der US-Truppen aus dem Nahen Osten hinterliess, führte zum Aufstieg des IS, der den Konflikt noch mehr als je zuvor verschärft hat.

Die Gegenwart und die nahe Zukunft

Ich glaube, dass sich die Situation im Nahen Osten weiter verschlechtern wird. Die Prophezeiungen der Schrift sagen, dass Israel in der Endzeit für die Welt immer mehr zum wunden Punkt wird. In Sacharja 12,2 heisst es: «Siehe, ich mache Jerusalem zum Taumelkelch für alle Völker ringsum.» Man kann das auch wie die New International Version übersetzen: «Ich werde Jerusalem zu einem Kelch machen, der alle Völker ringsum taumeln lässt.» Die Völker rings um Israel sind islamisch. Heute herrscht im Nahen Osten ein grosses Torkeln und Taumeln. Und die meisten, die torkeln, sind antisemitisch gesinnt.

Während ich dies schreibe, rufen die Vereinigten Staaten beständig zu sofortigem Handeln auf, um im israelisch-palästinensischen Konflikt eine Zwei-Staaten-Lösung zu erzielen. Vertreter der US-Regierung sagen, Israels fortwährender Siedlungsbau in den Palästinensergebieten füge dem Friedensprozess schweren Schaden zu. Arabische Regierungen versuchen offen, den israelischen Siedlungsbau zum Stillstand zu bringen. Israel indessen ist fest entschlossen, das Land zu besetzen und zu besitzen. Eine Lösung scheint unmöglich.

Syrien ist mittlerweile für den Nahen Osten ein gewaltiger Pfahl im Fleisch geworden. Im syrischen Bürgerkrieg haben sich die Russen im Kampf gegen syrische Rebellen an die Seite Präsident Assads gestellt. Viele sind besorgt, dass sich der syrische Bürgerkrieg vielleicht zu einem grösseren regionalen Krieg ausweitet. Russland und die Vereinigten Staaten sind derzeit bitter entzweit. Manche befürchten, dass es durch diesen Konflikt irgendwann zum Krieg zwischen Amerika und Russland kommt. Die Lage ist bis zum Äussersten angespannt. Das Verhältnis der Türkei zur NATO ist abgekühlt, während sie sich zugleich mit Russland anfreundet; die US-Regierung ist über diese Wende der Ereignisse nicht gerade glücklich. Russland hat nun gute Beziehungen zum Iran, der Türkei und Syrien und will zum Haupteinflussfaktor der Region werden. Diese neue Lage steht in direkter Beziehung zu der «Hesekiel-Invasion» nach Israel, die letztendlich geschehen wird (siehe das nächste Kapitel).

Und dann ist da noch der IS. Diese Gruppe stellt für westliche Führer ein Problem dar, das man mit wiederkehrendem Krebs vergleichen mag: Man kann ein Krebsgeschwür aus einem Menschen herausschneiden, aber wenn man es nicht zu 100 Prozent entfernt, kann es wieder wachsen und genauso gross wie zuvor werden – oder noch grösser. Obwohl die USA und ihre Verbündeten vor Ort eine Reihe von Bollwerken des IS angegriffen und eingenommen haben, besteht dennoch die Befürchtung, die Gruppe könne sich neu aufstellen und wieder wachsen. Ebenso von Bedeutung ist die Frage, ob nicht manche IS-Mitglieder als Einwanderer getarnt ihren Weg nach Europa und den Vereinigten Staaten finden und dort unschuldiges Blut vergiessen.

Eines ist sicher: Die zahlreichen wechselnden Grössen im Nahostkonflikt scheinen völlig ausser Kontrolle zu geraten. Wenn man das im Zusammenhang mit den anderen Zeichen der Zeit sieht, die wir in diesem Buch ansprechen: Wie könnte man da noch bezweifeln, dass wir in der Endzeit leben?

Viele rufen heute nach einem Führer, der die Krisen der Welt in die Hand nehmen und den Nahostkonflikt lösen kann. Dieses Sehnen nach einer Lösung bereitet die Bühne für das, was kommen wird; denn die Schrift sagt voraus, dass der Antichrist – der Führer eines wiederbelebten Römischen Reichs, einer Art «Vereinigte Staaten von Europa» – ein Bündnis mit Israel schliessen wird (Dan 9,27). Zum Erstaunen aller wird er den Nahostkonflikt im Nu lösen. Die Unterzeichnung dieses Bündnisses markiert den Beginn der Drangsalszeit.

11. EIN STURM VON NORDEN ZIEHT AUF: DIE KÜNFTIGE ISLAMISCHE INVASION GEGEN ISRAEL

Der Nahe Osten ist ein Pulverfass, das jeden Moment in die Luft gehen kann. Zahlreiche islamische Nationen sind derzeit gegen Israel verbündet, und die Gemüter erhitzen sich immer mehr. *Israel befindet sich in einer ständigen Bedrohungslage.* Die biblische Prophetie hat zu alledem eine Menge zu sagen. Insbesondere Hesekiel prophezeite, in der Endzeit werde es eine gewaltige Invasion nach Israel durch eine massive militärische Macht geben, die von Norden her angreift. Das Ziel dieser angreifenden Macht wird sein, die Juden vollständig zu vernichten. Hesekiel 38,1-6 nennt sogar die Nationen beim Namen, die an dieser Invasion beteiligt sind: Rosch[1], Magog, Meschech und Tubal; Persien, Kusch, Put, Gomer und (Beth-) Togarma.

Rosch bezeichnet wahrscheinlich das heutige Russland. Es gibt beträchtliche historische Belege, dass ein Ort namens Rosch – manchmal auch Rus, Ros oder Rox geschrieben – in der Antike durchaus bekannt war; er befand sich in der Gegend, wo heute Russland liegt. Rosch taucht auch als Ortsname in ägyptischen Inschriften auf (dort «Rasch»), die so früh wie bis zu

---

[1] Mancher Leser mag sich fragen, warum der Ausdruck «Rosch» zum Beispiel in der Einheitsübersetzung, der Gute Nachricht-Bibel, der Lutherbibel (mit Ausnahme der AT-Revision von 1964) oder der Zürcher Bibel nicht auftaucht, es sei denn vielleicht in einer Fussnote. Das hebräische Wort «Rosch» in diesem Vers kann man entweder als Eigennamen eines Ortes auffassen oder als adjektivisch mit der Bedeutung «Haupt-». Wenn es adjektivisch gemeint ist, beschreibt es das Wort «Fürst», sodass man «oberster Fürst» oder «Grossfürst» übersetzen müsste. (...)

2600 v. Chr. datieren. Eine Inschrift aus der Zeit von 1500 v. Chr. bezieht sich auf ein Land, das Reschu genannt wird und sich nördlich von Ägypten befindet, was auf das heutige Russland zutrifft. Rosch oder dessen Entsprechungen findet man auch in einer Vielzahl antiker Dokumente. Rosch in der Gegend anzusiedeln, die heute Russland genannt wird, hat eine lange Tradition in der christlichen Kirche und findet sich schon so früh wie 438 n. Chr. Zuletzt sagt auch Hesekiel 39,2, dass Rosch «im äussersten Norden» liegt. Der Begriff Norden muss man im Verhältnis zu Israel verstehen. Wenn man auf der Karte eine gerade Linie von Israel nach Norden zieht, landet man in Russland.

Magog bezeichnet die Gegend im Süden der ehemaligen Sowjetunion – u. a. wahrscheinlich die früheren Sowjetrepubliken Kasachstan, Kirgisistan, Usbekistan, Turkmenistan, Tadschikistan und wahrscheinlich sogar auch nördliche Teile des heutigen Afghanistan. Bezeichnenderweise ist die ganze Region vom Islam dominiert, der mehr als genug religiöse Gründe dafür liefert, gegen Israel zu ziehen.

(...) Hebräischgelehrte sind sich uneins, wie richtig zu übersetzen ist. Ich glaube, dass Carl Friedrich Keil und Wilhelm Gesenius mit der Meinung richtigliegen, dass Rosch einen Ort bezeichnet. Die historischen Quellen legen nahe, dass die Fehlübersetzung von Rosch als adjektivisch («Grossfürst») ursprünglich auf einen jüdischen Übersetzer in der Antike zurückgeführt werden kann; sie wurde später durch die lateinische Vulgata populär gemacht, die Bibelübersetzung des Hieronymus. Dieser gab selbst zu, dass diese Übersetzung von Rosch nicht auf grammatischen Erwägungen gründete. Hieronymus widerstrebte es, Rosch als Eigennamen zu übersetzen, weil er es nirgendwo sonst in der Heiligen Schrift als geografische Bezeichnung finden konnte. Der Hebräischgelehrte Clyde Billington stellt fest: «Viele heute populäre Bibelübersetzungen folgen der adjektivischen Fehlübersetzung von Rosch durch Hieronymus. Diese Übertragung geht eindeutig auf den jüdischen Übersetzer Aquila zurück; Hieronymus hat sie für die Vulgata übernommen.» (Siehe Clyde Billington, «The Rosh People in History and Prophecy», Teil 1, *Michigan Theological Journal*, 3:1, Frühjahr 1992, S. 65.) «Rosch» als Ortsnamen aufzufassen, ist daher die natürlichste Wiedergabe des hebräischen Originals (so zum Beispiel die Elberfelder Bibel, Schlachter oder Menge). Ich sehe keinen berechtigten linguistischen Grund, es adjektivisch zu verstehen.

Meschech und *Tubal* bezeichnen die Gegend südlich des Schwarzen und des Kaspischen Meeres, wie sie zur Zeit Hesekiels genannt wurde – die heutige Türkei. Meschech und Tubal sind anscheinend dieselben Völker wie die, die von den Assyrern Muschki und Tabal genannt wurden; die Griechen nannten sie Moskher und Tibarener. Diese bewohnten die Gegend, die heute das Staatsgebiet der Türkei ist. Das überliefert der antike Historiker Herodot.

Paras oder *Persien* ist der heutige Iran. Persien wurde 1935 in «Iran» und 1979 in «Islamische Republik Iran» umbenannt. Beachten Sie, dass das Gebiet des antiken Persien weiter nach Ost und West reichte als das des heutigen Iran. Daher kann Persien sich auf den Iran zuzüglich einiger Gebiete östlich und westlich davon beziehen, die allesamt islamisch sind. Der Iran hasst Israel und versucht, es von der Landkarte zu tilgen.

Kusch (manche Bibelübersetzungen: Äthiopien) bezeichnet die Gegend, die südlich von Ägypten am Nil liegt – den heutigen Sudan. Der Sudan ist ein Staat islamischer Hardliner, der in seinem glühenden Hass gegen Israel eines Sinnes mit dem Iran ist. Diese Nationen pflegen bereits so enge Beziehungen, dass wechselseitiger Beistand gegen Israel alles andere als überraschend wäre. Diese Nation ist berüchtigt für ihre Verbindungen zum Terrorismus und gewährte Osama bin Laden von 1991 bis 1996 Unterschlupf.

Put, ein Land westlich von Ägypten, ist das heutige Libyen. In der Antike war Put allerdings grösser als Libyen heute, sodass die Grenzen Puts, das in Hesekiel 38 und 39 genannt wird, über das heutige Libyen hinausgehen dürften und vielleicht Teile Algeriens und Tunesiens einschliessen.

Gomer bezeichnet anscheinend einen Teil des Staatsgebiets der heutigen Türkei. Der antike Historiker Flavius Josephus schreibt, Gomer sei der Stammvater derer, die von den Griechen

«Galater» genannt wurden. Daher ergibt dies eine direkte Verbindung des antiken Gomer zur heutigen Türkei. Darüber hinaus behaupten viele, Gomer könne die Kimmerer bezeichnen. Wie wir aus der Geschichtsschreibung wissen, bewohnten die Kimmerer seit ungefähr 700 v. Chr. das Gebiet der heutigen Türkei. *Togarma* bezieht sich offenbar ebenfalls auf die heutige Türkei. Manche Bibelübersetzungen lauten «Beth-Togarma». «Beth» bedeutet jedoch auf Hebräisch schlicht «Haus»; daher steht in den meisten deutschen Bibelausgaben «Haus Togarma» (d. h. Volk, Stamm oder Sippe Togarma). Hesekiel 38,6 sagt, dass Togarma im äussersten Norden liegt. Deshalb muss man Togarma nördlich von Israel lokalisieren, was auf die heutige Türkei zutrifft.

Nun ergibt sich hier etwas Faszinierendes, wenn man darüber nachsinnt: Eine Allianz zwischen vielen der in Hesekiel 38 und 39 genannten Völker wäre zur Zeit Hesekiels nicht besonders sinnvoll erschienen. Immerhin liegen diese verschiedenen Völker teilweise recht weit voneinander entfernt. Hingegen erscheint heute eine solche Allianz durchaus sinnvoll, weil die Völker, die diese Koalition bilden, vorwiegend islamisch sind. Wenn man bedenkt, wie sehr Israel bei Moslems verhasst ist, liefert das diesen mehr als genug Grund, sich zum Angriff gegen Israel zu vereinen. Natürlich gab es den Islam zur Zeit Hesekiels noch nicht; darum hätte man damals diese Verbindung nicht erkannt. Heute hingegen ergibt diese Prophezeiung durchaus Sinn.

Wann geschieht die von Hesekiel prophezeite Invasion Israels?

Nur wenige Bibelausleger verorten diese in der Vergangenheit zu biblischer Zeit. Meiner Meinung nach missachtet diese Deutung die Einzelheiten, die Hesekiels Prophezeiung nennt. Nachfolgend die Gründe, warum ich glaube, dass die Invasion noch zukünftig ist:

Erstens: Es hat niemals eine Invasion Israels in dem Umfang gegeben, den Hesekiel 38 und 39 schildert. Auch hat es noch nie eine Invasion Israels gegeben, an der jene Völker beteiligt waren, die dort ausdrücklich genannt werden. Da die Prophezeiung sich bislang noch nicht erfüllt hat, muss sie sich also noch in der Zukunft erfüllen. Zwar gab es die in Hesekiel 38 und 39 beschriebene Gruppierung von Völkern bisher noch nie, doch scheint sie sich gegenwärtig zu bilden (mehr dazu in Kürze).

Zweitens: Hesekiel sagt ausdrücklich, dass seine Weissagung – von seiner Zeit aus gesehen – «nach langer Zeit» (Hes 38,8) und «zur letzten Zeit» (Hes 38,8.16) erfüllt würde. Solche Ausdrücke weisen auf die Endzeit hin.

Drittens: Hesekiel sagt, dass die Invasion erst stattfindet, nachdem Israel wieder aus aller Welt gesammelt wurde – «aus vielen Völkern» und «aus den Heidenvölkern» (Hes 38,8.12), und zwar in ein Land, das zuvor verödet war. Nun lassen Sie uns das einmal durchdenken. Es gab einen Zeitpunkt in der Geschichte Israels, als die Juden wieder ins Heilige Land versammelt wurden, nachdem sie von einem einzigen Volk in die Gefangenschaft geführt worden waren: nämlich nach der Babylonischen Gefangenschaft. Als diese vorbei war, wurden die Juden aus einem einzigen Volk ins Heilige Land zurückgeführt (Babylon), nicht aus vielen Völkern in aller Welt. Die einzige Rückführung der Juden aus «vielen Völkern» ist die, die in jüngerer Zeit stattfand – besonders seit 1948, als Israel als Staat neu gegründet wurde. Seitdem strömen immer mehr Juden ins Heilige Land zurück – aus praktisch jedem Volk der Welt. Und Hesekiel sagt, dass dies der von ihm angekündigten Invasion islamischer Völker nach Israel vorausgehen muss.

Viertens: Da sich Hesekiel 36 und 37 offenbar buchstäblich erfüllt haben (Israel ist wieder ein Volk geworden, und die Juden strömen seitdem aus jedem Volk der Welt nach Israel zurück), ist es vernünftig und folgerichtig, anzunehmen, dass auch Kapitel 38 und 39, die von der Invasion sprechen, die der Wiedergeburt Israels folgt, sich ebenso wörtlich erfüllen werden. Das steht in Einklang mit dem bestens fundierten Grundsatz, dass durch das ganze Alte Testament hindurch Prophezeiungen sich buchstäblich erfüllen.

Niemand wird Israel zu Hilfe kommen

Hesekiels Prophezeiung enthüllt, dass Israel alleine dasteht, wenn es durch das massive nördliche Militärbündnis angegriffen wird. Kein Volk wird ihm zu Hilfe kommen. Es stimmt zwar, dass ein paar Staaten – anscheinend Saudi-Arabien und vielleicht ein paar westliche Staaten – die Absichten der Koalition diplomatisch hinterfragen werden (Hes 38,13); doch ihren Worten folgen keine Taten. Israel wird völlig alleine dastehen.

Aus menschlicher Perspektive scheinen Israels Überlebenschancen dann gleich null. Israel wird zahlenmässig hoffnungslos unterlegen sein. Wäre es eine rein menschliche Schlacht, könnte man ihren Ausgang leicht vorhersagen. Jedoch: Während Israel angesichts dieser einem Goliath gleichenden Invasionsmacht schwach und verlassen erscheint, ist Gott mächtig! Hesekiel 38 und 39 zeigt, dass Gott die Invasionskräfte vernichten wird, ehe sie Israel einen Schaden zufügen können (mehr dazu gleich).

Russland und die Moslems gegen Israel: Das Szenario ist schon vorbereitet

Wir wissen bereits, welche islamischen Nationen gegen Israel sind. Manche aber könnte die Vorstellung überraschen, dass die Russen sich mit den Moslems gegen Israel verbünden. Das Szenario für eine solche Partnerschaft ist jedoch schon längst vorbereitet. 1973 wurde Israel von Ägypten, Syrien und einigen anderen arabisch-islamischen Ländern angegriffen. Die Sowjetunion lieferte alles, was militärisch für den Angriff nötig war: Waffen, Munition, Geheimdienstinformationen und militärisches Training. Damit förderte die Sowjetunion das Ziel dieser arabischen Koalition, Israel zu vernichten. Natürlich: Während die Sowjetunion die Araber unterstützte, halfen die Vereinigten Staaten Israel. Die Lage zwischen der Sowjetunion und den Vereinigten Staaten begann sich gefährlich zu verschärfen – genauer gesagt zwischen Leonid Breschnew und Richard Nixon. Lange Rede, kurzer Sinn: Nixon sagte Breschnew, er solle nachgeben oder es gäbe «unkalkulierbare Konsequenzen». Die Sowjets gaben prompt nach, und Israel konnte die Invasoren abwehren.

Wir wissen, dass Russland auch unabhängig von einer Zusammenarbeit mit den Moslems schon lange das Ziel verfolgt, Israel zu erobern. Während des Sechstagekrieges 1967 waren die Russen bereit, Israel anzugreifen, worauf sie sich schon längere Zeit vorbereitet hatten. Sowjetische Kriegsschiffe, U-Boote, Bomber und Kampfjets wurden mobilisiert. Jedoch bewirkte Präsident Johnsons Befehl, die sechste US-Flotte als Zeichen der Solidarität mit Israel vor dessen Küste zu verlegen, dass der mächtige russische Bär von seinem Vorhaben abgeschreckt wurde.

1982 wiederum gab der damalige israelische Premierminister Menachem Begin bekannt, dass man im Libanon in tiefen unterirdischen Stollen ein riesiges Geheimlager russischer Waffen gefunden hatte, die dort offenbar für eine künftige Invasion der Sowjetunion nach Israel eingelagert waren. Es wurden gewaltige Mengen an Munition, gepanzerten Fahrzeugen, Kampfpan-

zern, Schusswaffen, schwerer Geschütze, Kommunikations-
geräten und anderer Militärutensilien gefunden. Vieles davon
war auf dem neuesten Stand der Technik – die Art von Ausrüstung, die militärische Eliteeinheiten benutzen würden. Man
fand so viel davon, dass buchstäblich Hunderte Lastwagenla-
dungen nötig waren, um alles zu entfernen. Israels Anführer
gaben zu, dass sie keine Ahnung von derart massiven Plänen
eines bevorstehenden Bodenangriffs auf Israel gehabt hätten.

Die russisch-iranische Partnerschaft

Inzwischen ist es kein Geheimnis mehr, dass Russland und der
Iran im Laufe des vergangenen Jahrzehnts enge Bande geknüpft
haben, vorwiegend militärischer Natur. Das ist von höchster Bedeutung, denn zuvor zeichnete sich das Verhältnis zwischen Russland und dem Iran durch puren Hass aus. Doch die
Umstände haben sich gewandelt. Nach dem ersten Golfkrieg
gegen den Irak (1980–1988) musste der Iran sein Militär wieder
aufrüsten. Russland brauchte Geld, das es durch Waffenver-
käufe einnahm. Der Rest ist Geschichte.

Heutzutage lässt der Iran jährlich etwa eine halbe Milliarde
Dollar in Russlands Kasse sprudeln. Ilan Berman schreibt in seinem Buch *Tehran Rising*: «Ende 2000 gab die iranische Regierung aufgrund ihrer expandierenden Verbindungen zum Kreml
Pläne für ein massives Modernisierungsprogramm bekannt,
das auf 25 Jahre ausgerichtet ist – es umfasst die Erneuerung
der Luftverteidigung, der Seekriegsflotte sowie der Landstreit-
kräfte und baut fast vollständig auf russischer Waffentechnik
auf.»[2] Das Modernisierungsprogramm umfasst den Erwerb
von Kampfflugzeugen, Unterstützung bei der Konstruktion
von U-Booten, die Lieferung von Luft-Luft-Raketensystemen,

---

[2] Ilan Berman, *Tehran Rising* (New York: Rowman and Littlefield, 2005), S. 57–58.

Boden-Luft-Raketensystemen, Radarstationen, Infanterie-Kampffahrzeuge, Marine-Landungsfahrzeuge und Patrouillen-ausrüstung.[3] Russland unterstützt ausserdem das iranische Nuklearprogramm.

Ein Bericht aus dem Jahr 2016 bestätigt, dass ein neues Militärabkommen zwischen Russland und dem Iran russischen Jets gestattet, den Militärflugplatz Hamadan im Westen des Iran für Angriffe gegen syrische Rebellen zu nutzen. Damit hat das islamische Regime im Iran erstmals einer ausländischen Macht (in diesem Fall Russland) gestattet, islamisches Territorium als Operationsbasis für eine Militäroffensive gegen ein anderes Land in der Region zu benutzen.[4]

Es ist ebenfalls von grösster Bedeutung, dass der iranische Antisemitismus heute einen bisher nicht da gewesenen Höchststand erreicht. Ende 2016 erklärten iranische Führer, dass der Iran nun imstande sei, Israel zu vernichten. Der stellvertretende Kommandeur der Iranischen Revolutionsgarde rühmt sich, man habe «über 100 000 Raketen» bereitstehen, um das Kerngebiet des jüdischen Staates anzugreifen.[5] Er sagt sogar: «Heute gibt es noch weit mehr Gründe für die Vernichtung und den Zusammenbruch des zionistischen Regimes als je zuvor.»[6] Ebenso bekräftigt Achmad Karimpour, ein Chefausbilder der «Quds»-Eliteeinheit der Iranischen Revolutionsgarde: «Der Iran könnte Israel in acht Minuten zerstören, wenn Revolutionsführer Ayatollah Ali Khamenei den Befehl gäbe.»[7]

---

[3] Ebd.
[4] Kenneth R. Timmerman, «The Turkey-Russia-Iran Axis», *Front Page*, Online-Ausgabe vom 22. August 2016.
[5] Hazel Torres, «Iran Ready for ‹Annihilation› of Israel: More than 100 000 Missiles Are Ready to Strike Israel», *Front Page*, Online-Ausgabe vom 7. Juli 2016.
[6] Ebd. Siehe auch Majid Rafizadeh, «Iran: ‹More than 100 000 Missiles Are Ready to Strike Israel›», *Front Page*, Online-Ausgabe vom 12. Juli 2016.
[7] Rafizadeh, «Iran: ‹More than 100,000 Missiles Are Ready to Strike Israel›».

Man versichert uns: «Zehntausende anderer hochpräziser Langstreckenraketen mit dem nötigen Zerstörungspotenzial wurden an verschiedenen Orten in der gesamten islamischen Welt stationiert. Sie warten nur auf den Befehl; wenn also der Auslöser betätigt wird, wird der verfluchte schwarze Fleck ein für allemal von der geopolitischen Landkarte ausgelöscht.»[8] Warum hassen die Iraner Israel so sehr? Der Vorsitzende des strategischen Forschungszentrums beim iranischen Schlichtungsrat, Ali Akbar Velayati, sagt: Der Iran wird Israel nicht anerkennen, weil es ein «besetztes Gebiet» sei. In der Tat «glaubt der Iran, dass Israel den Palästinensern das Land geraubt hat».[9] Sie wollen ihr Land zurück. Es gehört Allah.

Die neue russisch-türkische Freundschaft

Russland bemüht sich eifrig darum, neben dem Iran auch mit anderen islamischen Nationen Bande zu knüpfen. Interessanterweise sind Russland und die Türkei einander in letzter Zeit näher gekommen – etwas Unerwartetes, da die Türkei doch Mitglied der NATO ist. Wie ist es dazu gekommen?

* Die Schockwellen, die der Putschversuch von 2016 in der Türkei auslöste, pflanzten sich über den ganzen Nahen Osten fort.
* Der russische Präsident liess dem türkischen Präsidenten Recep Tayyip Erdoğan etwa eine Stunde vor dem Putschversuch eine Warnung zukommen, was Erdoğan ermöglichte, rechtzeitig der unmittelbaren Gefahr zu entfliehen.

---

[8] Elad Benari, «Iranian Commander: Ground Is Ready to Destroy ‹Zionist Regime›», *Arutz Sheva*, Online-Ausgabe vom 7. Juli 2016.
[9] «Iranian Official: We Will Not Recognize Israel», *Middle East Monitor*, Online-Ausgabe vom 30. Juni 2016.

- Gleichzeitig fühlt Erdoğan sich von seinen NATO-Verbündeten einschliesslich der Vereinigten Staaten im Stich gelassen, weil diese ihn nach dem Putschversuch nicht genügend unterstützt hätten. Der damalige US-Aussenminister John Kerry ermahnte stattdessen die türkische Regierung, es sei unklug, sich gegen das türkische Militär zu stellen, denn «solche Handlungen hätten Konsequenzen für das Bündnis mit der NATO».[10]

- Inzwischen ist offenkundig, dass der Putschversuch vom früheren türkischen Imam Fethullah Gülen geleitet wurde, dem Gründer der Gülen-Bewegung, der heute im selbstgewählten Exil in Saylorsburg, Pennsylvania (USA) lebt. Nach dem Putsch verlangte Erdoğan seine Auslieferung an die Türkei, aber US-Beamte sagten, das müsse vor US-Gerichten geklärt werden. Das hat Erdoğan noch weiter verärgert.

- Während einer Pressekonferenz nannte Erdoğan kürzlich Putin «meinen lieben Freund» und versprach für die Zukunft enge Beziehungen – einschliesslich eines Militärbündnisses.

- Wie man sich denken kann, liess das in Washington die Alarmglocken schrillen.

Ein Nahost-Analyst meint:

Erdoğans jüngster Schmusekurs mit Putin ist eine Botschaft an die Vereinigten Staaten und ihre Verbündeten, dass die Türkei in der Region neue Freundschaften schliessen kann. Ganz offensichtlich macht sich der russische Präsident die Risse im NATO-Bündnis zunutze.[11]

---

[10] «As Russia and Turkey Cozy Up, U. S. Influence at Stake in Middle East», *Kansas City Star*, Online-Ausgabe vom 18. August 2016.
[11] Ebd.

Ein anderer Nahost-Experte warnt:

> Es handelt sich um eine sehr dynamische Situation. Ich denke, der türkische Präsident Erdoğan hat die NATO und sogar die EU aufgegeben – er bewegt sich derzeit mehr in Richtung Osten. Dass die Türkei und Russland jetzt darüber zu reden beginnen, wo sie stehen – besonders in Sachen Militärbündnisse –, eröffnet völlig neue Möglichkeiten nicht nur für eine bilaterale Zusammenarbeit [d. h. zwischen beiden], sondern auch eine regionale Zusammenarbeit in einem überaus interessanten Sinn.[12]

Noch ein anderer Analyst drückt es so aus:

> Die Türkei und der Iran bewegen sich gleichzeitig auf Russland zu, während Russland seine weltweite militärische und strategische Reichweite ausdehnt – all das zum Nachteil der Vereinigten Staaten und unserer Verbündeter. Das wird für die ganze Region bedeutende Auswirkungen haben und womöglich den US-Verbündeten Israel gegenüber einer massiven feindlichen Allianz isolieren, die atomar bewaffnet ist ... Manche, die an die biblische Prophetie glauben, verstehen diese Neugruppierung als einen weiteren Schritt hin zu der Allianz, die in Hesekiel 37 bis 38 erwähnt wird.[13]

Gott wird Israel verteidigen

Es sieht ganz so aus, dass die Bühne nun für die von Hesekiel geschilderte Invasion bereitsteht. In nicht allzu ferner Zukunft

---

[12] Sergej Karpukhin, «US Apopkectic as Turkey Pivots Eastward», *RT Op-Edge*, Online-Ausgabe vom 19. August 2016.
[13] Timmerman, «The Turkey-Russia-Iran Axis».

wird ein massives nördliches Militärbündnis eine Invasion nach Israel starten, wie sie noch nie zuvor gewesen ist. Sie wird wie eine unaufhaltsame Macht aussehen.

Natürlich wacht Gott immer über Israel, wie die Schrift sagt: «Siehe, der Hüter Israels schläft noch schlummert nicht» (Ps 121,4). So wird Er auch Israel gegen diese Invasion verteidigen. Die Angreifer mögen denken, dass ihr Erfolg völlig sicher ist, aber Gott weiss alles, und deshalb haben letztlich diejenigen, die Israel angreifen, nicht die geringste Chance.

Bedenken Sie, dass Gott Seinem Volk einst verheissen hat: «Keiner Waffe, die gegen dich geschmiedet wird, soll es gelingen» (Jes 54,17). Wenn wir im Alten Testament betrachten, wie Gott diese Verheissung erfüllt, stellen wir oft fest, dass Er in der Schlacht gegen Israels Feinde die entscheidende Rolle spielt (vgl. z. B. 2Mo 15,1-3 und Ps 24,7-10). Gott wird sogar oft mit militärischen Ausdrücken beschrieben, etwa als «HERR der Heerscharen» (2Sam 6,2.18).

Hesekiel 38,17-19 zeigt, dass Gott gegenüber den Angreifern aus dem Norden unter anderem «Grimm» und «Zornesglut» empfindet. Solche Worte zeigen, dass Gott es denen, die Sein Volk angreifen, in voller und anscheinend ungezügelter Härte vergelten wird.

Hesekiel 38,17-39,8 zeigt uns, wie Gott das nördliche Militärbündnis in jeder Hinsicht schlagen wird. Sein Gericht geschieht auf vierfache Weise:

Erstens wird ein katastrophales Erdbeben viele Truppen in den Tod reissen. Die Transportwege werden unterbrochen, was die Streitkräfte der Vielvölkerarmee in völliges Chaos stürzt (Hes 38,19-20).

Zweitens wird Gott bewirken, dass die Invasionstruppen gegenseitig aufeinander schiessen (Hes 38,21). Das dürfte zum Teil an der Verwirrung und dem Chaos liegen, die auf das massive Erdbeben folgen. Hinzu kommt noch, dass die Armeen der verschiedenen Nationen unterschiedliche Sprachen sprechen, darunter Russisch, Farsi, Arabisch und Türkisch, was die Kommunikation mindestens schwierig macht. Es könnte auch sein, dass die Russen und die islamischen Nationen sich gegeneinander wenden. Vielleicht vermuten sie inmitten des Chaos, dass die andere Seite sie verraten hat, und eröffnen deshalb das Feuer aufeinander. Auf jeden Fall wird es zahllose Todesopfer geben.

Drittens wird es zu einem plötzlichen und massiven Ausbruch von Seuchen kommen (Hes 38,22 a). Nach dem Erdbeben und dem Beschuss durch eigene Truppen liegen überall zahllose Leichen herum. Die Transportwege sind unterbrochen, sodass es schwierig bis unmöglich ist, die Verwundeten zu transportieren oder Nahrung und Medizin herbeizuschaffen. Inzwischen fressen sich Scharen von Vögeln und anderen Aasfressern an diesem unbestatteten Fleisch satt. All das sind Voraussetzungen für den Ausbruch einer Pandemie, die laut Hesekiel noch viele weitere Menschenleben fordern wird.

Viertens wird Gott auf die Invasionstruppen Hagelsteine, Feuer und brennenden Schwefel fallen lassen (Hes 38,22 b). Womöglich wird das gewaltige Erdbeben die Region mit vulkanischen Ablagerungen bedecken, nachdem ein Hagelschauer aus geschmolzenem Gestein und brennendem Schwefel in die Atmosphäre geschleudert wurden, die dann als vulkanische Asche auf die feindlichen Truppen fallen und sie so völlig vernichten.

Gott wird ausserdem auf den Süden der ehemaligen Sowjetunion «Feuer werfen» und ebenso auf deren Verbündete, «die auf den Inseln sicher wohnen» (Hes 39,6). Diese ernüchternden Worte führen den Prophetie-Experten Joel Rosenberg zu folgendem Kommentar:

Dies legt nahe, dass Ziele in ganz Russland und der ehemaligen Sowjetunion ebenso wie Russlands Verbündete auf übernatürliche Weise an diesem Tag des Gerichts geschlagen und zum Teil völlig vernichtet werden. Das könnte sich auf Silos von Nuklearraketen, Militärbasen, Radarstationen, Verteidigungsministerien, Geheimdienst-Hauptquartiere und andere verschiedenste Regierungsgebäude beschränken. Ebenso gut könnten aber auch als Ziele religiöse Zentren wie Moscheen, Madrassen, islamische Schulen und Universitäten sowie andere Einrichtungen betroffen sein, die Hass gegen Juden und Christen predigen und zur Zerstörung Israels aufrufen. So oder so müssen wir von erheblichen Kollateralschäden ausgehen, sodass viele Zivilisten sich in ernsthafter Gefahr befinden werden.[14]

Dieses Gericht dient dazu, jeden erdenklichen Vergeltungsschlag oder künftigen Invasionsversuch zu verhindern. Diesen bösen Mächten wird kein weiterer Angriff mehr auf Israel möglich sein!

Die Folge: eine Verschiebung des Gleichgewichts der Mächte

Gott wird dieses massive nördliche Militärbündnis vollständig vernichten: Russland, der Iran, die Türkei, der Sudan, Libyen und die anderen beteiligten islamischen Nationen. Daraus wird sich eine Verschiebung des Gleichgewichts der Mächte der Welt ergeben – sowohl in politischer als auch in religiöser Hinsicht. Diese Verschiebung wird es letztendlich dem Antichrist noch viel leichter machen.

---

[14] Joel Rosenberg, *Epicenter* (Carol Stream, IL: Tyndale House, 2006), S. 63.

Zum einen wird die vollständige Vernichtung des nördlichen Militärbündnisses es dem Antichrist viel leichter machen, die Weltherrschaft zu erlangen. Wenn Russland und eine Reihe ölreicher islamischer Nationen erst aus dem Weg sind, werden weit weniger Nationen mit politischem Einfluss seine Macht herausfordern, wenn er am Anfang der Drangsalszeit zur Herrschaft gelangt. Der Prophetie-Gelehrte Arnold Fruchtenbaum drückt es wie folgt aus: «Die Ost-West-Achse bildet zur Zeit ein Gleichgewicht der Macht ... Eines Tages jedoch wird diese Ost-West-Achse einer einheitlichen Weltregierung weichen. Nach Hesekiel 38,1–39,16 bricht der östliche Machtblock mit der Niederlage der russischen Streitkräfte in Israel und der Vernichtung Russlands zusammen. Dann ist der Weg frei für eine Welt-Einheitsregierung.»[15]

Mit der Vernichtung der islamischen Invasoren wird es auch viel leichter sein, den Friedenspakt des Antichrists mit Israel durchzusetzen (Dan 9,27). Die islamischen Mächte werden nie mehr eine Bedrohung für Israel darstellen. Ebenso erklärt dies gut, warum Israel imstande sein wird, auf dem Tempelberg seinen Tempel neu zu errichten. Immerhin wäre das praktisch unmöglich, solange die Moslems noch die Macht über den Tempelberg innehaben. Doch wenn Gott erst einmal die islamischen Armeen weitgehend vernichtet hat, ist dieses Haupthindernis für den Wiederaufbau des Tempels Israels aus dem Weg geräumt.

Ein Ausblick auf die Zukunft

Heute ist für praktisch all das die Bühne schon bereitet. Die Prophezeiungen werfen ihre Schatten voraus:

---

[15] Arnold G. Fruchtenbaum, *Handbuch der biblischen Prophetie*, Bd. 1 (Asslar: Schulte + Gerth, 1984), S. 115.

- Zahlreiche islamische Nationen sind zum Angriff auf Israel aufgestellt.
- Ihr Motiv ist reiner Judenhass. Sie wollen das Heilige Land zurückhaben – ein Land, das ihnen (wie sie glauben) von Allah versprochen wurde.
- Bündnisse Russlands mit diesen islamischen Nationen nehmen zu und festigen sich.
- Es hat schon einen Präzedenzfall der Verbrüderung Russlands mit islamischen Nationen gegen Israel gegeben.
- Mittlerweile sind die Pläne für einen Wiederaufbau des jüdischen Tempels schon fertig (mehr dazu im nächsten Kapitel).

Israel bleibt derzeit in hoher Alarmbereitschaft.

12. DIE JUDEN STEHEN BEREIT, DEN TEMPEL WIEDER AUFZUBAUEN

Der Tempel steht im Mittelpunkt des jüdischen Gottesdienstes. Zu alttestamentlicher Zeit wollte David den ersten Tempel für Gott erbauen, doch das sollte nicht geschehen. David war ein Krieger, und das genügte, um ihn dafür zu disqualifizieren. Erst sein Sohn Salomo liess diesen Tempel schliesslich erbauen (1Kön 6–7; 2Chr 3–4).

Der Grundriss des salomonischen Tempels basierte auf Anweisungen, die direkt von Gott kamen. Er bestand aus einem Heiligtum und einem Allerheiligsten. Im Heiligtum, dem äusseren Hauptraum, stand der goldene Rauchopferaltar, der Tisch für die Schaubrote, fünf Ölleuchter an jeder der beiden Längsseiten sowie zahlreiche Utensilien für den Opferdienst. Ein Doppeltor führte ins Allerheiligste, in dem sich die Bundeslade befand. Die Bundeslade stand zwischen zwei Cherubim aus Holz, die mit Gold überzogen und jeweils etwa fünf Meter hoch waren. Gott erschien im Allerheiligsten in einer Wolke der Herrlichkeit (1Kön 8,10-11).

Welche Tragik für das jüdische Volk, dass der Tempel Salomos schliesslich durch Nebukadnezar, den König des Babylonischen Reiches, 587 v. Chr. zerstört wurde! Seine Männer raubten alle Kultgegenstände von Wert, die sie im Tempel fanden.

Nach dem Babylonischen Exil, das 70 Jahre währte, erlaubte der persische König Kyros den Juden, nach Jerusalem heimzukehren und den Tempel wieder aufzubauen, der allerdings kleiner und dürftiger ausgestattet war als der Tempel Salomos. Den Juden wurde gestattet, die zahlreichen Kultgegenstände wieder mitzunehmen, die Nebukadnezars Männer geraubt hatten.

Die Rückkehrer aus dem Exil machten einen guten Anfang, aber bald ging ihnen die Luft aus. Ihnen entglitt der Mut, sodass die Propheten Haggai und Sacharja viel Mühe aufwenden mussten, um sie wieder zu ermuntern. Schliesslich wurde dieser Tempel 515 v. Chr. fertiggestellt. Allerdings war er bei Weitem nicht so prächtig wie der ursprüngliche Tempel Salomos. Die Schrift berichtet uns: «Aber viele der alten Priester und Leviten und Familienhäupter, die den früheren Tempel gesehen hatten, weinten laut, als der Grund für dieses Haus vor ihren Augen gelegt wurde» (Esra 3,12). Er besass nur wenig seiner früheren Herrlichkeit und war nur ein matter Abglanz des Originals. In diesem Tempel fehlte auch die Bundeslade, die nie wiederhergestellt worden war. Er hatte auch nur noch einen siebenarmigen Leuchter; Salomos zehn Leuchter wurden ebenfalls nie wiederhergestellt. Dieser geringere Tempel stand etwa 500 Jahre.

Danach begann Herodes der Grosse, den Jerusalemer Tempel zu renovieren – in einem Umfang, der praktisch einem Neubau gleichkam. Herodes glaubte, durch sein ehrgeiziges Bauprogramm, das 19 v. Chr. anfing, sowohl die Gunst seiner jüdischen Untertanen zu erlangen als auch die römische Obrigkeit zu beeindrucken. Erst 64 n. Chr. vollendet, übertraf der Bau sogar den Tempel Salomos an Grösse und Pracht (es wurde noch mehr Gold als bei diesem verwendet). Der riesige cremefarbene Tempel erstrahlte im Tageslicht ausserordentlich hell und mass etwa 450 Meter in Nord-Süd-Richtung und 300 Meter in Ost-West-Richtung.

Dieser erhabene Tempel wurde im Jahr 70 n. Chr. mit ganz Jerusalem durch Roms Soldaten unter Titus zerstört – nur sechs Jahre, nachdem das Bauprojekt vollendet worden war. Welche Ironie, dass ausgerechnet diejenigen, die Herodes in Rom beeindrucken wollte, den Tempel zerstörten!

Der Tempel der Drangsalszeit

Die prophetischen Schriften offenbaren uns, dass während der künftigen siebenjährigen Drangsalszeit ein weiterer jüdischer Tempel bestehen wird. Es ist wichtig festzustellen, dass *es keinen wieder errichteten jüdischen Tempel geben kann, solange es zuvor kein jüdisches Staatsgebiet gibt (ein wiedergeborenes Israel), in dem der Tempel wieder aufgebaut wird.* Israel wurde natürlich 1948 als Staat wiedergeboren, und seitdem strömen Juden aus aller Welt ins Heilige Land zurück (siehe Hesekiel 36–37). Nachdem nun die Juden in ihr Heimatland zurückgekehrt sind, erscheint es sinnvoll, dass sie schliesslich wieder einen neuen Tempel haben wollen.

Woher wissen wir, dass ein weiterer jüdischer Tempel erbaut werden wird? Dafür gibt es mehrere Hinweise in der Heiligen Schrift. Zunächst einmal warnte Jesus in Seiner Endzeitrede vor einem katastrophalen Ereignis, das während der künftigen Drangsalszeit stattfinden werde und das die Existenz eines weiteren Tempels voraussetzt: «Wenn ihr nun den Gräuel der Verwüstung, von dem durch den Propheten Daniel geredet wurde, an heiliger Stätte stehen seht ..., dann fliehe auf die Berge, wer in Judäa ist» (Mt 24,15-16). Mit dem «Gräuel der Verwüstung» ist die Entweihung des jüdischen Tempels durch den Antichrist gemeint, der sich nicht nur selbst in den Tempel setzen, sondern auch zur Mitte der Drangsalszeit ein Standbild von sich im Tempel aufstellen wird (Offb 13,14-15; 14,9-11; 15,2; 16,2; 19,20; 20,4). Wer diesen Akt barbarischen Götzendienstes im Tempel Gottes erleben wird, der wird vor Entsetzen ausser sich sein. Der Tempel wird dadurch völlig entweiht und verunreinigt. Das hebräische Wort, das hier benutzt wird, um diesen abscheulichen Akt zu beschreiben, bedeutet wörtlich «unrein machen» oder «stinkend machen». Es bezeichnet etwas Ekelerregendes und davon abgeleitet etwas moralisch Abscheuliches und Verwerfliches.

Ein solcher Gräuel von allerdings weit geringerem Ausmass fand 168 v. Chr. statt. Antiochus Epiphanes, der das Seleukidenreich von 175 bis zu seinem Tod 164 v. Chr. regierte und die Juden grausam verfolgte, entweihte damals den Altar im Jerusalemer Tempel, indem er darauf ein Götzenbild des Zeus aufstellte und diesem ein Schwein opferte, ein unreines Tier. Man kann Antiochus als Prototyp des kommenden Antichristen sehen.

Es ist faszinierend, darüber nachzudenken, wie die Schrift betont, der falsche Prophet werde dem Bild des Tieres (oder Antichristen) «Odem geben», sodass es «redete» Offb 13,15). Manche glauben, das Bild des Tieres werde – wie computergesteuerte sprechende Roboter von heute – auf mechanische Weise lediglich den Eindruck erwecken, es würde atmen und reden. Andere meinen, vielleicht würde ein holografisches Trugbild verwendet. Noch andere sehen hier übernatürliche Mächte am Werk. Vergessen Sie nicht, dass Satan äusserst intelligent ist und auch über begrenzte Fähigkeiten verfügt, die Naturgewalten zu manipulieren, wie es geschah, als er Hiob zusetzte (siehe Hiob 1–2). Angesichts seiner naturwissenschaftlichen Kenntnisse und seiner Fähigkeit, die Naturgewalten zu manipulieren, ist er auch imstande, zwecks Verführung irgendwie den Anschein zu erwecken, das Bild sei lebendig. Welche Erklärung auch zutreffen mag: Viele Menschen auf Erden werden durch das verführt, was sie als übernatürlich auffassen.

Die scheinbare Belebung, die der falsche Prophet dem Bild des Tieres verleiht, setzt es von den Götzen ab, die für die Zeit des Alten Testaments typisch waren. So lesen wir in Psalm 135,15-17:

Die Götzen der Heiden sind Silber und Gold,
von Menschenhand gemacht.
Sie haben einen Mund und reden nicht,

Augen haben sie und sehen nicht;
Ohren haben sie und hören nicht,
auch ist kein Odem in ihrem Mund.

Ebenso heisst es in Habakuk 2,19:

Weh dem, der zum Holz spricht: «Wach auf!»,
und zum stummen Steine: «Steh auf!»
Wie sollte ein Götze lehren können?
Siehe, er ist mit Gold und Silber überzogen,
und kein Odem ist in ihm.

Im Gegensatz zu solchen toten Götzen wird dieses Götzenbild des Antichrists quicklebendig, ja sogar gottgleich erscheinen.

Das Aufstellen dieses übernatürlichen Standbildes des Antichrists im jüdischen Tempel soll dazu dienen, die Menschen in aller Welt zur Anbetung des Antichrists zu verführen. Denken Sie daran: Weil der Antichrist sich an die Stelle Christi setzt, versucht er, ein und dieselbe Anbetung zu empfangen, die auch Jesus mehrmals während Seines dreijährigen irdischen Dienstes empfing.

Denken Sie auch an das biblische Gebot: «Du sollst keinen anderen Gott anbeten. Denn der HERR, dessen Name ‹Der Eifersüchtige› ist, ist ein eifersüchtiger Gott» (2Mo 34,14). Weil der Antichrist Anbetung fordert, setzt er sich an Gottes Stelle. Das Bild im Tempel ist ein Symbol seiner angeblichen Gottheit. Genau das schändet und entweiht den Tempel völlig, wie Jesus voraussagt (Mt 24,15).

Ich finde es bezeichnend, dass Jesus in Matthäus 24,15 von der Entweihung des Tempels spricht, denn in den Versen 1 und 2 betont Er, dass der *damalige* Tempel – der gewaltige Tempel, den Herodes erbaute – bald völlig zerstört würde: «Seht ihr nicht dies alles? Wahrlich, ich sage euch: Hier wird kein Stein auf dem anderen bleiben, der nicht abgebrochen wird» (Mt 24,2). Diese Prophezeiung wurde 70 n. Chr. buchstäblich erfüllt, als Titus mit seinen römischen Soldaten Jerusalem und den jüdischen Tempel überrollte. Der einzige Schluss, den man daraus ziehen kann, lautet: Wenngleich der Tempel der Zeit Jesu zerstört würde, so muss der «Gräuel der Verwüstung» in einem noch künftigen Tempel der Drangsalszeit geschehen.

Wir wissen ausserdem, dass es aufgrund der Prophetie über den Antichristen in Daniel 9,27 während der Drangsalszeit einen jüdischen Tempel geben wird (nach der im Original zitierten englischen Übersetzung; Klammereinschub und Hervorhebung durch den Verfasser):

> Und er [der Antichrist] wird mit dem Volk für eine Siebener-Zeiteinheit einen Bund schliessen; doch nach der Hälfte dieser Zeit *wird er die Schlacht- und Speiseopfer abschaffen*. Und als Höhepunkt der Gräuel wird er ein Götzenbild aufstellen, das den Tempel entweiht, bis den Verwüster am Ende das Schicksal ereilt, das ihm bestimmt ist.

Dass der Antichrist zur Mitte der Drangsalszeit eben genau «die Schlacht- und Speiseopfer abschaffen wird», bedeutet nichts anderes, als dass sie während der ersten Hälfte der Drangsalszeit erlaubt waren – *und das kann nur im jüdischen Tempel geschehen*.

Warum wird der Antichrist zur Mitte der Drangsalszeit alle Schlacht- und Speiseopfer abschaffen? Die Antwort ist einfach: Zu diesem Zeitpunkt wird der Antichrist sich zu Gott erklären, und *er allein* wird dann für alle, die auf Erden wohnen, das einzige erlaubte Objekt der Anbetung sein. In 2. Thessalonicher 2,4 heisst es über den Antichristen, dass er «sich über alles erhöht, was Gott oder anbetungswürdig heisst, sodass er sich in den

Tempel Gottes setzt und sich für Gott ausgibt». Der Antichrist – der Diktator über die ganze Welt – wird fordern, dass alle Welt ihn anbetet und abgöttisch verehrt. Jeder, der sich dem verweigert, wird bis zum Martyrium verfolgt. Der falsche Prophet, der Oberbefehlshaber des Antichrists, wird dafür sorgen.

Der Anspruch des Antichrists, Gott zu sein, steht in Einklang damit, dass er seine Macht von Satan empfängt (2Thes 2,9), der auch selbst schon früher nach Gottgleichheit strebte (Jes 14,13-14). Der Antichrist nimmt den Charakter dessen an, der ihm Macht verleiht.

Hierzu ist noch etwas anzumerken. Bedenken Sie, dass Jesus während Seines dreijährigen Dienstes den Tempel *reinigte* (Mk 11,15-19). Im Unterschied dazu wird der Antichrist den Tempel *verunreinigen*, wenn er «sich in den Tempel Gottes setzt und sich für Gott ausgibt» (2Thes 2,4). Wahrhaftig, der Antichrist ist das genaue Gegenteil Christi! Und wenn er sich zu Gott erklärt, wird sich die Lage der Juden in Jerusalem dramatisch ändern.

Jesus selbst weist in Seiner Endzeitrede darauf hin, wie schlimm es für die Juden sein wird und wie die Juden in Jerusalem um ihr Leben fliehen werden müssen (Mt 24,15-21):

Wenn ihr nun den Gräuel der Verwüstung, von dem durch den Propheten Daniel geredet wurde, an heiliger Stätte stehen seht (wer es liest, der achte darauf!), dann fliehe auf die Berge, wer in Judäa ist; wer auf dem Dach ist, der steige nicht hinab, um etwas aus seinem Haus zu holen, und wer auf dem Feld ist, der kehre nicht zurück, um seine Kleider zu holen. Wehe aber den Schwangeren und den Stillenden in jenen Tagen! Bittet aber, dass eure Flucht nicht im Winter noch am Sabbat geschieht. Denn dann wird eine grosse Drangsal sein, wie von Anfang der Welt an bis jetzt keine gewesen ist und auch keine mehr kommen wird.

Wenn diese entsetzlichen Ereignisse beginnen, sich in Jerusalem rasch zu entfalten, dann sollen die dort lebenden Juden – darauf drängt Jesus – sich nicht um ihren persönlichen Besitz sorgen. Vielmehr sollen sie zusehen, so schnell wie möglich aus der Stadt zu kommen. Die Zeit, die man für das Zusammensuchen des persönlichen Besitzes aufwendet, könnte über Leben und Tod entscheiden. Jesus gibt zu verstehen, dass die Bedrängnis für das jüdische Volk dramatisch und rasch eskalieren wird (Jer 30,7).

Gegenwärtige Vorbereitungen

Schon heute wirken verschiedene jüdische Einzelpersonen und Gruppen hinter den Kulissen darauf hin, einen künftigen Tempel vorzubereiten: Dinge wie die Menora aus reinem Gold, die Krone des Hohepriesters aus reinem Gold, Feuerpfannen und Schaufeln, das Gefäss, mit dem das Blut der Schlachtopfer ins Allerheiligste getragen wird, der Kupferkessel, die Leinengewänder der Priester, Steingefässe zur Aufbewahrung der Asche des rotbraunen Kalbes und dergleichen. Diese Gegenstände werden durch das Tempelinstitut in Jerusalem im Voraus angefertigt, damit alles bereit ist, sobald der Tempel erbaut sein wird.

Das Tempelinstitut hat kürzlich ein Video veröffentlicht, das den Bau des dritten Tempels ankündigt. Darin heisst es:

> Das Tempelinstitut widmet sich der Aufgabe, alles Nötige zu tun, um den dritten jüdischen Tempel auf dem Tempelberg zu erbauen ... Ein jeder von uns ist verpflichtet, allezeit den Wiederaufbau des heiligen Tempels vorzubereiten. Durch die Arbeit des Tempelinstituts während der letzten drei Jahrzehnte

---

[1] [Mitarbeiterstab von Arutz Sheva], «Preparation for Temple No Longer a Dream», *Temple Mount*, Online-Ausgabe vom 8. August 2016.

ist die Vorbereitung des Tempels kein Traum mehr, sondern Wirklichkeit, an der jeder teilhaben kann.[1]

Rabbi Ben-Dahan fügt hinzu, der Wiederaufbau Jerusalems sei unvollständig, ehe nicht der Tempelberg befreit und der Tempel wieder aufgebaut sei:

> Wir alle sind hier, um zu erklären: Wir sind nach Jerusalem zurückgekehrt und werden, so Gott will, das Herz [des Volkes] zubereiten, ebenso auch zum Tempelberg zurückzukehren und den Tempel wieder aufzubauen. Wir schämen uns nicht zu sagen: Wir wollen den Tempel auf dem Tempelberg wieder aufbauen.[2]

Ein Hauptkennzeichen dafür, dass der Wiederaufbau des Tempels unmittelbar bevorsteht, ist die Wiedereinsetzung des Sanhedrin (des Hohen Rats der Juden; Anm. d. Übers.) nach mehr als 1600 Jahren. Zu biblischer Zeit war der Sanhedrin der höchste Gerichtshof wie auch die gesetzgebende Versammlung der Juden und bestand aus 71 Rabbis. Der Prophetie-Experte Thomas Ice sagt:

> Die Wiedereinsetzung des Sanhedrin versteht man als Vorbote des Wiederaufbaus des Tempels und des Kommens des Messias. Orthodoxe Juden glauben, dass eine Körperschaft wie der Sanhedrin heute nötig sei, um den Wiederaufbau des Tempels zu überwachen und den Messias zu erkennen, falls er die Bühne des Weltgeschehens betritt.[3]

---

[2] Eliran Aharon, «We're Not Embarrassed to Say It: We Want to Rebuild the Temple», *Temple Mount*, Online-Ausgabe vom 15. August 2016.
[3] Thomas Ice, «Is It Time for the Temple?», Online-Artikel beim Pre-Trib Research Center, www.pretrib.org

Der neue Sanhedrin kam im Oktober 2004 zusammen und trifft sich nun monatlich in Jerusalem. Vermutlich wird der Rat anstreben, zum höchsten Regierungsorgan des modernen Israel zu werden. Anscheinend wird die Bühne für den baldigen Wiederaufbau des jüdischen Tempels vorbereitet. Der Prophetie-Gelehrte Arnold Fruchtenbaum drückt es so aus:

Das Jerusalemer Tempelinstitut hat die Geräte für den jüdischen Tempelgottesdienst wiederhergestellt; jüdische Männer, deren Abstammung von Aaron nachgewiesen ist und die man als Kohanim kennt [hebräisch: «Priester»; d. Übers.], werden in den Riten geschult, um im Tempel als Priester zu dienen; und jetzt erleben wir die Einsetzung einer massgeblichen Körperschaft, die zum Volk Israel in Sachen des jüdischen Glaubens spricht.[4]

All das trifft in unseren Tagen zusammen.

Bezeichnenderweise hat der neue Sanhedrin einen Aufruf veröffentlicht, Baupläne für den Wiederaufbau des Tempels einzureichen.[5] Um diesen zu bewerkstelligen, «wird die Gruppe ein Forum von Architekten und Ingenieuren einsetzen, um Planungen für den Wiederaufbau des Tempels zu beginnen – ein Schachzug, der unter der schweren Last religiöser und politischer Unbeständigkeit steht».[6] Bis dahin «rufen wir das jüdische Volk auf, für den Kauf von Baumaterial des Tempels zu spenden – einschliesslich der Sammlung und Vorbereitung von Fertig-

---

[4] Arnold Fruchtenbaum, *Ariel Ministries Newsletter* (Herbst/Winter 2004/2005), S. 4.
[5] «New ‹Sanhedrin› Plans Rebuilding of Temple: Israeli Rabbinical Body Calls for Architectural Blueprint», *WorldNetDaily.com* vom 8. Juni 2005.
[6] Ebd.

bauteilen, um diese zu lagern und für einen schnellen Aufbau ‹nach der Art König Davids› bereitzuhalten».[7]
Natürlich gibt es dabei ein Problem, das es zu lösen gilt. Der Prophetie-Gelehrte Mark Hitchcock liegt mit seiner folgenden Einschätzung richtig:

> Der islamische Felsendom, der auch Omar-Moschee genannt wird, ist das Haupthindernis für den Bau eines Tempels in Jerusalem, weil er dort steht, wo der Tempel wieder errichtet werden muss. Ebenfalls auf dem Tempelberg steht die Al-Aqsa-Moschee, die 715 n. Chr. erbaut wurde und nach Mekka und Medina als der drittheiligste Ort des Islams gilt. Moslems betrachten den Felsendom als die Krone des Tempelbergs.[8]

Irgendwie muss der Felsendom erst weichen, ehe der jüdische Tempel wieder errichtet werden kann.

Ich glaube, das wird infolge der von Hesekiel prophezeiten Invasion möglich, die wir weiter oben in diesem Buch erörtert haben. Wären die Moslems zu Anfang der Drangsalszeit noch an der Macht, wäre es für Israel äusserst schwierig, seinen Tempel auf dem Tempelberg zu bauen. Doch falls Gott vor der Drangsalszeit (oder *genau zu* deren Beginn) alle islamischen Armeen vernichtet haben sollte, dann wäre dieses Haupthindernis für den Wiederaufbau des Tempels Israels aus dem Weg. Es gäbe dann wenig bis gar keinen islamischen Widerstand.[9]

---

[7] Ebd.

[8] Mark Hitchcock, 101 Answers to the Most Asked Questions about the End Times (Colorado Springs: Multnomah Books, 2001), Zitat nach der eBook-Ausgabe, ohne Seitenzahl.

[9] Es ist durchaus möglich, dass die von Hesekiel prophezeite Invasion mehrere Jahre vor dem Beginn der Drangsalszeit stattfindet. Diese Möglichkeit dokumentiere ich ausführlich in meinem Buch *Northern Storm Rising* (Eugene, OR: Harvest House, 2008).

Ein mögliches Szenario wäre, dass der Antichrist selbst den Juden die Erlaubnis erteilt, ihren Tempel auf dem Tempelberg wieder aufzubauen, nachdem Gott die islamischen Invasoren vernichtet hat. Das würde dann zum «festen Bund» gehören, den er mit den Juden schliessen wird (Dan 9,27 Schlachter 2000). Ebenso merkt Thomas Ice an:

> Das würde bedeuten, dass die Juden imstande wären, den [islamischen] Felsendom zu entfernen und an dessen Stelle ihren dritten Tempel zu errichten. Nach meiner Schätzung könnte Israel – je nachdem, wie lange der Abriss des Felsendoms dauern würde – seinen Tempel gegen Ende des ersten Jahres nach Beginn der Sieben-Jahres-Periode fertigstellen.

Es könnte sein, dass der Wiederaufbau des Tempels unter übernatürlicher Leitung geschieht, etwa durch die zwei prophetischen Zeugen aus Offenbarung 11, die während der ersten Hälfte der Drangsalszeit auftreten. Da aus biblischer Sicht der Tempel nicht vor Mitte der Drangsalszeit wiederhergestellt sein muss (Dan 9,27), passt dieses Szenario recht gut in die biblische Chronologie.[10]

Randall Price, der ein massgebliches Buch zum Wiederaufbau des Tempels geschrieben hat (*The Coming Last Days Temple*), schliesst dieses mit den inspirierenden Worten:

> Was sagt das Ihnen und mir? Es bedeutet nicht nur, dass die Juden bereits im Begriff stehen, ihr Ziel zu erreichen, sondern nur noch einen Schritt davon entfernt sind! ... Der derzeitige

---

[10] Thomas Ice, «The Tribulation Temple», Online-Artikel beim Pre-Trib Research Center, www.pretrib.org

Konflikt um den Tempelberg und die Entschlossenheit der jüdischen Aktivisten, sich auf die Lösung dieses Konfliktes vorzubereiten, haben den Impuls geliefert, der nötig ist, um die
letzten verbleibenden Meter des «Aufstiegs» zu bewältigen.
Wir leben in einer Zeit, in der man kurz davor steht, sich an
den Wiederaufbau zu machen, und in der die Prophezeiungen
beginnen, sich zu erfüllen. Das wird rasch dazu führen, dass
die Welt den künftigen Tempel der letzten Tage sehen wird.[11]

Thomas Ice spricht liebevoll von seinem Rundgang beim Tempelinstitut in West-Jerusalem. Wie schon zuvor bemerkt, sind die
orthodoxen Juden, die diesem Institut angehören, eifrig damit
beschäftigt, Geräte für den Tempel der Drangsal vorzufertigen.
Als unsere Reiseleiterin gefragt wurde, wie wohl der Tempel auf
dem derzeit belegten Tempelberg gebaut werden könne, ant-
wortete sie: «Ich habe keine Ahnung, aber ich weiss: Der Herr
wird es zustande bringen, um das Ende der Tage einzuläuten.»[12]
In der Tat: Der Herr wird es zustande bringen!

---

[11] Randall Price, *The Coming Last Days Temple* (Eugene, OR: Harvest House, 1999),
    S. 592.
[12] Ice, «Is It Time for the Temple?»

13. SCHÖNE NEUE BARGELDLOSE WELT

In unseren Tagen werden wir Zeugen gewaltiger Schritte hin zur Globalisierung. Wir werden Zeugen von Bankenfusionen wie auch der Zentralisierung der Finanzregulation. Sogar in den Vereinigten Staaten erleben wir eine Bewegung weg von nationaler Souveränität hin zu eher globalistisch ausgerichteten Problemlösungen (mehr dazu in Kapitel 15). Da fängt man doch an, sich zu fragen, ob der Antichrist schon in den Startlöchern darauf wartet, endlich seine Rolle als Hauptgeschäftsführer der Endzeit zu übernehmen und die Weltwirtschaft unter seine Kontrolle zu bringen.

Wenn der Antichrist in der Drangsalszeit auf der Bühne erscheint, wird die Welt ihn mit offenen Armen annehmen. Er wird scheinbar die Lösung für alle Probleme der Menschheit haben. Er wird Stabilität und Ordnung versprechen und hat scheinbar auch die Macht und Weisheit, es zuwege zu bringen. Danach aber wird er die Menschheit mit eiserner Faust regieren und ihr in der zweiten Hälfte der Drangsalszeit ein Regelwerk aufzwingen, innerhalb dessen niemand mehr kaufen oder verkaufen kann, ohne das Zeichen des Antichrists anzunehmen (Offb 13,16-18).

Es gibt eine moderne Entwicklung, die dazu beiträgt, den Weg hierfür zu bahnen: Wir bewegen uns rapide auf eine bargeldlose Welt zu. Die Technik, die man schon jetzt einsetzt, wird zukünftig fraglos durch die Truppen des Antichrists genutzt werden, um das Bargeld vollständig abzuschaffen. Sicher, die

Schrift sagt nicht geradeheraus, die Welt würde in der Endzeit «bargeldlos» sein, aber das wird eindeutig und unmissverständlich vorausgesetzt.

Offenbarung 13 schildert uns zwei «Tiere»: den Antichrist und den falschen Propheten. Dieses teuflische Duo wird die ganze Welt unterjochen, sodass niemand mehr kaufen oder verkaufen kann, der nicht das Zeichen des Tieres annimmt. Es heisst dort: Der falsche Prophet «bringt alle, die Kleinen und die Grossen, die Reichen und die Armen, die Freien und die Sklaven, dazu, sich auf die rechte Hand oder auf die Stirn ein Zeichen machen zu lassen, sodass niemand mehr etwas kaufen oder verkaufen kann, es sei denn, er habe das Zeichen: den Namen des Tieres oder die Zahl seines Namens» (V. 16-17).

Der falsche Prophet wird versuchen, die Menschen zur Anbetung des Antichrists zu bringen, der anderweitig auch der «Mensch der Gesetzlosigkeit» genannt wird (2Thes 2,3). Er wird sie zu folgender Entscheidung zwingen: Entweder nimmt man das Zeichen des Tieres an und betet den Antichrist an, oder man verhungert, weil man weder kaufen noch verkaufen kann.

Später heisst es in Offenbarung 14,1: «Und ich schaute: Und siehe, das Lamm stand auf dem Berg Zion und mit ihm hundertvierundvierzigtausend, die seinen Namen und den Namen seines Vaters auf ihrer Stirn geschrieben hatten.» Es sieht so aus, als wäre das Zeichen des Antichrists eine Parodie der Versiegelung der 144 000 Zeugen durch Gott in Offenbarung 7 und 14. Die Prophetie-Experten Thomas Ice und Timothy Demy legen folgende Deutung nahe:

Gottes Siegel seiner Zeugen ist höchstwahrscheinlich unsichtbar und dient dem Schutz vor dem Antichrist. Dieser wiederum bietet Schutz vor dem Zorn Gottes an – ein Versprechen, das er nicht einlösen kann – und sein Zeichen ist äusserlich und sichtbar. ... Das einzige Mal in der Weltgeschichte wird ein äusserliches Zeichen diejenigen kennzeichnen, die Christus und sein Evangelium der Vergebung der Sünden verwerfen.[1]

Wer das Zeichen des Antichrists annimmt, sagt damit unausgesprochen, dass er ihn als Führer anerkennt und mit seinen Zielen konform geht. Niemand wird dieses Zeichen aus Versehen annehmen. Man muss sich dazu entscheiden, wobei alle Fakten klar auf dem Tisch liegen. Es ist eine bewusste Entscheidung mit ewigen Konsequenzen. Wer sich entscheidet, das Zeichen anzunehmen, wird sich völlig darüber im Klaren sein, was er tut.

Das wird zu einer radikalen Polarisierung der Menschen während der Drangsalszeit führen; es gibt keinen neutralen Boden. Man entscheidet sich entweder *für* oder *gegen* den Antichrist; man entscheidet sich entweder *für* oder *gegen* Gott. Zwar meinen unsere Zeitgenossen, sie könnten Gott und dass Seine Gebote für sie gelten ausweichen, indem sie Neutralität heucheln; doch eine solche Neutralität wird während der Drangsalszeit unmöglich sein. Man muss sich also entweder entscheiden, das Zeichen anzunehmen und zu leben (indem man zwecks Broterwerb imstande ist, zu kaufen und zu verkaufen), oder das Zeichen abzulehnen und Leiden und womöglich den Hungertod in Kauf zu nehmen.

Wehe denen, die das Zeichen des Tieres annehmen! In Offenbarung 14,9-10 steht, wie ein Engel ankündigt: «Wer das Tier und sein Bild anbetet und sich ein Zeichen machen lässt auf die Stirn oder auf die Hand, wird selbst auch trinken müssen vom Zorneswein Gottes, der unverdünnt gemischt ist im Becher seines Zornes, und wird gepeinigt werden in Feuer und Schwefel,

---

[1] Thomas Ice u. Timothy Demy, *The Coming Cashless Society* (Eugene, OR: Harvest House, 1996), S. 125–126; 80.

im Angesicht der heiligen Engel und des Lammes.» Ebenso sagt uns Offenbarung 16,2: «Und der erste [Engel] ging hin und goss seine Schale aus auf die Erde; und es entstand ein böses und schlimmes Geschwür an den Menschen, die das Zeichen des Tieres hatten und die sein Bild anbeteten.»

Es gibt absolut kein Entrinnen für die, die dem Antichrist und seiner Sache Treue schwören: Sie *alle* werden den Zorn unseres heiligen und gerechten Gottes zu spüren bekommen! Wie schrecklich wird es für diese Menschen sein, Gottes Zorn und Rache unverkürzt mit voller Wucht zu empfangen (Ps 75,9; Jes 51,17; Jer 25,15-16)!

Wer hingegen an den Herrn Jesus Christus glaubt, wird sich weigern, das Zeichen des Tieres anzunehmen, und für immer gerettet sein. In Offenbarung 20,4 steht: «Und ich sah die Seelen derer, die enthauptet waren um des Zeugnisses von Jesus und um des Wortes Gottes willen und die nicht angebetet hatten das Tier und sein Bild und die sein Zeichen nicht angenommen hatten an ihre Stirn und auf ihre Hand; diese wurden lebendig und regierten mit Christus tausend Jahre.»

Das Zeichen des Tieres: ein Ausweis im Geschäftsleben

Was ist dieses Zeichen, und wie wird es an Menschen angebracht? Anscheinend werden die Menschen in jenen Tagen sichtbar gekennzeichnet, so wie heute Vieh ein Brandzeichen bekommt – und wie zu biblischer Zeit Sklaven, Soldaten und Anhänger bestimmter Religionen gekennzeichnet wurden. Der Bibellehrer Robert Thomas erklärt es folgendermassen:

> Das Zeichen muss irgendeine Kennzeichnung sein ähnlich der, die Soldaten, Sklaven und Anhänger von Tempelkulten zur Zeit des Johannes empfingen. In Kleinasien waren die Anhänger heidnischer Religionen entzückt, wenn sie eine

Tätowierung vorzeigen konnten, die sie als Eigentum eines bestimmten Gottes auswies. In Ägypten kennzeichnete Ptolemäus Philopator I. diejenigen Juden, die sich als Verehrer des Dionysus einschreiben lassen hatten, mit der Tätowierung eines Efeublattes (vgl. 3Makk 2,29). Diese Bedeutung erinnert an die uralte Praxis, Symbole zu tragen, die eine religiöse Loyalität zum Ausdruck bringen (vgl. Jes 44,5) und geschieht in Anlehnung an den Brauch, Sklaven mit dem Namen oder Emblem ihres Eigentümers zu kennzeichnen (vgl. Gal 6,17). Der [griechische] Begriff *cháragma* bezeichnet das Bild bzw. den Namen des Kaisers auf römischen Münzen; somit kann es sehr gut passen, dies auf das Zeichen des Tieres anzuwenden, das auf Menschen angebracht wird.[2]

Diese Kennzeichnung – das Zeichen des Tieres – wird während der künftigen Drangsalszeit ein Ausweis im Geschäftsleben sein. Der Prophetie-Lehrer Arnold Fruchtenbaum meint zum Zeichen des Tieres: «Alle diejenigen erhalten es, die sich der Herrschaft des Antichrists unterwerfen und ihn als Gott anbeten. Es dient auch als Ausweis im täglichen Geschäftsleben (V. 17 a). Ohne dieses Zeichen kann niemand kaufen oder verkaufen.»[3]

Das Zeichen an sich ist keine Hochtechnologie
Eine ganze Reihe von Prophetie-Enthusiasten der Vergangenheit haben behauptet, das Zeichen würde ein Hightech-Chip oder etwas Ähnliches sein, der unter die Haut gepflanzt wird. Ich glaube zwar, dass die moderne Technik dem Antichristen und dem falschen Propheten ermöglichen wird, den Menschen

---

[2] Robert Thomas, *Fast Facts on Bible Prophecy from A to Z* (Eugene, OR: Harvest House, 2004), S. 129; zit. nach Ice u. Demy, a. a. O.
[3] Arnold Fruchtenbaum, *Handbuch der biblischen Prophetie*, Bd. 1 (Asslar: Schulte + Gerth, 1984), S. 218.

das Zeichen des Tieres *aufzuzwingen* (sodass niemand ohne das Zeichen kaufen oder verkaufen kann); doch wir müssen zwischen dieser Technologie und dem Zeichen des Tieres unterscheiden, denn die Technologie an sich ist nicht das Zeichen. Das Zeichen, das laut der Schrift «auf» der rechten Hand oder der Stirn ist, nicht «in» oder «unter» der Haut (Offb 13,16), bringt die Untertanentreue unter den Antichrist zum Ausdruck. Aber das ist etwas ganz anderes als die Technik, die ihn befähigt, sein Wirtschaftssystem den Menschen aufzuzwingen. Mein früherer Dozent für Prophetie John F. Walvoord, der inzwischen beim Herrn im Himmel ist, hat einmal erklärt, wie die technische Entwicklung eine solche Kontrolle der Wirtschaft ermöglichen wird, je nachdem jemand das Zeichen angenommen hat oder nicht:

Zweifellos wäre ein uneingeschränkter Weltherrscher mit der heutigen Technologie imstande, eine ständig aktualisierte Volkszählung aller lebenden Menschen durchzuführen und Tag für Tag genau zu erfahren, wer sich ihm unterworfen und das Zeichen angenommen hat und wer nicht.[4]

Es sei sehr wahrscheinlich, dass «Chip-Implantate, Scan-Technik und Biometrie dafür eingesetzt werden, um seine Gesetzgebung durchzusetzen, dass niemand ohne das Zeichen kaufen oder verkaufen kann».[5]

Bye bye, Bargeld

In bestimmten Bereichen kann man in unserer Gesellschaft schon jetzt nur noch bargeldlos zahlen. Wenn Sie zum Beispiel

---

[4] John F. Walvoord, *Prophecy: 14 Essential Keys to Understanding the Final Drama* (Nashville, TN: Thomas Nelson, 1993), S. 125.
[5] Ice u. Demy, a. a. O., S. 132.

in einem Flug mit American Airlines antreten, wie ich selbst Dutzende Male im Jahr, wird der Flugbegleiter Ihnen mitteilen, dass Sie bei ihm Sandwiches kaufen können, aber nur bargeldlos. Man sagt den Reisenden: «American Airlines fliegt bargeldlos.» Andere Fluglinien haben hier gleichgezogen, darunter Southwest, Alaska Airlines, JetBlue, AirTran, Virgin America und Midwest Airlines.

Inzwischen wird auch bei der Benutzung mautpflichtiger Strassen durch den Einsatz von «Smart Technologies» Ihre Kreditkarte oder Ihr Bankkonto automatisch belastet, sodass man nicht einmal mehr an einer Mautstelle anhalten und per Hand bar zahlen muss. All das geschieht ohne grosses Aufheben, und die Leute nehmen es nicht einmal bewusst wahr, dass sofort und nahtlos ein Geldtransfer stattfindet, sobald sie auf die Mautstrecke fahren.

Das Ende des Bargeldes ist bereits eingeläutet. Laut Aussage von Ökonomen nimmt die Menge des im Umlauf befindlichen physischen Bargeldes schon heute rapide ab. Tatsächlich ist heute weniger als die Hälfte des Bargeldes im Umlauf wie noch in den 1970er-Jahren! Warum? Weil immer mehr Menschen bargeldlose Zahlungsmöglichkeiten nutzen, wie etwa Kreditkarten, Debitkarten, Apple Pay und Android Pay. Eine weitere Möglichkeit für bargeldlose Zahlungen sind RFID-Chips (RFID = Radio Frequency Identification, Identifikation über Funk), die unter die Haut gepflanzt werden und Finanzdaten speichern können. Dem allem gehört die Zukunft. Auch die Schecks der wenigen, die diese heute noch benutzen, werden gewöhnlich von einem Scanner eingelesen, der das Geld umgehend von ihrem Konto abbucht und auf das Konto des Empfängers überweist.

Derzeit erfolgen über 70 Prozent aller Endkunden-Zahlungen in den USA elektronisch. Allein in den USA sind über zwei Milliarden Kreditkarten in Gebrauch. Angesichts dessen stellt ein Ökonom fest:

Die lange vorausgesagte «bargeldlose Gesellschaft» ist klammheimlich Wirklichkeit geworden – oder beinahe. Elektronisches Geld ist billiger als Bargeld oder Schecks ... [und] bequemer. ... Wenn Plastik und Geld gleichbedeutend geworden sind, haben wir eine kulturelle wie auch ökonomische Wasserscheide überschritten.[6]

Manche Ökonomen meinen, Bargeld könne eines Tages überflüssig werden. Banknoten und Münzen wird man nur noch in Geschichtsbüchern sehen. Wie ein Finanzexperte kürzlich anmerkte, ist es durchaus möglich, dass Einzelhandelsgeschäfte demnächst jedes Mal einen Aufschlag berechnen, wenn Sie in bar bezahlen.

Begleitumstände der Erfüllung biblischer Prophetie

Wenn Sie die biblische Prophetie studieren, müssen Sie im Sinn behalten, dass die Prophezeiungen zwar recht spezifisch sind, die Zeitgenossen der Propheten jedoch keine Ahnung hatten, unter welchen Begleitumständen sich die Prophezeiung schliesslich erfüllen würde. Zum Beispiel sagt Micha 5,2 voraus, dass der Messias in Bethlehem geboren würde. Doch Josef und Maria wohnten in Nazareth. Wie also würde es Josef und Maria nach Bethlehem verschlagen, damit die Prophezeiung sich erfüllt?

Lukas 2,1 beantwortet diese Frage: «Es geschah aber in jenen Tagen, dass ein Erlass ausging vom Kaiser Augustus, alle Welt solle sich in Steuerlisten eintragen lassen.» Lukas 2,3 erklärt, dass die Leute sich für diese Volkszählung in ihrer Heimatstadt eintragen lassen mussten. Das war in Josefs Fall Bethle-

---

[6] Robert Samuelson, zit. in David Jeremiah, *The Coming Economic Armageddon: What Bible Prophecy Warns About the New Global Economy* (New York: Faith Words, 2010), S. 162–164.

hem. Während sie auf Anordnung der Regierung in Bethlehem waren, gebar Maria Jesus.

In Michas Tagen jedoch konnte niemand ahnen, dass jene Volkszählung zur Erfüllung seiner Prophezeiung führen würde. Nur Gott selbst konnte dieses Detail wissen. Dasselbe kann man über Sacharja 12,10 sagen. Dort heisst es über den Messias, dass man ihn «durchbohrt» habe. Wie aber würde das geschehen? Die Weissagung geschah Jahrhunderte, bevor die Kreuzigung für Rom zur Hinrichtungsmethode der Wahl wurde. Somit war für Sacharjas Zeitgenossen unvorstellbar, unter welchen Umständen diese Prophezeiung sich eines Tages erfüllen sollte (Hinrichtung durch Durchbohren oder Kreuzigen).

Ebenso erwähnt die Bibel weder Computer noch Cyberspace, Internet oder eine bargeldlose Gesellschaft, wenn sie von der Einheits-Weltwirtschaft und der Herrschaft des Antichrists über die Wirtschaft während der Drangsalszeit spricht. Doch ganz eindeutig ermöglichen diese neuen Technologien zum ersten Mal in der Menschheitsgeschichte, dass diese Prophezeiungen erfüllt werden. Jetzt wird alles klar.

Ich denke, es steht völlig ausser Zweifel, dass ein bargeldloses System der Kontrollmechanismus des Antichrists dafür sein wird, wer während der Drangsalszeit etwas kaufen oder verkaufen kann. Schliesslich könnten, wenn die Weltwirtschaft dann immer noch auf Bargeld basierte, weiterhin diejenigen, die Bargeld besitzen, damit kaufen und verkaufen. In einer solchen auf Bargeld basierenden Wirtschaft wäre es dem Antichrist unmöglich, durchzusetzen, wer kaufen oder verkaufen kann. Nur in einer Welt ohne Bargeld – mit einem zentralisierten elektronischen Überweisungswesen, in dem alles vollautomatisch kontrolliert wird – wäre das möglich. «Es liegt auf der Hand, dass jeder politische Führer, der die Kontrolle über die

Weltwirtschaft an sich reissen will, die Macht ausnutzen würde, die ein elektronisches bargeldloses Zahlungssystem bietet, um die totale Überwachung durchzusetzen.»[7]

Ich habe schon ein paar Mal in diesem Buch angemerkt, dass Prophezeiungen oft ihren Schatten vorauswerfen. Daher trifft zu, was der Bibelausleger David Jeremiah sagt: «Der neueste Stand der Technik bietet heute alles, was der Antichrist und der falsche Prophet brauchen, um die Welt für ihre bösen Absichten zu vernetzen. Genau jetzt liegt es für eine Zentralgewalt im Rahmen des Möglichen, die Kontrolle über alle Bank- und Kaufvorgänge zu erlangen.» Jeremiah fährt dann fort zu ermahnen: «Da wir sehen, dass gerade jetzt langsam Dinge Gestalt annehmen, die für die Drangsalszeit vorausgesagt wurden, macht uns das bewusst, dass die Wiederkunft des Herrn gewiss nicht mehr fern ist.»[8]

Supercomputer in einer Welt ohne Bargeld

Es ist geradezu amüsant, Science-Fiction-Sendungen aus den 1970er-Jahren zu sehen. Ich sage das, weil mein MacBook Pro ungeheuer viel schneller ist als das Computersystem auf dem *Raumschiff Enterprise*, wo grüne Wörter auf einem schwarzen Bildschirmhintergrund ungefähr so schnell erscheinen wie bei einem alten Fernschreiber.

Was den Computer der *Enterprise* noch belustigender macht, sind die (im Vergleich zu ihm) superschnellen Computer von heute. Sie sind *derart* schnell, dass man kaum die passenden Worte findet, um das zu beschreiben. IBM hat einen Supercomputer namens «Sequoia» entwickelt, der so schnell ist, dass er mit Leichtigkeit 20 Trillionen Berechnungen pro Sekunde abwi-

---

7 Ice u. Demy, a. a. O., S. 85–86.
8 Jeremiah, a. a. O., S. 162–164.

ckeln kann. Wie schnell ist das? Nun, wenn mehrere Milliarden Menschen auf der Erde gemeinsam einen Taschenrechner für eine gewaltige Rechenaufgabe benutzen würden – und alle täglich und rund um die Uhr damit beschäftigt wären –, dann würden sie über 300 Jahre für das brauchen, was Sequoia in einer einzigen Stunde erledigen kann.[9]

Heute steht reichlich Rechenleistung zur Verfügung, um eine globale Welt-Einheits-Wirtschaft zu überwachen, ja, zu kontrollieren. Wir brauchen gar nichts Neues mehr erfinden, um all das zu ermöglichen. Die Technik von *heute* ist mehr als ausreichend, damit der Antichrist künftig die Welt kontrollieren kann.

Die Verlockung einer bargeldlosen Gesellschaft

Der Drang zur bargeldlosen Gesellschaft ist deshalb stark, weil sie (jedenfalls nach der Meinung vieler) vielfachen Nutzen bietet. Technik macht das Leben leichter. Es ist leichter, über das Telefon zu kommunizieren, statt einander quer über die Strasse etwas zuzubrüllen. Es ist leichter, mit dem Auto einkaufen zu fahren, statt zu Fuss zu gehen. Es ist leichter, die WC-Spülung zu bedienen, statt nach draussen aufs «stille Örtchen» zu gehen. Eine Klimaanlage bietet mehr Komfort und Annehmlichkeit als ein Fächer in der Hand. Ebenso ist es leichter, bargeldlos einzukaufen, und bequemer, als Papiergeld und Münzen mitzunehmen.

Es gibt kaum noch Geschäfte, in denen man nicht mit Kreditkarte oder Debitkarte einkaufen kann. Die überwiegende Mehrzahl der Einkäufe in Lebensmittelgeschäften wird heute per Karte abgewickelt, ebenso auch Einkäufe im Internet. Viele

---

9 Mark Hitchcock, *Cashless: Bible Prophecy, Economic Chaos, and the Future Financial Order* (Eugene, OR: Harvest House, 2010), S. 75–76.

Rechnungen werden per Online-Banking beglichen. Die Möglichkeit zur bargeldlosen Bezahlung ist bereits weithin gegeben, weil sie derart bequem ist, und das wird sich in Zukunft nur noch steigern.

Ebenso teilen Bundesbehörden mit, dass pro Jahr Falschgeld im Nennwert von über 100 Millionen US-Dollar aus dem Verkehr gezogen wird. In einer bargeldlosen Gesellschaft wird Falschgeld der Vergangenheit angehören.

Ausserdem würde eine bargeldlose Gesellschaft es Möchtegern-Dieben unmöglich machen, die Kasse eines Geschäfts auszurauben. In einer bargeldlosen Gesellschaft kann es keine Raubüberfälle auf Kassen mehr geben.

Verschiedene Arten von Verbrechen werden ebenfalls verschwinden. In einer Gastkolumne des *Wall Street Journal* zählte der Harvard-Professor Kenneth Rogoff kürzlich eine Reihe von Verbrechen auf, die derzeit durch Bargeld möglich sind: «Gangstertum, Erpressung, Geldwäsche, Rauschgift- und Menschenhandel, Bestechung von Beamten sowie Terrorismus.»[10] Das alles und noch viel mehr wird es in einer Welt ohne Bargeld wahrscheinlich kaum noch geben.

Darüber hinaus würde sich in einer bargeldlosen Gesellschaft niemand mehr mit Keimen infizieren, die über Geldscheine und Münzen verbreitet werden, die von einer Hand zur anderen wandern. Kürzlich brachte der *Scientific American* einen Artikel, der wissenschaftlich belegt, dass Geldscheine ein beträchtliches Reservoir für Grippeviren sein können – und dass solche Viren auf einem Geldschein sage und schreibe 17 Tage lang überleben können.[11] Auf bargeldlose Zahlung umzustellen, könnte für Sie daher gesünder sein.

---

[10] «Will the U. S. Become a Cashless Society?», *Chicago Tribune*, Online-Ausgabe vom 9. September 2016.
[11] Zit. in Jeremiah, a. a. O., S. 162–164.

Mehr noch: Wenn Sie in einer bargeldlosen Gesellschaft Ihre Geldbörse verlieren, ist das weniger schmerzlich, weil Sie kein Bargeld verlieren. Darüber hinaus ist bargeldloses Bezahlen schlicht und einfach bequem. *Kurz und schmerzlos.*

Es gibt noch etwas. Viele Arbeiter sind heute in Geschäftsbereichen tätig, wo Bargeld eingenommen wird – und viele dieser Bareinnahmen werden auf der Steuererklärung verschwiegen. Steuerhinterziehung würde in einer bargeldlosen Gesellschaft ein für allemal Vergangenheit sein. Allein das schon ist für die Regierung besonders ansprechend.

Nun heisst das nicht, dass diese Technologien an sich böse wären, weil eine Welt ohne Bargeld es dem Antichrist während der Drangsalszeit ermöglichen würde, die Kontrolle über die Weltwirtschaft zu erlangen. Technologie kann zum Guten wie zum Bösen benutzt werden und ist daher moralisch neutral. Es ist somit schön und gut für uns alle, wenn wir Smartphones, Kreditkarten, Online-Banking und dergleichen benutzen. Was ich Ihnen einzig und allein sagen will, ist:

Die Bühne für das, was laut Vorhersage der Propheten vor alters während der künftigen Drangsalszeit geschehen soll, wird heute bereitet. Wir leben heute zweifellos in einer Zeit, in der Weisheit nötig ist.

Gegenwart und Zukunft

Der Trend ist eindeutig. Wir eilen darauf zu, dass Bargeld auf der ganzen Welt abgeschafft wird. Ein jüngst erschienener Artikel mit dem Titel «Bargeldzahlung hier nicht möglich» besagt:

Um eine Ahnung zu bekommen, wie die amerikanische Gesellschaft künftig aussehen mag, braucht man nur nach Schweden zu blicken. ... Das skandinavische Land ist weitgehend zu einer bargeldlosen Gesellschaft geworden, in der Konsumenten auf Zahlung per Mobiltelefon oder Plastikkarte angewiesen sind. Zwar sind die USA immer noch weit davon entfernt, dasselbe Niveau der Bargeldlosigkeit erreicht zu haben, doch eine zunehmende Anzahl von Restaurants und Einzelhändlern blickt auf die armselige Dollarnote nur noch verächtlich herab.[12]

Ein Grund dafür, dass die US-Regierung für einen Wechsel zur Bargeldlosigkeit sein dürfte, liegt darin, dass unser Land 200 Milliarden US-Dollar allein dafür aufwendet, um den Bargeldkreislauf aufrechtzuerhalten. Ein Wechsel zur Bargeldlosigkeit würde uns eine ganze Menge Zeit und Geld ersparen.

Es mag seltsam scheinen, dass manche Einzelhändler auf die Dollarnote verächtlich herabblicken, aber das geschieht im echten Leben wirklich so. Ein Ökonom grübelt wie folgt darüber nach: «Falls Sie einen Schal kaufen wollen, der im Preis – sagen wir – auf 50 Dollar reduziert wurde, dann versuchen Sie nicht einmal, bar zu bezahlen. Der Laden wird Ihre Hunderter – oder Zehner, Zwanziger oder Fünfziger – nicht annehmen ... Diese seltsame Bargeld-Verweigerung bringt Sie ins Nachdenken. Wie nahe sind wir schon einer bargeldlosen Gesellschaft tatsächlich gekommen?» In der Tat: Wir «stehen kurz davor, zu erleben, dass immer mehr Geschäfte kein Bargeld mehr annehmen».[13]

In einer Gallup-Umfrage von 2016 «sagten 62 Prozent der Amerikaner, sie glaubten, das Land würde noch zu ihren Lebzeiten zu einer bargeldlosen Gesellschaft. Diese Vermutung

---

[12] Aimee Picchi, «Cash Not Welcome Here», *Moneywatch*, Online-Ausgabe vom 12. August 2016.
[13] Susan Tompor, «A Cashless Society? Some Retailers Turn Noses Up at Currency», *Detroit Free Press*, Online-Ausgabe vom 5. September 2016.

wird dadurch bestärkt, dass sich der Gebrauch von Kreditkarten, Debitkarten und anderen elektronischen Zahlungsmitteln immer weiter verbreitet. Kurz gesagt: Durch die Untersuchung kam heraus, dass sich immer mehr Menschen mit dem Gedanken anfreunden können, kein Bargeld in der Tasche zu haben.» Die Gallup-Umfrage gelangt zu dem Schluss: «Barzahlung gehört immer weniger zum Kaufverhalten der Amerikaner.»[14]

Eine Reihe von Staaten hat jüngst die Möglichkeit der Einführung einer digitalen Währung erforscht. «Die Zentralbanken von China, Grossbritannien und Kanada (um nur ein paar zu nennen) haben untersucht, ob es möglich ist, eine digitale Währung zu entwickeln.» Was macht diese so attraktiv? «Eine digitale Währung auszugeben, wäre viel billiger, als Banknoten zu drucken und Münzen zu prägen ... Sie würde Staaten auch in die Lage versetzen, wirtschaftliche Entwicklungen genauer nachzuvollziehen – einschliesslich der Inflation.»[15]

Eine Redakteurin des *Forbes*-Magazins bringt ihre Meinung durch eine Umdichtung des populären Lieds «Imagine» von John Lennon zum Ausdruck:

Imagine there's no loose change
(it's easy, if you try).
No paper money; to ATM fees, say goodbye.
Imagine all the people,
living life cash free (aah-ah).
You may say I'm a dreamer,
but I'm not the only one.

---

[14] «Cash Is Losing Its Luster Among Customers», *BJBiz*, Online-Ausgabe vom 18. Juli 2016.
[15] Fernando Florez, «Cashless Society: The Shape of Things to Come», *Accounting and Business*, Online-Ausgabe Juli/August 2016.

Was, wenn es kein Kleingeld gäbe?
(Das ist einfach, wenn du es dir vorstellst.)
Kein Papiergeld: Gebühren für Barabhebungen ade!
Stell dir vor, alle Menschen
würden ohne Bargeld leben: (aah-ah)
Vielleicht sagst du jetzt, ich sei ein Träumer,
aber ich bin nicht damit allein.[16]

Liebe Leser, die prophetische Bühne wird jetzt für Ereignisse bereitet, die sich während der künftigen Drangsalszeit ereignen. Wir werden bargeldlos!

---

[16] Maggie McGrath, «Death to Greenbacks? Majority of Americans Say U. S. Will Go Cashless in Their Lifetimes», *Forbes*, Online-Ausgabe vom 15. Juli 2016.

14. DER VERLUST DER PRIVATSPHÄRE DURCH BIOMETRIE

Der Begriff «Biometrie» leitet sich von den zwei griechischen Worten *bios* («Leben») und *metria* («Messung») ab. Biometrie ist diejenige Technologie, durch die eine Identifizierung von Menschen durch Messung und Analyse biologischer Daten und Verhaltensmuster möglich wird. Noch genauer gesagt: Man identifiziert damit Menschen, indem man eines ihrer charakteristischen Körpermerkmale wie Fingerabdrücke, Gesichtszüge oder Aufbau der Iris vermisst und analysiert. (All dies und noch mehr werde ich gleich erläutern.) Zu den Verhaltensmustern, die man zur Identifizierung von Menschen nutzt, zählen Tipprhythmus, Gang und Gebrauch der Stimme. Gewiss würde man natürlich eher meinen, die Stimme einer Person sei mehr physiologischer Natur statt ein Verhaltensmuster, doch dieser Aspekt der Wissenschaft erforscht, auf welche Weise jemand spricht. Manche haben auch den Begriff Verhaltens-Biometrie geprägt, um den letztgenannten Aspekt der Biometrie zu beschreiben. Experten meinen, ein biometrisches System, das auf physiologischen Merkmalen basiert, sei gewöhnlich zuverlässiger als eines, das auf typischen Verhaltensweisen gründet.

Biometrie geht oft Hand in Hand mit der immer mehr bargeldlosen Welt. Immerhin dient diese Technologie dazu, sicherzustellen, dass *ich auch derjenige bin, der ich zu sein behaupte*, weshalb sofortige Buchungen von meinem Bankkonto zugunsten eines beliebigen Händlers sicher und zuverlässig sind. Ich glaube, dies wird eine der Technologien sein, die der Antichrist in der Endzeit benutzt, um zu bestimmen, wer während der Drangsalszeit kaufen und verkaufen kann.

Der heutige Stand der Biometrie

Inzwischen wird die Biometrie seit Jahren in verschiedenen Zusammenhängen genutzt. Manche Laptops, PCs und Smartphones haben einen Fingerabdruck-Scanner, der sicherstellt, dass der Eigentümer der Einzige ist, der diesen Computer oder dieses Smartphone benutzen kann.[1] Man nutzt diese Technik auch, um den Zugang zu privaten Firmennetzwerken mit vertraulichen Daten abzusichern. Ebenso benutzt man sie, um Einzelpersonen in Gruppen zu identifizieren, die unter Beobachtung stehen.

In Grossbritannien bezahlen Schüler ihre Mahlzeiten in der Schulkantine, indem sie ihren Daumenabdruck einscannen. Sie legen einfach ihren Daumen auf den Scanner, und der Betrag wird automatisch von dem Konto abgebucht, das ihre Eltern zuvor eingerichtet haben. Das automatisierte Fingerabdrucksystem schickt gleichzeitig auch an die Eltern des Schülers Nährwertberichte darüber, welches Essen er gekauft hat. Ferner nutzen mehr als 60 Krankenhäuser in Grossbritannien Fingerabdruck-Biometrie mit Zugriff auf die Patientenakten.

Inzwischen setzt Australien Biometrie bei Visa und Reisepässen ein. Kanada setzt sie zur Grenzsicherung und Überwachung der Einreise ein. Israel nutzt sie in Verbindung mit einem neuen Hightech-Personalausweis. Die Niederlande nutzen sie sowohl für Reisepässe wie auch für Personalausweise.

In zahlreichen Teilen der Welt liest man Fingerabdrücke ein, um den Kunden am Geldautomaten zu identifizieren und betrü-

---

[1] Michael Morisy, «Password Deathwatch? Banks Increasingly Adopt Biometrics to Keep Customers (More) Secure», *Windows IT Pro*, Online-Ausgabe vom 26. Juni 2016.

gerischen Abhebungen vorzubeugen. Vielfach auf der Welt verwendet man Handflächenscanner, um Kreditkartenkäufe zu verifizieren, der Erschleichung von Wohlfahrtsleistungen vorzubeugen, sowie bei Einreisen am Flughafen. Die Vereinigten Staaten wie auch die Europäische Union erwägen, neue biometrische Methoden und neue Methoden für Grenzkontrollen einzuführen. Darüber hinaus könnte die Biometrie eine zunehmende Rolle für viele Länder in aller Welt spielen. Die biometrische Identifikation von Passagieren wird bald an US-Flughäfen zum Einsatz kommen. Das *Department of Homeland Security* (Heimatschutzbehörde) sucht per Ausschreibung nach einem Vertragspartner für ein biometrisches System im Umfang von 7,2 Milliarden US-Dollar, «das Ankünfte und Abflüge von Reisenden verfolgt, indem es ihre individuellen biometrischen Merkmale einscannt»[2]. Man versichert uns, dies würde sehr dazu beitragen, die Sicherheit an den Flughäfen zu steigern.

Es scheint, die Wissenschaft der Biometrie sei gekommen, um zu bleiben.

Was Biometrie bequem und zuverlässig macht

Bestimmte Dinge müssen auf ein persönliches Merkmal zutreffen, damit es bei einem biometrischen Verfahren funktioniert. Beispiele dafür sind:

- *Allgemeingültigkeit:* Das Merkmal muss allen Menschen gemeinsam sein. Fast jedermann hat einen Daumen; darum funktioniert ein Daumenabdruck bei einem biometrischen Verfahren gut. Dasselbe trifft auf die Iris zu.

---

[2] «Biometrics Coming to US Airports», *i-HLS*, Online-Ausgabe vom 29. Juni 2016.

- *Durchführbarkeit:* Die nötige Messung muss leicht durchführbar sein. Heute gibt es bequem und einfach nutzbare Fingerabdruck-Scanner. Ebenso gibt es leicht nutzbare Iris-Scanner.
- *Einzigartigkeit:* Die Masse einer Person müssen sich von denen aller anderen Menschen unterscheiden. Niemand verfügt über den gleichen Fingerabdruck wie ich. Er ist einzigartig. Dasselbe trifft auf meine Iris zu.
- *Dauerhaftigkeit:* Das Merkmal muss dauerhaft unveränderlich sein. Erneut eignen sich hierfür Fingerabdruck und Iris-Scan ideal, weil diese Merkmale sich nicht im Laufe der Zeit ändern.
- *Leistung:* Die Technik muss schnell und zuverlässig sein. Derartige Techniken existieren schon heute.
- *Akzeptanz:* Die Technik muss weithin als zuverlässig akzeptiert sein. Es gab zwar anfänglich gewissen Widerstand gegen die Biometrie, doch alles in allem werden die Leute im Laufe der Jahre immer offener dafür, besonders da sich das traditionelle Verfahren mit Benutzername und Passwort als unzuverlässig erwiesen hat. Mehr als die Hälfte der Teilnehmer einer Befragung ziehen die Biometrie dem traditionellen Verfahren mit Benutzername und Passwort vor.[3]

Eine neuere Studie zeigt, dass von «600 Sicherheitsexperten aus 15 verschiedenen Industriezweigen in den USA die überwiegende Mehrheit (69 Prozent) glaubt, dass Benutzername und Passwort unsicher sind ... Vielmehr glauben fast drei Viertel von ihnen, dass Passwörter bis 2025 ausser Gebrauch sein werden»[4].

---

[3] «Survey Says 52 Percent of Consumers Prefer Biometrics Over Passwords When Logging into Online Accounts», *Business Wire*, Online-Ausgabe vom 28. Juni 2016.
[4] Helen Legatt, «Age of the Password Almost Over, Security Pro's Favor Behavioral Biometrics», *BizReport*, Online-Ausgabe vom 5. Juli 2016.

Ein grosses Problem ist heute, dass viele Leute sehr leicht zu erratende Passwörter benutzen. Zum Beispiel verwendet ein beträchtlicher Anteil von ihnen den Mädchennamen ihrer Mutter als Passwort.[5] Laut Studien verwenden über 750 000 Computernutzer das Passwort «123456». Beliebt sind oft auch Eigennamen und Geburtsdaten. Nur 25 Prozent aller Computernutzer verwenden komplexe und sichere Passwörter.[6]

Darüber hinaus verwendet ein beträchtlicher Anteil von Computernutzern ein und dasselbe Passwort für verschiedene Benutzerkonten. Der Hersteller von Sicherheitssoftware Kaspersky Lab fand heraus, dass «fast ein Viertel der befragten Verbraucher nur fünf Passwörter für nahezu 20 Benutzerkonten benutzt. Für Hacker ist das eine nie versiegende Quelle, denn mit den schwachen und wieder verwendeten Passwörtern, die sie stehlen, können sie noch mehr Internetseiten entsperren, die ihnen dann zum Plündern offenstehen»[7]. Das macht die Biometrie so attraktiv.

Wegen der zunehmenden Akzeptanz der Biometrie veranschlagt man den künftigen Marktwert für die Unternehmen der Fingerabdruck-, Stimm- und Gesichtserkennungstechnologie auf zwölf, elf und eine Milliarde(n) US-Dollar.[8] Es ist mittlerweile ein gewaltiges Geschäft.

Die zwei Hauptanwendungsbereiche der Biometrie

Laut Sicherheitsexperten gibt es zwei Hauptanwendungsbereiche der Biometrie: Identifizierung und Verifizierung. *Iden-*

---

[5] Praseeda Nair, «Can You Trust Biometrics?», *Growth Business*, Online-Ausgabe vom 11. August 2016.

[6] Siehe Jason Rose, «Consumer Brands Must Ditch Passwords; Find Future in Biometrics», *MarTech Advisor*, Online-Ausgabe vom 24. Juni 2016.

[7] Laura Hautala, «Use Your Eyes, Voice – and Thoughts – to Replace Passwords», *CNET*, Online-Ausgabe vom 4. Juli 2016.

[8] «Survey Says 52 Percent of Consumers Prefer Biometrics Over Passwords When Logging into Online Accounts», *Business Wire*.

tifizierung bedeutet, ein Muster mit vielen zu vergleichen, d.h. das gemessene Merkmal (wie einen Fingerabdruck oder einen Iris-Scan) wird mit einer riesigen Datenbank anderer individueller Fingerabdrücke oder Iris-Scans verglichen. Zum Beispiel hätte dann im Rahmen einer Firma jeder Mitarbeiter ein Profil mit seinem Fingerabdruck oder Iris-Scan. Jedes Mal, wenn ein Mitarbeiter das Firmengebäude betritt, erkennen ihn dann die Scanner als ihn selbst, der nicht jemand anders ist. Deshalb hat jeder ein eigenes Fingerabdruck- oder Iris-Profil.

Verifizierung hingegen ist ein Vergleich «eins zu eins», d.h. das gemessene Merkmal (Fingerabdruck oder Iris) wird mit dessen zuvor vermessenen und gespeicherten Fingerabdruck- oder Irisprofil abgeglichen, um sicherzustellen, dass diese Person ist, die er oder sie zu sein behauptet. Die Verifizierung ist offenkundig ein schnellerer biometrischer Prozess als die Identifizierung, weil sie keine Suche in einer riesigen Datenbank erfordert.

Der besondere Vorteil von Identifizierung und Verifizierung ist, dass einzigartige Körpermerkmale weder ausgeliehen, gestohlen oder vergessen werden können – und deshalb auch nicht gefälscht werden können. Aus genau diesem Grund glauben viele, dass Biometrie dem Verfahren mit Benutzername und Passwort vorzuziehen ist.

Der anfängliche Scan

Wenn jemand erstmals ein biometrisches Gerät benutzt, wird seine biometrische Information wie Fingerabdruck, Iris oder Handfläche eingescannt. Aufgrund dieser Daten wird für den Betreffenden ein biometrisches Profil erstellt – manchmal auch «Template» genannt («Schablone», «Vorlage») – und elektronisch gespeichert. Von da an werden biometrische Scans mit diesen Anfangsdaten verglichen. Nachfolgende Iris-Scans etwa werden somit mit dem Profil verglichen, das in der Computer-

Datenbank gespeichert ist, um eine Person oder deren Identität zu verifizieren.

Der weite Umfang biometrischer Technologie

Heute gibt es einen weiten Umfang biometrischer Technologie. Manches davon wird bereits weiträumig genutzt, anderes ist noch in der Experimentierphase. Nachfolgend einige Beispiele:

Daumen- oder Fingerabdruck: Fingerabdrücke kann man leicht digital aufzeichnen, und da sie einzigartig sind, liefern Fingerabdrücke zuverlässige biometrische Daten. Da Fingerabdruckscanner heutzutage kaum 20 US-Dollar kosten, sind sie ein beliebtes biometrisches Gerät und oft im Rahmen der Computersicherheit im Einsatz.

Retina: Die Retina-Erkennung, die einen Scan der Retina voraussetzt, gründet darauf, dass jeder Mensch ein einzigartiges Muster der Blutgefässe in der Retina besitzt. Dies stellt eine sehr sichere biometrische Technik dar, da es unmöglich ist, sich jemandes Blutgefässmuster anzueignen.

Iris: Jedermanns Iris weist ein komplexes, einzigartiges Muster voller unverwechselbarer Merkmale auf. Iris-Scans sind leichter durchzuführen als Retina-Scans, weil man für einen Retina-Scan in eine Linse blicken muss, während ein Iris-Scan sogar aus ein paar Metern Entfernung möglich ist. Eine umfangreichere Identifikation ist möglich, wenn man die Iris bei unterschiedlichen Lichtverhältnissen misst (das Aussehen der Iris ändert sich je nach Lichteinfall). Dies stellt eine sehr sichere biometrische Technik dar.

Handflächenabdruck: Die Handflächenabdrücke sind bei jedem Menschen einzigartig, und da sie weit grösser als Fingerabdrücke sind, sind sie noch zuverlässiger als diese. Man misst dabei Erhöhungen und Vertiefungen, Hauptlinien und Falten der Handfläche.

Handgeometrie: Bei dieser Technik misst man die Dimensionen der Finger im Verhältnis zu Fingergelenken und Gesamtform und -grösse der Hand. Diese biometrische Messung wird schon seit fünf Jahrzehnten angewendet. Weil die Handgeometrie kein einzigartiges Merkmal darstellt, wird sie am besten zur Verifizierung einer Identität genutzt, statt jemanden aus einer grossen Zahl von Menschen zu identifizieren.

Adermuster: Bei dieser Technik, auch «Fingerader-Identifizierung» genannt, scannt man das einzigartige Adermuster des Fingers einer Person auf, um sie identifizieren zu können.

Gesichtserkennung: Dies stellt eine nicht intrusive biometrische Methode dar, die sowohl für die verdeckte wie auch die offene Identifizierung verwendet werden kann. Bei einer landläufig üblichen Gesichtserkennung misst man Anordnung und Form von Gesichtsmerkmalen wie Augen, Augenbrauen, Nase, Lippen, Kinn und deren Gesamtverhältnis zueinander. Die Kombination dieser Merkmale ergibt eine einzigartige Biometrie. Manche Experten stellen jedoch infrage, ob allein das Gesicht einer Person ausreicht, um sie mit genügend hoher Sicherheit aus einer grossen Masse von Gesichtern zu identifizieren. Ein Problem dabei ist, dass das Aussehen eines Gesichts sich durch Gewichtszunahme oder -verlust ändern kann, sowie dass die zahlreichen verschiedenen Gesichtsausdrücke, die Menschen aufzusetzen vermögen, eine biometrische Erkennung gegebenenfalls unmöglich machen.

Bei manchen Mobiltelefonen wird heute die Gesichtserkennung eingesetzt. Die Software dafür ist schnell und zuverlässig und ersetzt Passwörter und PINs.[9] 2016 «kündigte MasterCard eine neue mobile App an, durch die Kunden sich durch Selfies

---

[9] «New Software Brings Facial-Recognition Technology to Mobile Phones», *NewsRx Health and Science*, 12. November 2010, zit. nach Questia.

jederzeit beim Online-Einkauf identifizieren können. Ebenso hat der Internetversand-Riese Amazon das Patent für eine biometrische Technologie angemeldet, durch die Kunden sich durch ein Foto von sich selbst autorisieren können».[10]

Stimmerkennung: Die Stimme von Menschen ist einzigartig. Bei der Stimmerkennung vergleicht man eine Stimmprobe mit einem zuvor in einer Datenbank gespeicherten Stimmprofil oder -Template. Beim erstmaligen Einsatz des Systems muss der Betreffende eine Trainingsperiode durchlaufen, manchmal mehrfach, bis das Stimmprofil vollständig ist. Das Template ist das digitale Modell von jemandes Stimme – sozusagen ein «Fingerabdruck» der Stimme.

Ohrerkennung: Die Form unserer Ohren ist einzigartig:

Ebenso wie Fingerabdrücke, Passfotos und Augenerkennung kann man an Flughäfen auch unsere Ohren scannen, um unsere Identität zu bestätigen ... Forscher haben festgestellt, dass jeder einzigartig geformte hat, und ein Verfahren entwickelt, um sie mit Bildern in einer Datenbank zu vergleichen ... Es gibt zahlreiche messbare Merkmale im Aufbau von Ohren, die für einen Einzelnen einzigartig sind ... Man sagt, dass die Ohrerkennung zu 99,6 Prozent zuverlässig arbeitet. Sie kartiert die Krümmungen und Falten von Haut, Knorpel und Ohrläppchen.[11]

Gangbild: Es gibt eine Technik, die die charakteristische Art und Weise misst, auf die jedermann geht. Zwar ist das Gangbild nicht derart einzigartig wie ein Fingerabdruck oder die Iris, aber man hält sie für ausreichend bei Anwendungen mit niedri-

---

[10] Hautala, «Use Your Eyes, Voice – and Thoughts – to Replace Passwords».
[11] «Now, Ears Too Can be Used for Airport Security ID Checks», *Asian News International*, 11. Oktober 2010, zit. nach Questia.

ger Sicherheitsstufe. Ein Nachteil dieser Methode ist, dass sich mit zunehmendem Alter auch das Gangbild ändern kann. Diese Technik zählt zur Verhaltens-Biometrie. Manche meinen, sie könnte hilfreich sein, um Terroristen zu ergreifen.

Infrarot-Thermogramm: Mittels dieser Technik kann man das Wärmemuster erfassen, das ein menschliches Körperglied wie Gesicht, Hand oder die Handadern abstrahlt. Das abgestrahlte Wärmemuster ist für jeden einzigartig. Man kann diese Technik auch für eine verdeckte Erkennung benutzen, d. h. ohne dass der Betreffende merkt, dass er gescannt wird.

DNS: Die DNS enthält den genetischen Bauplan des Lebens, und da die DNS bei jedem einzigartig ist, stellt sie eine zuverlässige Biometrie dar. Tatsächlich ist sie wahrscheinlich die zuverlässigste Biometrie überhaupt. Dennoch gibt es dabei einige erwähnenswerte Probleme. Zuerst einmal könnte man leicht die DNS eines anderen stehlen. Zweitens ist die Methode nicht praktikabel, weil dazu komplexe chemische Analysen von Experten nötig sind, was wesentlich länger dauert als andere biometrische Techniken. Derzeit gibt es für diese biometrische Technik daher nur eine beschränkte Zahl von Anwendungen.

Unterschrift: Die Art und Weise, wie jemand unterschreibt, ist gewöhnlich einzigartig. Unterschriften zählen somit zur Verhaltens-Biometrie. Das Problem dabei ist, dass sich die Unterschrift im Laufe der Zeit ändern kann, und dass Menschen, die wissen, dass sie beobachtet werden, absichtlich ihre Handschrift verstellen können. Daher ist dieses biometrische Verfahren nicht die erste Wahl.

Tastenanschlag: Bei dieser Technik misst man, wie jemand auf einer Tastatur schreibt. Weil jeder das auf ihm eigene Weise tut, genügt diese Identifizierungsmethode für Anwendungen mit niedriger Sicherheitsstufe. Auch diese Methode gehört zur Verhaltens-Biometrie.

Wie Sie sehen, gibt es bereits viele biometrische Techniken, durch die man Sie akkurat identifizieren kann. In gewissen Zusammenhängen kann das nützlich sein, aber das Missbrauchspotenzial ist gewaltig. Es ist möglich, Sie biometrisch zu überwachen und zu identifizieren, ohne dass Sie davon auch nur eine Ahnung haben.

Der Nutzen für den Gesetzesvollzug

Viele glauben heute, die Technik der Gesichtserkennung könne für den Gesetzesvollzug nützlich sein. Eine solche Technik macht es möglich, eine grosse Menschengruppe zu scannen und anschliessend die aufgenommenen Gesichter mit einer Hauptdatenbank zu vergleichen. So kann man schnell Namen und Adressen von Menschen in der Menge herausfinden und potenzielle Bösewichte markieren. Die offensichtliche Kehrseite davon ist der Eingriff in die Privatsphäre Unschuldiger. Wie fänden Sie es, wenn Sie in einer Menschenmenge sind und wüssten, dass Ihr Gesicht gescannt, vermessen und mit einer Hauptdatenbank von Verbrechern abgeglichen wird? Nein danke!

Dennoch kann diese Technik in einer von Terrorismus bedrohten Welt die Sicherheit für uns alle erhöhen. Biometrie kann letzten Endes auch Leben retten. Gesichtserkennung kann unsere Flughäfen sicherer machen.[12] Befürworter des Einsatzes dieser Technik zum Gesetzesvollzug weisen darauf hin, dass sie bereits eingesetzt wurde, um die Sicherheit der deutschen Olympia-Teilnehmer zu gewährleisten. Wenn diese Technik in einem solchen Zusammenhang funktioniert, dann auch überall sonst. Darum sagen manche: «Befreien Sie sich von Ihrem Datenschutz-Verfolgungswahn und freunden Sie sich mit dem Verfahren an!»

---

[12] Siehe Mark Hitchcock, *Cashless: Bible Prophecy, Economic Chaos & the Future Financial Order* (Eugene, OR: Harvest House, 2010), S. 74.

Der Nutzen für das Militär

Unser Militär wendet biometrische Techniken bereits erfolgreich an. Hier ein typisches Szenario: «Innerhalb von Minuten, nachdem US-Truppen die Tür eines des Bombenbaus Verdächtigten eingetreten haben, können sie von jedem, den sie im Haus vorfinden, Fingerabdrücke nehmen, sie über Satellitenverbindung verschicken und herausfinden, ob die Betreffenden Terror-Verdächtige sind.»[13]

Das US-Militär war dank biometrischer Techniken imstande, Bomben bauenden Terroristen einen Dämpfer zu verpassen. «Biometrische Werkzeuge haben bei der Durchsuchung von Verstecken mutmasslicher Bombenbauer in den vergangenen beiden Jahren dazu beigetragen, im Durchschnitt zwei Verdächtige pro Tag zu töten oder zu verhaften.»[14]

So funktioniert es: «ID-Feststellungs-Kits» dienen dazu, Fingerabdrücke zu nehmen und Fotos der Verdächtigen zu machen. Anschliessend werden diese Daten über eine kleine Satellitenschüssel an drei Datenbanken geschickt: das «Biometrics Fusion Center» des Verteidigungsministeriums, das «National Ground Intelligence Center» der Armee und an das automatische Fingerabdruck-Erkennungssystem des FBI. Derzeit verfügt das Verteidigungsministerium über 2,2 Millionen Datensätze und das FBI über 58 Millionen. Nachdem die Daten über Satellit verschickt wurden, soll eine Reaktion in höchstens 15 Minuten erfolgen; im Durchschnitt sind es weniger als fünf Minuten. Das lässt die Einsätze schnell und reibungslos ablaufen. Der Einsatz dieser Technik durch das Militär hat die Pläne vieler «böser Buben» vereitelt.

---

[13] Stew Magnuson, «Defense Department Under Pressure to Share Biometric Data», *National Defense Magazine*, Januar 2009, Online-Ausgabe.
[14] Ebd.

Gefahren für Gegenwart und Zukunft

Mehr als nur wenige Menschen sind besorgt, dass die Biometrie zu anderen Zwecken als zur Identifizierung und Verifizierung benutzt werden könne. Eine solche Technik kann missbraucht werden, um jemandes Privatsphäre zu verletzen.

Zwar ist der Film *Minority Report* aus dem Jahr 2002 nur eine fiktive Geschichte, aber er veranschaulicht, was infolge von Biometrie geschehen *kann*. In diesem Film sind Iris-Scanner über die ganze Stadt verteilt und zeichnen überall die Spur der Menschen auf. Diese Daten werden mit einer Hauptdatenbank verknüpft, die zahlreiche Informationen über jeden enthält, einschliesslich ihrer persönlichen Vorlieben und Kaufgewohnheiten. Das führt dazu, dass in der Nähe einer Person individuell angepasste Werbung erscheint – gewöhnlich dort, wo sie einkauft. Der Held des Films verändert schliesslich seine biometrische Identität, indem er sich andere Augen einpflanzen lässt. In diesem Film ist es schwierig, irgendwohin zu gehen, ohne dass «Big Brother» es sieht und genau weiss, wo man ist.

Natürlich ist das Fiktion. Falls jedoch die Gesichtserkennungstechnik in dem Mass voranschreitet, dass Überwachungskameras leicht und routinemässig Menschen erkennen können, dann wird die Privatsphäre der Vergangenheit angehören. Schon heute stören sich viele, die in US-Grossstädten arbeiten, dass sie täglich von einer Vielzahl Überwachungskameras aufgenommen werden, die über das ganze Stadtgebiet verteilt sind.

Bei meinen Nachforschungen stiess ich auf einen Artikel mit der Überschrift: «Biometrische Identifizierung, die ‹Big Brother den Generalschlüssel für Ihre Privatsphäre gibt›». Der Artikel warnt davor: «Vielleicht hat Ihre Firma schon Ihre Fingerabdrücke, sodass Sie mühelos ins Büro gelangen können. Doch selbst falls Sie sich darüber keine Gedanken machen sollten: Die Weitergabe derartiger Informationen kann dazu führen, dass Sie einer Überwachung à la Big Brother ausgeliefert werden.» Tatsächlich «kann die freiwillige Abgabe von Fingerabdrücken, DNS-Proben und sogar Augenscans dazu führen, ein rassisches oder soziales Profil anzulegen und die Privatsphäre zu verletzen». Man warnt uns davor, dass «Biometrie vorangetrieben wird, um die persönliche Sicherheit zu verbessern, doch ihr Einsatz erfordert, dass man letztlich die Souveränität über seinen Körper aufgibt. Die Allgegenwärtigkeit von Biometrie drängt die Frage auf, ob überhaupt noch jemand von uns ein echtes Privatleben führen kann.»[15]

In London setzt man routinemässig Kameras ein, um die Gesichter derjenigen abzutasten, die ein Parkhaus betreten, und sie dann mit einer Datenbank mit Kriminellen abzugleichen. Verständlicherweise nehmen das viele nicht gerade mit Begeisterung auf. Immerhin gehören die Einwohner Grossbritanniens schon jetzt zum meist überwachten Volk auf Erden – wobei der typische Bewohner der Innenstadt Londons etwa 3000 Mal pro Woche von einer Kamera erfasst wird! (Überwachungskameras sind dort praktisch allgegenwärtig.)

Manche geben zu bedenken, dass dadurch Unschuldige als Verbrecher verurteilt werden könnten. Jemand sagt es so: «Falls Sie als Unschuldiger zufällig einem Kriminellen etwas ähnlich sind, würde mich die mögliche Reaktion [der Behörden] beunruhigen. Was, wenn Sie irrtümlich in diese Datenbank aufgenommen würden? ... Es ist von Anfang an eine Umkehr der Unschuldsvermutung.»[16]

Eine weitere Gefahr kann daraus entstehen, wenn biometrische Systeme angegriffen oder gewaltsam verändert werden.

---

[15] Ian Carey, «Biometric ID that ‹Gives Big Brother a Passport to Your Privacy›», *Daily Mail*, 5. November 2009, zit. nach Questia.
[16] Jaya Narain, «Big Brother Cameras Scan Faces at Car Park», *Daily Mail*, 7. August 2010, zit. nach Questia.

Zum Beispiel könnte ein leitender Angestellter entführt und gezwungen werden, seinen Fingerabdruck scannen zu lassen, um den bösen Jungs den Einbruch in eine Firma zu ermöglichen. In einem bereits aktenkundigen Fall hatten die Bösewichte einem leitenden Angestellten die Finger abgeschnitten, um so in die Büros der Firma gelangen zu können.

Eine weitere echte Gefahr ist, dass Technologie, die dazu geschaffen wurde, es den Menschen leichter zu machen, am Ende dazu führen kann, sie zu kontrollieren. Die Offenbarung deutet an, dass der Antichrist eines Tages während der Drangsalszeit die absolute Kontrolle über die Welt erlangen wird: «Wer ist dem Tier gleich?», und: «Wer vermag mit ihm zu kämpfen?» (Offb 13,4). «Ihm wurde Macht gegeben über alle Stämme und Völker und Sprachen und Nationen» (Offb 13,7). Der falsche Prophet «bringt alle, die Kleinen und die Grossen, die Reichen und die Armen, die Freien und die Sklaven, dazu, sich auf die rechte Hand oder auf die Stirn ein Zeichen machen zu lassen, sodass niemand mehr etwas kaufen oder verkaufen kann, es sei denn, er habe das Zeichen» (V. 16–17).

Die Technologie, von der wir in diesem Kapitel gesprochen haben, wird es – in Verbindung mit einer immer mehr bargeldlosen Welt – dem Antichrist leicht machen, die vollständige Kontrolle zu erlangen.

15. DER ANBRUCH
DER GLOBALISIERUNG

Der Antichrist wird eines Tages die Weltherrschaft erlangen, aber das wird er über das Sprungbrett des obersten Herrschers eines wiederbelebten Römischen Reiches tun. Deshalb werden wir uns in diesem Kapitel folgende zwei Fragen stellen: 1. Beobachten wir, dass einem wiederbelebten Römischen Reich oder den künftigen Vereinigten Staaten von Europa die Bühne bereitet wird? 2. Erleben wir, dass schliesslich einer Weltherrschaft die Bühne bereitet wird, welche den ganzen Planeten umfasst?

Ein wiederbelebtes Römisches Reich als Phase 1 der Weltherrschaft

Das Buch Daniel bietet uns beträchtliche Informationen über ein künftiges wiederbelebtes Römisches Reich, über das der Antichrist eines Tages herrschen wird. In seiner Vision sah Daniel vier Tiere, die vier Königreiche darstellen und eine bedeutende Rolle in der biblischen Prophetie spielen (Daniel 7,1-8). In Vers 3 heisst es: «Vier grosse Tiere stiegen aus dem Meer empor, jedes verschieden vom anderen.» Diese vier Tiere offenbaren viel über die zeitliche Abfolge der prophezeiten Ereignisse.

Das erste Tier, so gibt Daniel zu verstehen, «glich einem Löwen und hatte Adlerflügel», doch die Flügel wurden ihm ausgerissen (Dan 7,4). Dieses Bild steht offenkundig für Babylon; dass es einem Löwen gleicht, zeigt seine Macht und Kraft. Interessanterweise standen vor den königlichen Palästen Babylons Figuren geflügelter Löwen als Wächter. Ebenfalls interessant ist, dass ein paar Bibelstellen Nebukadnezar als Löwen schildern

(Jer 4,7; 50,17). Die Flügel des Löwen stehen für die Fähigkeit, sich schnell zu bewegen; hingegen zeigt das Herausreissen der Flügel, dass ihm diese Mobilität genommen wird. Das steht vielleicht in Bezug zu Nebukadnezars Wahnsinn oder zu Babylons Niedergang nach seinem Tod.

Daniel sagt, das «zweite Tier glich einem Bären; und es war nur auf einer Seite aufgerichtet und hatte drei Rippen in seinem Maul zwischen seinen Zähnen» (Dan 7,5). Dies ist das Reich der Meder und Perser. Dass der Bär «nur auf einer Seite aufgerichtet» ist, weist darauf hin, dass die Perser in der Allianz mit den Medern die höhere Stellung innehatten. Die drei Rippen in seinem Maul stehen für besiegte Nationen, offenbar Babylon (erobert 539 v. Chr.), Lydien (erobert 546 v. Chr.) und Ägypten (erobert 525 v. Chr.). Das medo-persische Reich war bekannt für seine ungestüme Kampfkraft (siehe Jes 13,17-18).

Daniel sagt, das dritte Tier sah aus «wie ein Panther; das hatte vier Vogelflügel auf seinem Rücken; auch vier Köpfe hatte dieses Tier, und ihm wurde Herrschaft verliehen» (Dan 7,6). Das versinnbildlicht Griechenland unter der Herrschaft Alexanders des Grossen (geb. 356 v. Chr.). Die «vier Köpfe» sind die vier Generäle, unter denen das Reich nach Alexanders Tod aufgeteilt wurde. Sie herrschten über Makedonien, Kleinasien, Syrien und Ägypten.

Anschliessend kommt Daniel auf das vierte Tier zu sprechen, eine Chimäre aus Löwe, Bär und Panther, die noch entsetzlicher und mächtiger ist als die drei vorherigen Tiere. Dieses Tier war «furchterregend, schrecklich und ausserordentlich stark» (Dan 7,7). Daniel beschreibt es in Vers 7 bis 8 wie folgt:

Es hatte gewaltige Zähne von Eisen; es frass und zermalmte und zertrat das, was übriggeblieben war, mit seinen Füssen; es sah ganz anders aus als alle die vorigen Tiere und hatte auch noch zehn Hörner.

Während ich nun genau auf die Hörner achtgab, sah ich, wie ein anderes, kleines Horn zwischen ihnen hervorschoss, worauf drei von den ersten Hörnern vor ihm ausgerissen wurden; und jetzt sah ich, dass an diesem Horn Augen wie Menschenaugen sassen und ein Mund, der vermessene Reden führte.

Diese verstörende Bildsprache beschreibt das Römische Reich. Was das Bild vom «Horn» betrifft: Ein Tier nutzt seine Hörner als Waffe (vgl. 1Mo 22,13; Ps 69,32). Aus diesem Grund ist das Horn ein Symbol für Stärke und Macht. Im weiteren Sinn steht das Horn zu biblischer Zeit als Symbol der Herrschaft für Könige und deren Reiche, wie auch in den Büchern Daniel und Offenbarung (vgl. Dan 7,7-8; Offb 12,3; 13,1.11; 17,3-16).

Rom bestand schon in grauer Vorzeit, zerfiel dann aber im 5. Jahrhundert nach Christus. Es wird jedoch in der Endzeit auferstehen und anscheinend aus zehn Nationen bestehen, die von zehn Königen regiert werden (zehn Hörnern). Es ist bemerkenswert, dass das Römische Reich niemals als Konföderation von zehn Nationen unter zehn gleichberechtigten Regenten bestand. Wenn das noch nie so war, bedeutet dies, dass diese Prophezeiung etwas noch Zukünftiges beschreiben muss. Diese Endform des Römischen Reiches wird während der künftigen Drangsalszeit vorherrschend sein.

In Daniel 7 geht aus scheinbar unbedeutenden Anfängen ein elftes Horn hervor – ein kleines Horn, der Antichrist –, wird aber stark genug, um drei der bereits bestehenden Hörner (Könige) auszureissen. Schliesslich gelangt es zu unbeschränkter Macht und Herrschaft über dieses auferstandene Römische Reich.

Im Buch Daniel hatte auch der König Nebukadnezar eine von Gott gegebene Vision von diesem auferstandenen Römischen Reich. In dieser Vision wird das endzeitliche Römische Reich als Gemisch aus Eisen und Ton beschrieben (Dan 2,41-43).

Daniel, der grosse Traumdeuter, erkannte darin diese Bedeutung: Ebenso wie Eisen stark ist, so werde auch dieses Römische Reich der letzten Tage stark sein. Doch wie sich auch Eisen und Ton nicht vermischen, so werde auch dieses Römische Reich der letzten Tage einige Schwachpunkte haben. Die Union würde keine vollkommene Integration ergeben.

Die heutige Europäische Union

Viele zeitgenössische Bibelausleger – darunter auch ich – sehen in der heutigen Europäischen Union einen Hauptkandidaten für die Erfüllung dieser Prophezeiung. Der Prophetie-Gelehrte Thomas Ice merkt an, dass «das Ziel der Europäischen Union ist, ganz Europa zu einem einzigen Staat zu vereinen, der Frieden, Harmonie und Wohlstand bringen und künftigen Konflikten in der Welt vorbeugen wird. Dieser ‹Europäische Traum›, wie er oft genannt wird, hat zum Ziel, dass eine einzige Regierung alle nationalen Rivalitäten und Konflikte innerhalb Europas beseitigen wird»[1]. Manche meinen, das letzte Ziel der heutigen Europäischen Union sei noch nie gewesen, lediglich Europa zu vereinen, sondern vielmehr die europäische Einigung als Sprungbrett dafür zu benutzen, um letztlich eine Weltregierung unter Führung der Europäer einzuführen.[2] Das kann durchaus zutreffen.

Der mit Eisen vermischte Ton in Daniel 2 deutet wohl die Vielfalt (der Ethnien, Religionen und politischen Richtungen) der zehn Völker an, die dieses Reich bilden. Ton und Eisen bedeuten Schwachheit und Stärke zugleich – etwas, das schon heute auf die Europäische Union zutrifft. Die Europäische Union verfügt

---

[1] Thomas Ice, «The Emerging Global Community», Artikel auf der Internetseite des Pre-Trib Research Center www.pre-trib.org.
[2] Ebd.

über grosse wirtschaftliche und politische Stärke, doch die Völker, die diese Union bilden, unterscheiden sich in Kultur, Sprache und Politik und können daher nicht vollkommen vereint werden. Derzeit verfügt die Europäische Union über ein eigenes Parlament, eine abwechselnde Präsidentschaft, einen obersten Gerichtshof, in vielen Mitgliedsstaaten über eine gemeinsame Währung, freien Personenverkehr innerhalb der Mitgliedsstaaten und arbeitet derzeit auf ein vereinigtes Militär hin.

Vielleicht bereitet das die Bühne zur Erfüllung von Daniel 2 und 7 vor, wie der Prophetie-Experte Mark Hitchcock sagt: «Die wesentlichen staatlichen und wirtschaftlichen Komponenten stehen bereit, sodass ein Mann die Bühne der EU betreten und die Macht ergreifen könnte. Dieser Mann wird der Antichrist sein, der über die letzte Form des Römischen Reiches und schliesslich über die Welt herrschen wird. Die Ereignisse, die wir heute in Europa sehen, scheinen den Auftakt zu bilden für das wiedervereinte Römische Reich, das Daniel vor mehr als 2500 Jahren prophezeite.»[3] Dem ist so, obwohl Grossbritannien gerade die Europäische Union verlässt. Ich glaube, was heute in Europa passiert, bereitet die Bühne für eine zuletzt aus zehn Staaten bestehende Konföderation – die Vereinigten Staaten von Europa.

Worauf es hinausläuft: eine Welteinheitsregierung und eine Welteinheitswirtschaft

Die biblische Prophetie offenbart, dass der Antichrist letztlich die Weltherrschaft erlangen wird. Er wird nicht allein über das auferstandene Römische Reich, sondern über die ganze Welt herrschen. Offenbarung 13 zeigt klar, dass es eine Welteinheits-

---

[3] Mark Hitchcock, *Die sieben Zeichen der Endzeit*, übers. v. Martin Plohmann (Dübendorf: Mitternachtsruf, 2015), S. 37.

regierung geben wird. Dort heisst es: «Und die ganze Erde sah verwundert dem Tier nach» (V. 3). Dem Antichrist «wurde Macht gegeben über alle Stämme und Völker und Sprachen und Nationen. Und alle, die auf Erden wohnen, beten es an, deren Namen nicht vom Anfang der Welt an geschrieben stehen in dem Lebensbuch des Lammes, das geschlachtet ist» (V. 7–8). Ebenso heisst es dort, der falsche Prophet übe «die ganze Macht des ersten Tieres vor dessen Augen aus und bringt die Erde und ihre Bewohner dahin, dass sie das erste Tier anbeten, dessen Todeswunde geheilt worden war» (V. 12). An dieser Stelle kommt das berüchtigte «Zeichen des Tieres» ins Spiel. Offenbarung 13,16-17 sagt: Der falsche Prophet «bringt alle, die Kleinen und die Grossen, die Reichen und die Armen, die Freien und die Sklaven, dazu, sich auf die rechte Hand oder auf die Stirn ein Zeichen machen zu lassen, sodass niemand mehr etwas kaufen oder verkaufen kann, es sei denn, er habe das Zeichen: den Namen des Tieres oder die Zahl seines Namens». Auch daraus folgt, dass es eine Welteinheitsregierung, eine Welteinheitsreligion und eine Welteinheitswirtschaft geben wird.

Aktuelle Bewegungen in Richtung Globalisierung

Auch wir werden in unseren Tagen Zeugen bedeutender Schritte in Richtung Globalisierung. Wir erleben das Aufkommen einer globalisierenden Politik – in Wirtschaft, Bankwesen, Handel, Geschäftsleben, Management, Produktion, Umweltbewegung, Geburtenkontrolle, Erziehungswesen, Religion, Ackerbau, Informationstechnologie, Unterhaltungsindustrie, Verlagswesen, Naturwissenschaft und Medizin und sogar der Regierung. Die Offenbarung sagt uns, dass der Antichrist letztlich eine weltweite Union anführen wird – eine antigöttliche Union (s. Offb 13,3-18).

Zahlreiche überbordende Probleme

Wenn man bedenkt, vor welch zahlreichen Problemen die Menschheit nun steht – einschliesslich des Nahostkonflikts, Terrorismus, Überbevölkerung, Hungersnöte, Umweltverschmutzung, Dürren, Kriminalität im In- und Ausland, Cyberkrieg und wirtschaftlicher Instabilität –, dann ist es völlig plausibel, dass immer mehr Menschen glauben, solche Probleme könnten nur auf einem globalen Niveau gelöst werden. Sie können zu der Ansicht gelangen, die einzige Überlebenshoffnung der Menschheit sei eine starke und effektive Welteinheitsregierung.

Je grösser die Gefahr wird, desto mehr Menschen in aller Welt verlangen nach einem Führer, der alles selbst in die Hand nehmen und in Ordnung bringen kann. Die Weltwirtschaft taumelt, die Menschen leiden, und man hat den Eindruck, es müsse ein starker Mann her, der einen klaren globalen Kurs vorgibt, um wieder Stabilität herzustellen. Ein solcher Führer kommt in der Tat, und vielleicht lebt er sogar schon unter uns. Die Schrift nennt ihn den Antichrist.

Besonders bedeutsam hierbei ist, dass die Technologie, die eine Welteinheitsregierung überhaupt möglich macht (darunter weltweite Medien, die Nachrichten sofort verbreiten, etwa über Fernsehen und Radio, Internet und Supercomputer), heute vorhanden ist. Mit anderen Worten: Die Technologie hat dem Aufkommen der heutigen Globalisierung den Weg bereitet.

Die zentrale Rolle der Wirtschaft

Die Wirtschaft spielt bei der von der Bibel prophezeiten Globalisierung eine besonders wichtige Rolle. Noch während ich dies schreibe, bewegt sich die Welt immer mehr in Richtung einer Welteinheitswirtschaft. Eine ganze Reihe von Finanzberatern haben gegenüber dem US-Präsidenten mit Nachdruck zur Kenntnis gegeben, dass eine Welteinheitswirtschaft unausweichlich sei. Sie sagen, es sei sehr gut möglich, dass die ständigen Finanzprobleme der Welt zu einer neuen Weltfinanzordnung führen.

Viele glauben heute, dass eine weltweite Lösung nötig sei, weil wir eine weltweite Krise haben. Manche führenden Finanzexperten sprechen sogar davon, dass wenn möglich eine globale Wirtschaftspolizei (oder eine polizeiähnliche Regulierungsbehörde) den globalen Finanzmarkt überwachen solle, um sicherzustellen, dass uns nie wieder ein Finanz-Tsunami auf dem falschen Fuss erwischt. Viele glauben, das nationalstaatliche System mit separaten Volkswirtschaften funktioniere nicht. Die Menschen sind bereit für ein neues System – ein weltweites System.

Im neuen Zeitalter des Cyberspace werden die Volkswirtschaften der verschiedenen Nationen enger miteinander verbunden und verflochten als je zuvor. Jede unserer Volkswirtschaften basiert auf dem Welthandel, weltweiten Finanzmärkten und weltweiter Kommunikation. Jede unserer Volkswirtschaften steht und fällt mit der anderen. Was gut für die eine ist, ist auch gut für alle; was schlecht für die eine ist, ist auch schlecht für alle.

Wenn es heute in einem Land zu einer Wirtschaftskrise kommt, ist davon die gesamte Welt betroffen. Aus ökonomischer Sicht steigen Nationen weder alleine auf, noch fallen sie alleine. Wegen unserer derzeit miteinander verbundenen Technologien wird das Leid eines Landes praktisch sofort in anderen Ländern mitempfunden. «Eine plötzliche wirtschaftliche Grossstörung in New York strahlt finanzielle Schockwellen über den gesam-

---

[4] Thomas Ice u. Timothy Demy, *The Coming Cashless Society* (Eugene, OR: Harvest House, 1996), S. 50; siehe auch David Jeremiah, *The Coming Economic Armageddon: What Bible Prophecy Warns About the New Global Economy* (New York: Faith Words, 2010), S. 65.

ten Globus aus. Die Wirtschaftswelt ist hochkomplex, technisch verknüpft und extrem instabil.»[4]

Angesichts all dessen fordern Menschen aus verschiedenen Ländern wie zum Beispiel Deutschland, Russland, China und Brasilien dazu auf, die Dinge auf neue Weise anzugehen. Stimmen aus aller Welt sagen dasselbe: Wir brauchen irgendeine globale Finanzregulation. Manche Länder wie Russland und China sind offen für die Einführung einer Weltwährung, die den schwächelnden US-Dollar ablöst. Viele behaupten, die Tage der Nationalstaaten, die ihre eigenen Wirtschaftsinteressen isolationistisch beschützen, seien vorbei. Alles müsse nun im Blick darauf getan werden, was für die Weltwirtschaft gut sei. Das ist heute die Geisteshaltung vieler.

Viele bestehen auch darauf, dass wir härtere globale Gesetze und Vorschriften für grosse Banken und Finanzinstitute brauchen – Gesetze und Regulationssysteme, die für globale Stabilität und Wachstum der Wirtschaft sorgen, statt die Interessen nationalstaatlicher Volkswirtschaften zu schützen. Mittlerweile gehen verschiedene Staaten Allianzen ein, um in diesen unsicheren Zeiten gemeinsam über Wasser zu bleiben. Die Globalisierung nimmt vor unseren Augen Gestalt an.

Der Beitrag der modernen Wissenschaftsszene

Die moderne Wissenschaftsszene übt einen beträchtlichen Einfluss darauf aus, dass man heute so offen für die Globalisierung ist. Betrachten Sie einmal die folgende Analyse:

Die Wissenschaftsszene in den Vereinigten Staaten wird von solchen dominiert, welche die Bibel als Gottes Offenbarung an die Menschheit verwerfen. Darum bleiben ihnen nur humanistische Vorannahmen und Theorien über die Menschen und gesellschaftliche Entwicklungen ... Sozialtheoretiker ver-

werfen den Schöpfungsbericht der Genesis und meinen daher, die Gesellschaft sei evolviert: vom Einzelnen zur Familie,
von der Familie zur Sippe, von der Sippe zur Grosssippe, von
der Grosssippe zur Stadt, von der Stadt zum Staat, und zuletzt
vom Nationalstaat zur Globalisierung. Sie behaupten, der Nationalismus habe zu einer Epoche der schlimmsten Kriege der
Menschheitsgeschichte geführt (dem 20. Jahrhundert). Dies
sei geschehen, weil die Völker ihre Streitigkeiten untereinander nicht ohne Kriege hätten beilegen können. Daher führe
Nationalismus nur zu Kriegen, die grosse Zerstörung und
Hungersnot über die Menschheit bringen. Deshalb müssten
wir den nächsten Schritt gehen und zur Globalisierung fort-
schreiten, damit wir fähig seien, den Grund für unsere Spaltung zu überwinden – d. h. den Nationalismus.[5]

Wer den Ansichten der Wissenschaftsszene widerspricht, wird
als rückständiger Tölpel hingestellt. Anscheinend dient die
moderne Wissenschaftsszene dazu, den Ereignissen die Bühne
zu bereiten, die sich während der Drangsalszeit entfalten werden.

Die Rolle der Entrückung

Überlegen Sie einmal, wie sich die Entrückung der Gemeinde
auf all das auswirken könnte. Nachdem Millionen Christen von
diesem Planeten verschwunden sind, wird das der gesamten
Weltwirtschaft enorm schaden. Hypotheken, Kredite und Schul-
gelder werden weltweit nicht mehr bezahlt werden. Millionen
Menschen werden nicht zur Arbeit erscheinen. Die zurückblei-
benden Menschen werden in Panik ausbrechen und nichts mehr

---

[5] Thomas Ice, «Moving Toward Globalism», Artikel auf der Internetseite des
Pre-Trib Research Center, www.pre-trib.org.

einkaufen. Die Weltwirtschaft wird wahrscheinlich zusammenbrechen. Politisch und ökonomisch wird zuletzt ein weltweites Wirtschaftssystem als einzig sinnvolle Lösung erscheinen. Und dann wird der Antichrist die Herrschaft übernehmen. Die Dinge scheinen gerade genau so Gestalt anzunehmen, wie die Propheten es von alters her vorausgesagt haben.

Die Rolle der Vereinigten Staaten bei der Globalisierung
Die Vereinigten Staaten werden wahrscheinlich von der Globalisierung vereinnahmt werden, die während der Drangsalszeit aufkommt und vorherrschend bleibt. In seinem Buch *The Late Great United States* («Die verstorbenen grossen USA») sagt Mark Hitchcock:

> Die Vereinigten Staaten bewegen sich langsam, subtil, aber unaufhaltsam weg von nationaler Souveränität hin zu einer globalen Weltordnung. NATO, UNO, GATT, NAFTA, WTO und viele andere Abkürzungen zeigen den erschreckenden Trend, dass die USA von nationaler Souveränität wegdriften und sich multinationalen Verträgen, Organisationen und Gerichtshöfen unterwerfen.[6]

Es scheint, als ob die Vereinigten Staaten damit zufrieden sind, nur noch die Rolle eines «Weltbürgers» zu spielen.

Das Aufzwingen der Globalisierung
Das heutige Hightech-Waffenarsenal – wie etwa lasergesteuerte Raketen, Atom-U-Boote, Kampfjets mit eingebauter Cybertechnologie, «intelligente Bomben», die Anwendung von GPS-

---

[6] Mark Hitchcock, *The Late Great United States* (Colorado Springs: Multnomah Books, 2009), S. 122.

Technologie auf dem Schlachtfeld und Cyberangriffe – können durchaus eine Schlüsselrolle dabei spielen, wenn der Antichrist die ganze Welt unter seine Herrschaft zwingt. Ähnlich wie bei Video-Ballerspielen können viele Angriffe gegen Feinde ganz bequem von einer Computer-Konsole aus gestartet werden. Der Antichrist wird alles aufwenden, um sein Revier zu verteidigen – *und das ist der ganze Erdball*. Allein schon die Drohung eines Angriffs wird genügen, um die meisten Nationen in Schach zu halten, sollten sie gegen die Agenda des Antichrists aufmucken.

Die Rolle Satans

Ungeachtet der zahlreichen menschlichen Führer, die in der Endzeit versuchen, eine Welteinheitsregierung herbeizuführen, steht hinter alledem Satan: der Gesetzlose, «dessen Kommen aufgrund der Wirkung des Satans erfolgt, unter Entfaltung aller betrügerischen Kräfte, Zeichen und Wunder und aller Verführung der Ungerechtigkeit bei denen, die verloren gehen» (2Thes 2,9-10). Mein verstorbener Mentor John F. Walvoord hat es einmal so erklärt:

Wenn wir betrachten, was uns darüber offenbart ist, wie Satan vor langer Zeit von seiner ursprünglichen Heiligkeit abfiel, wie es Jesaja 14,13-16 schildert, stellen wir fest: Er hatte den Ehrgeiz, so erhaben wie Gott zu sein. Satan verfolgt nicht allein das Ziel, bei Anbetung und Gehorsam [seitens der Menschen] Gottes Stelle einzunehmen, sondern auch ein weltweites Reich aufzurichten, das in Konkurrenz zum prophetischen Programm des Tausendjährigen Reiches steht, in dem Christus allerhöchste Regierungsgewalt hat. Dementsprechend wird Satan in der Endzeit kurz vor der Wiederkunft Christi versuchen, sein Ziel einer Weltregierung durchzusetzen, die ihre Macht von ihm empfängt und zu seiner fast unumschränkten Anbetung führt. Die letzte Weltherrschaft, die der Wiederkunft Christi vorangeht, wird als solche Satans letzter «Versuch sein, Christus zu verdrängen und an seine Stelle die Anbetung und Verehrung Satans selbst zu setzen».

Ich denke, Walvoord liegt damit richtig. Erinnern wir uns an Satans fünffaches «Ich will» in Jesaja 14,13-14:

«Ich will zum Himmel emporsteigen»: Anscheinend wollte Satan im Himmel verbleiben und verlangte, dieselbe Würde wie Gott zuerkannt zu bekommen.

«Ich will meinen Thron über die Sterne Gottes erhöhen»: Mit den «Sternen» sind hier wahrscheinlich die Engel Gottes gemeint. Satan begehrte anscheinend, mit derselben Macht wie Gott über die Engel zu herrschen.

«Ich will mich niederlassen auf dem Versammlungsberg im äussersten Norden»: Die Schrift zeigt an anderer Stelle, dass der «Versammlungsberg» eine Bezeichnung für das Machtzentrum im Königreich Gottes ist (Jes 2,2; Ps 48,2-3). Der Ausdruck wird manchmal auch mit der künftigen irdischen Herrschaft des Messias in Jerusalem während des Tausendjährigen Reichs in Verbindung gebracht. Deshalb wollte Satan womöglich anstelle des Messias über die Menschen herrschen.

«Ich will emporfahren auf Wolkenhöhen»: In der Bibel stehen Wolken oft bildlich für die Herrlichkeit Gottes (2Mo 13,21; 40,34-38; Mt 26,64; Offb 14,14-16). Anscheinend strebte Satan nach nichts Geringerem, als dieselbe Herrlichkeit wie Gott zu erlangen.

«Ich will mich dem Allerhöchsten gleichmachen»: Die Schrift beschreibt Gott als den Schöpfer und Eigentümer von Himmel und Erde (1Mo 14,18-19). Anscheinend strebte Satan nach der

allerhöchsten Machtstellung im Universum. Er wollte ebenso mächtig sein wie Gott. Er wollte diejenige Macht und Herrschaft ausüben, die von Rechts wegen Gott alleine zusteht. Seine Sünde bestand darin, Gottes Macht und Autorität direkt herauszufordern.

Es ist zwar der Antichrist, der während der Drangsalszeit an die Macht kommt, *doch Satan ist derjenige, der ihm diese Macht verleiht.* 2. Thessalonicher 2,9 sagt uns, der Antichrist werde «in der Macht des Satans auftreten mit grosser Kraft und lügenhaften Zeichen und Wundern» (Luther 1984). Die Schlachter 2000 übersetzt, dass sein «Kommen aufgrund der Wirkung des Satans erfolgt» (ähnlich die Elberfelder Bibel). Die Zürcher Bibel formuliert es so: «... dessen Kommen das Werk des Satans ist».

Das heisst: Wie Satan einst die Weltherrschaft anstrebte, so tut das nun auch der Antichrist, *da Satan ihm dazu die Kraft verleiht.* Letztlich wird der Antichrist als Herrscher nur eine Marionette des Teufels sein. Deshalb heisst es in Offenbarung 13,2: «Der Drache gab ihm dann seine Kraft und seinen Thron und grosse Macht.» Der Drache ist Satan, das Tier der Antichrist; wir können es daher auch so formulieren: «Satan gab dem Antichrist seine Kraft und seinen Thron und grosse Macht.»

Fazit

Zwei Prophezeiungen sind für dieses Kapitel als Schlüsselstellen von besonderer Bedeutung: 1. Die prophetischen Schriften sagen ein auferstandenes Römisches Reich voraus, das vielleicht schon jetzt in seiner Embryonalform als Europäische Union besteht. 2. Die prophetischen Schriften sagen voraus, dass es zuletzt eine Welteinheitsregierung geben wird. Schon heute ist für diese die Bühne bereit. Die Endzeit-Prophezeiungen werfen ihre Schatten voraus.

NACHWORT: WIE SOLLEN WIR DENN LEBEN?

Wir sind am Ende unserer Reise angelangt. Dabei haben wir faszinierende Einblicke in Endzeit-Supertrends gewonnen und überlegt, von welcher Bedeutung für unsere Zeit bestimmte Endzeit-Prophezeiungen sind.

In der Einleitung dieses Buches hatte ich angemerkt, dass wir – wenn wir wirklich in den letzten Tagen leben – erwarten sollten, bestimmte Entwicklungen in der Welt zu sehen, die sich konkret auf die Endzeit beziehen, wie sie in der Schrift vorausgesagt wird. Zu diesen Entwicklungen gehören ein Abfall von der Wahrheit, das massenhafte Annehmen von Irrlehren, ein signifikanter moralischer Niedergang, zunehmende Toleranz gegenüber Bösem aller Art, die epidemische Verbreitung sexueller Sünden und Perversitäten, die ständige Beschneidung der Religionsfreiheit, die weltweite Verfolgung des Volkes Gottes, dass Israel zum Zankapfel der Welt wird, der immer mehr eskalierende Nahostkonflikt, Wiederaufbaupläne für den jüdischen Tempel, die Vorbereitung eines massiven Invasionsszenarios islamischer Nationen gegen Israel, die immer stärkere Globalisierung, politische und ökonomische Schritte zur Wiederherstellung eines Römischen Reiches (den Vereinigten Staaten von Europa), das weltweite Aufkommen eines bargeldlosen Zahlungssystems, welches die Kontrolle der Weltwirtschaft durch den Antichrist während der Drangsalszeit vorbereitet, und vieles mehr. Es ist ernüchternd – ja, sogar ein wenig angsteinflössend – zu erkennen, dass *all das die Trends unserer Tage sind.*

Ich sage den Leuten gerne, dass wir Zeugen eines «Konvergenz-Faktors» werden. Was ich damit meine, ist: Viele Endzeit-Prophezeiungen aus grauer Vorzeit scheinen heute oder in nicht allzu ferner Zukunft zu konvergieren (d. h. sich einander anzunähern). Die Endzeit ist über uns gekommen. Der Tag unserer Erlösung ist sehr nahe.

Nachdem ich all das gesagt habe, fragt sich: Wie sollen wir denn leben? Noch mehr auf den Punkt gebracht: Angesichts dessen, was wir festgestellt haben ...

- Sollte uns das, was auf der Welt geschieht, entmutigen?
- Sollen wir uns um die Zukunft Sorgen machen?
- Sollen wir einen anderen Lebenswandel einschlagen?
- Welche Gesinnung sollen wir haben, da wir in der Endzeit leben?

Die Bibel schenkt uns bedeutende Einsichten zu diesen Fragen.

Vermeiden Sie ungesundes Denken

Es ist traurig zu sehen, dass manche Leute aufgrund ihres Verständnisses der biblischen Prophetie einen ungesunden Weg einschlagen. Ich weiss von einer Person, die ihr Studium abbrach, weil sie meinte, dass der Herr in Kürze wiederkommt. Ich weiss von einer anderen Person, die aufhörte, Rücklagen für die Zukunft anzusparen, weil sie glaubte, dass der Herr bald kommt. Ich las von einem weiteren Mann, der trotz ernsthafter Symptome nicht zum Arzt gehen wollte, weil er glaubte, dass bald die Entrückung stattfinden werde. Um solche ungesunden Entscheidungen zu verhindern, rate ich den Leuten immer, einen einfachen Grundsatz zu befolgen: *Führen Sie Ihr Leben so, als ob die Entrückung noch heute geschehen könnte, aber planen Sie Ihr Leben so, als ob Sie für den ganzen Rest Ihrer Lebens-*

erwartung hier auf Erden sind. Auf diese Weise sind Sie auf Zeit und Ewigkeit bestens vorbereitet.

Beten Sie allezeit und lieben Sie allezeit

In 1. Petrus 4,7-10 finden wir grosse Weisheit vor, wie wir angesichts der biblischen Prophetie leben sollen. Denken Sie über diese Worte nach:

> Es ist aber nahe gekommen das Ende aller Dinge. So seid nun besonnen und nüchtern zum Gebet. Vor allem aber habt innige Liebe untereinander; denn die Liebe wird eine Menge von Sünden zudecken. Seid gegeneinander gastfreundlich ohne Murren! Dient einander, jeder mit der Gnadengabe, die er empfangen hat, als gute Haushalter der mannigfaltigen Gnade Gottes.

Es ist bedauerlich, dass viele in Sachen Endzeit-Prophezeiungen sensationslüstern und pessimistisch werden. Sie fixieren sich so sehr auf die Nebensächlichkeiten der Prophetie, dass sie vergessen zu beten und anderen Liebe zu erweisen. *Beten Sie allezeit; lieben Sie allezeit!*

Seien Sie nicht besorgt

Jesus spricht Seinen Jüngern in Johannes 14,1-3 gewaltigen Trost zu:

> Euer Herz erschrecke nicht! Glaubt an Gott und glaubt an mich! Im Haus meines Vaters sind viele Wohnungen; wenn nicht, so hätte ich es euch gesagt. Ich gehe hin, um euch eine Stätte zu bereiten. Und wenn ich hingehe und euch eine Stätte bereite, so komme ich wieder und werde euch zu mir nehmen, damit auch ihr seid, wo ich bin.

John F. Walvoord erweist besondere Einsicht über diese Stelle:

> Diese Verse sind die erste Stelle in der Bibel, die von der Entrückung spricht, bei der Christus wiederkommen wird, um die Seinen in den Himmel aufzunehmen. Er ermahnt die Jünger, sich nicht zu sorgen. Weil sie auf den Vater vertrauen, sollen sie auch auf Christus vertrauen, der seine Macht durch viele Wundertaten erwiesen hatte ... Sie brauchten sich wegen seines Abscheidens keine Sorgen zu machen, weil er später zu ihnen zurückkehren würde.[1]

Was auch auf der Welt geschehen mag, wir brauchen uns keine Sorgen zu machen. Wir brauchen uns nicht zu fürchten. Jesus bereitet jetzt unsere ewigen Wohnungen vor, und Er wird bald für uns wiederkommen. Dass dies tatsächlich unsere Zukunft ist, genügt, um uns angesichts aller gegenwärtigen Schwierigkeiten Kraft zu geben.

Führen Sie ein gerechtes Leben

Gott hat uns die Zukunft nicht offenbart, um sich wichtig zu machen. Gott hat uns die Prophetie nicht gegeben, um uns rein intellektuelle Fakten über die Eschatologie zu vermitteln. Es ist überaus bezeichnend, dass auf viele prophetische Bibelverse eine Ermahnung zu persönlicher sittlicher Reinheit folgt. Wenn wir die biblische Prophetie studieren, sollte das unseren Lebenswandel verändern. Es sollte unser Verhalten beeinflussen. Denken Sie nur an die Ermahnung des Apostels Paulus in Römer 13,11-14, die im Zusammenhang mit biblischer Prophetie steht:

---

[1] John F. Walvoord, *End Times* (Nashville, TN: Word, 1998), S. 218.

Und dieses [sollen wir tun] als solche, die die Zeit verstehen, dass nämlich die Stunde schon da ist, dass wir vom Schlaf aufwachen sollten; denn jetzt ist unsere Errettung näher, als da wir gläubig wurden. Die Nacht ist vorgerückt, der Tag aber ist nahe. So lasst uns nun ablegen die Werke der Finsternis und anlegen die Waffen des Lichts! Lasst uns anständig wandeln wie am Tag, nicht in Schlemmereien und Trinkgelagen, nicht in Unzucht und Ausschweifungen, nicht in Streit und Neid; sondern zieht den Herrn Jesus Christus an und pflegt das Fleisch nicht bis zur Erregung von Begierden!

Ebenso erkennen wir in 2. Petrus 3,10-14 den Zusammenhang von biblischer Prophetie und sittlicher Reinheit:

Der Tag des Herrn wird kommen, und er kommt so unerwartet wie ein Dieb. An jenem Tag wird der Himmel mit gewaltigem Krachen vergehen, die Gestirne werden im Feuer verglühen, und über die Erde und alles, was auf ihr getan wurde, wird das Urteil gesprochen werden. Wenn das alles auf diese Weise vergeht, wie wichtig ist es da, dass ihr ein durch und durch geheiligtes Leben führt, ein Leben in der Ehrfurcht vor Gott! Wartet auf den grossen Tag Gottes; verhaltet euch so, dass er bald anbrechen kann! Sein Kommen bedeutet zwar, dass der Himmel in Brand geraten und vergehen wird und dass die Gestirne im Feuer zerschmelzen. Doch wir warten auf den neuen Himmel und die neue Erde, die Gott versprochen hat – die neue Welt, in der Gerechtigkeit regiert. Weil ihr also auf diese Dinge wartet, liebe Freunde, setzt alles daran, euch vor dem Herrn als untadelig und ohne Makel zu erweisen, als Menschen, die Frieden mit ihm haben.

Ebenso unterweist uns 1. Johannes 3,2-3:

> Geliebte, wir sind jetzt Kinder Gottes, und noch ist nicht offenbar geworden, was wir sein werden; wir wissen aber, dass wir ihm gleichgestaltet sein werden, wenn er offenbar werden wird; denn wir werden ihn sehen, wie er ist. Und jeder, der diese Hoffnung auf ihn hat, reinigt sich, gleichwie auch er rein ist.

Johannes bezieht sich hier auf die Entrückung. Was für ein herrlicher Tag wird das sein! Walvoord drückt es so aus:

> Die Hoffnung auf die Entrückung, bei der wir den Heiland sehen werden, sollte auf unser Leben einen heiligenden Einfluss haben. Wir werden ihm dann vollkommen gleich gemacht; darum sollen wir – mit seiner Hilfe – uns schon jetzt bemühen, ihm treu zu dienen und ein heiliges Leben zu führen.[2]

Dies stimmt mit den jüdischen Hochzeitsbräuchen in früheren Zeiten überein. Zur Zeit der Bibel war es so, dass ein Bräutigam nach erfolgter Verlobung zum Haus seines Vaters ging, um einen Ort vorzubereiten, an dem das frisch vermählte Paar dann wohnen würde. Bis dahin sollte die Verlobte sehnsüchtig das Kommen ihres Bräutigams erwarten, dass er sie nach der Hochzeitsfeier in das Haus seines Vaters bringe. Während dieser Zeit des Wartens wurde die Treue der Braut zu ihrem Bräutigam auf die Probe gestellt. Ebenso soll die Gemeinde, während sie als Braut Christi das Kommen ihres messianischen Bräutigams erwartet, zu einem Leben in Reinheit und Gottesfurcht bewegt sein, bis Er bei der Entrückung kommt. Lasst uns täglich bewusst in Reinheit wandeln!

---

[2] Ebd., S. 219.

Bis dahin: Berechnen Sie niemals ein Datum!

Gott selbst bestimmt den Ablauf der Endzeit-Ereignisse; und Er hat uns keine besonderen Details offenbart. In Apostelgeschichte 1,7 lesen wir, was Jesus selbst den Jüngern sagte, ehe Er in den Himmel auffuhr: «Es ist nicht eure Sache, die Zeiten oder Zeitpunkte zu kennen, die der Vater in seiner eigenen Vollmacht festgesetzt hat.» Das heisst: Wir können zwar – wie Jesus geboten hat – die Zeichen der Zeit genau beobachten (Mt 24,32-33; Lk 21,25-28), aber wir haben keine genauen Zeitangaben. Wir müssen diese Details schlicht und einfach Gott überlassen.

Vergessen wir auch nicht, dass Christen, die in diese Falle der Datumsberechnung tappen, der Sache Christi Schande bereiten. Atheisten machen sich einen Spass daraus, Christen zu verspotten, die sich zu Endzeit-Voraussagen versteigen – besonders, wenn sie für bestimmte Ereignisse konkrete Daten angeben. Warum den Feinden der Christenheit Munition liefern? Wir können über Ereignisse aufgeregt sein, die der endgültigen Erfüllung biblischer Prophetie anscheinend den Weg bereiten, ohne in derartige Sensationsgier zu verfallen (Mk 13,32-37).

Die biblische Prophetie verweist auf die gewaltige Grösse Gottes

Ich kann Bibelleser nie genug ermahnen, dass die biblische Prophetie stets und ständig auf die gewaltige Grösse Gottes verweist. So heisst es zum Beispiel in Jesaja 44,6-8:

So spricht der HERR, der König Israels, und sein Erlöser, der HERR der Heerscharen: Ich bin der Erste, und ich bin der Letzte, und ausser mir gibt es keinen Gott. Und wer ruft wie ich und verkündigt und tut es mir gleich, seit der Zeit, da ich ein ewiges Volk eingesetzt habe? Ja, was bevorsteht und was kommen wird, das sollen sie doch ankündigen! Fürchtet euch nicht und erschreckt nicht! Habe ich es dir nicht schon längst verkündet und dir angekündigt? Ihr seid meine Zeugen! Gibt es einen Gott ausser mir? Nein, es gibt sonst keinen Fels, ich weiss keinen!

In Daniel 2,20-22 lesen wir:

Gepriesen sei der Name Gottes von Ewigkeit zu Ewigkeit! Denn sein ist beides, Weisheit und Macht. Er führt andere Zeiten und Stunden herbei; er setzt Könige ab und setzt Könige ein; er gibt den Weisen die Weisheit und den Verständigen den Verstand. Er offenbart, was tief und verborgen ist; er weiss, was in der Finsternis ist, und bei ihm wohnt das Licht.

Kann es irgendeinen Zweifel geben, dass unser Gott ein gewaltiger Gott ist? Die Bibel offenbart zahlreiche erstaunliche Tatsachen über Ihn. Lassen Sie uns über einige davon nachsinnen, die sich auf Gottes Heilsplan beziehen, der sich auf Erden entfaltet.

Gott ist ewig

Ein Theologe beschreibt Gott als den Ewigen ohne Anfang, der über aller Zeit steht, der in völlig unerklärlicher Harmonie als Vater, Sohn und Heiliger Geist eins ist und in sich selbst Leben hat, der der Vater der Ewigkeit ist, der Lebendige, der einzige Gott[3]. Gott steht jenseits von aller Zeit. Er steht über dem Raumzeit-Universum. Als ewiges Wesen hat Er schon immer existiert. Er ist der ewige König (1Tim 1,17), der allein Unsterblichkeit besitzt (6,16). Er ist «das Alpha und das Omega» (Offb 1,8), «der Erste und der Letzte» (Jes 44,6; 48,12). Er existiert «von Gene-

---

[3] Erich Sauer, *Der göttliche Erlösungsplan von Ewigkeit zu Ewigkeit: eine prophetische Karte mit erklärendem Text* (Wuppertal: Brockhaus, 1950).

ration zu Generation» (Ps 90,1). Er lebt seit ewigen Zeiten (Ps 41,14; 102,13.28; Jes 57,15). Daher: Während die Dinge hier auf Erden geschehen und Prophezeiungen sich in der Zeit erfüllen, steht doch Gott selbst über aller Zeit.

Ein Trost für uns, der auf Gottes ewiger Natur gründet, ist die absolute Zuversicht, dass Gott niemals aufhören wird zu bestehen. Er wird immer für uns da sein. Es steht daher fest, dass Er unaufhörlich unser Leben lenkt und uns versorgt. Menschliche Führer kommen und gehen, Jahrhunderte kommen und gehen, doch Gott ist ewig und immer da! Auch die prophezeite Zukunft liegt in Seinen ewigen Händen.

Gott ist allgegenwärtig

Dass Gott allgegenwärtig ist, bedeutet nicht, dass Er über das Weltall verteilt wäre, als ob ein Teil von Ihm hier und ein anderer Teil von Ihm dort wäre. Vielmehr ist Gott ganz und gar überall. Es gibt keinen Ort, an den man gehen könnte, wo Gott nicht schon ist (Ps 139,7-10; Jer 23,23-24; Apg 17,27-28). Daher, ob nun jemand in den Vereinigten Staaten, im Iran oder in Russland ist: *Gott ist schon da!*

Zwar scheint die Welt in diesen letzten Tagen oft völlig aus dem Ruder zu geraten, doch welch ein Trost ist es zu wissen: Wohin wir auch gehen, wir können nie aus der Gegenwart unseres geliebten Gottes gelangen! Weil Er allgegenwärtig ist, können wir sicher sein, dass Er allezeit wirklich gegenwärtig ist. Wir werden immer, in jeder Prüfung und unter allen Lebensumständen erfahren, welch Segen es ist, mit Ihm zu wandeln.

Gott ist allwissend

Weil Gott über aller Zeit steht, kann Er Vergangenheit, Gegenwart und Zukunft als ein einziges Geschehen überblicken. Gottes Wissen über alles kommt aus dem Standpunkt der Ewigkeit, sodass Vergangenheit (Jes 41,22), Gegenwart (Hebr 4,13) und Zukunft (Jes 46,10) für Ihn zu einem allgegenwärtigen «Jetzt» zusammenfallen. Gott weiss alles, sowohl was geschehen kann, als auch was tatsächlich geschieht (Mt 11,20-24). Weil Er alle Dinge kennt, kann Sein Wissen weder zunehmen noch abnehmen. Psalm 147,5 bestätigt: «Sein Verstand ist unermesslich» (siehe auch Ps 33,13-15; 139,11-12; Spr 15,3; Jes 40,14; Apg 15,18; 1Jo 3,20; Hebr 41,13). Deshalb können wir Gott vertrauen, wenn Er uns künftige Ereignisse voraussagt. Gott weiss alles!

Gott ist allmächtig
Die Schrift beschreibt Gott als allmächtig (Jer 32,17). Er hat die Macht, alles zu tun, was Ihm gefällt. Die Schrift erklärt über 50 Mal, dass Gott allmächtig ist (z. B. in Offb 19,6). Gott ist «von grosser Kraft» (Ps 147,5) und verfügt über unvergleichlich grosse Macht (2Chr 20,6; Eph 1,19-21). Niemand kann Seine Hand aufhalten (Dan 4,35). Niemand kann Sein Wirken abwenden (Jes 43,13) und niemand Seinen Plan vereiteln (Jes 14,27). Ihm ist nichts unmöglich (Mt 19,26; Lk 1,37) und nichts zu schwer (1Mo 18,13-14; Jer 32,17.27). Der Allmächtige regiert (Offb 19,6). Kein Volk der Welt steht jenseits Seiner Macht. Was auch ein Volk einem anderen androhen mag, wie etwa der Iran gegenüber Israel: Wir müssen bedenken, dass unser Gott, der allmächtig ist, alles in Seiner Hand hält. Niemand kann Seine Pläne durchkreuzen. Sein prophetischer Heilsplan wird sich genau so entfalten, wie Er es angeordnet hat.

Gott ist souverän
Die Schrift beschreibt Gott als absolut souverän. Er herrscht über das Universum, lenkt alle Dinge und ist Herr über alles (Eph 1). Nichts kann im Universum geschehen, das jenseits Seiner Macht stünde. Alles, was besteht, steht unter Seiner unum-

schränkten Gewalt. Psalm 66,7 betont: «Durch seine Macht herrscht er auf ewig.» Psalm 93,1 vergewissert uns: «Der HERR ist König!» Gott pocht darauf: «Mein Ratschluss soll zustande kommen, und alles, was mir beliebt, führe ich aus» (Jes 46,10). Sprüche 16,9 lehrt uns: «Das Herz des Menschen denkt sich seinen Weg aus, aber der HERR lenkt seine Schritte.» In Sprüche 19,21 steht: «Vielerlei Pläne sind im Herzen eines Menschen, aber der Ratschluss des HERRN, der wird zustande kommen.»

Ein Herzensfriede, der alles übersteigt, ist das natürliche Ergebnis davon, darauf zu vertrauen, dass Gott souverän über allem steht, was uns in unserem Leben widerfährt. Egal, was uns begegnet – egal, wie wenig wir verstehen mögen, warum bestimmte Dinge geschehen, und egal, wie schrecklich die Zeitungsschlagzeilen oft auch scheinen mögen: Das Wissen darum, dass unser souveräner Gott alles in der Hand hat, ist wie ein fester Anker inmitten der Stürme des Lebens. Wir können in Frieden damit leben, ganz gleich, was die Zukunft noch bringen mag.

Gott ist heilig

Dass Gott heilig ist, bedeutet nicht nur, dass Er vollkommen rein von allem Bösen ist, sondern auch, dass Er vollkommen gerecht ist (3Mo 19,2). Er ist rein in jeglicher Hinsicht.

Die Schrift legt grosses Gewicht auf diese Eigenschaft Gottes:

- «Wer ist dir gleich, o HERR, herrlich in Heiligkeit?» (2Mo 15,11)
- «Niemand ist heilig wie der HERR.» (1Sam 2,2)
- «Heilig ist der HERR, unser Gott!» (Ps 99,9)
- «Heilig und furchtgebietend ist sein Name.» (Ps 111,9)
- «Heilig, heilig, heilig ist der HERR der Heerscharen!» (Jes 6,3)
- «Denn du allein bist heilig.» (Offb 15,4)

Eine bedeutende Auswirkung der Heiligkeit Gottes ist, dass Er nicht zulassen wird, dass einzelne Menschen und ganze Völker mit ihren Sünden ungestraft davonkommen. Darum wird Gott zum Beispiel, wenn das nördliche Militärbündnis eine massive Invasion nach Israel startet, wie Hesekiel 38–39 voraussagt, auf diese provokante Sünde mit der vollständigen Vernichtung der Angreifer reagieren.

Gott ist gerecht

Gott setzt Seine gerechten Massstäbe gerecht und unparteiisch um. Sein Handeln gegenüber den Menschen ist stets unvoreingenommen und fair (1Mo 18,25; Ps 11,7; Zef 3,5; Joh 17,25; Röm 3,26; Hebr 6,10). Die Tatsache, dass Gott gerecht ist, ist Warnung und Trost zugleich. Es ist ein Trost für die, denen im Leben Unrecht getan wurde. Sie können sicher darin ruhen, dass Gott am Ende alle Missetaten richten wird. Es ist eine Warnung an alle, die meinen, sie könnten mit ihren Missetaten davonkommen. Die Gerechtigkeit wird sich am Ende durchsetzen. Gottes Endzeitgerichte werden dafür sorgen!

Behalten Sie eine Ewigkeitsperspektive

Lässt nicht der Ausblick darauf, dass wir als Christen für alle Ewigkeit bei unserem wunderbaren Gott im Himmel leben werden, unsere Herzen vor Aufregung höher schlagen? Ganz gleich, was auf dieser Erde geschieht, liegt doch vor jedem von uns eine herrliche Zukunft. Ich werde nie müde zu sagen: Täglich ein wenig über die unfassbare Herrlichkeit des ewigen Lebens nachzusinnen, ist eine der sichersten Arten und Weisen, motiviert zu bleiben, während unseres relativ kurzen Erdenlebens treu zu wandeln. Wir sind nur Pilger auf unserem Weg in ein anderes Land – zur äussersten Grenze des Himmels, wo Gott selbst wohnt (Hebr 11,16).

J. I. Packer, dessen Schriften einen grossen Einfluss auf mein Leben haben, sagt: «Ein Mangel an dauerhaftem, intensiven Nachdenken über die uns verheissene Hoffnung der Herrlichkeit ist einer der Hauptgründe für unseren mühseligen, glanzlosen Lebensstil.» Er verweist auf die Puritaner, die uns ein überaus nötiges Vorbild seien, denn sie glaubten, dass «der himmlisch gesinnte Christ ein lebendiger Christ ist». Die Puritaner verstanden, dass wir «deshalb so langsam laufen und so wenig eifrig sind, weil wir den Preis kaum noch im Sinn haben ... Ermuntern wir uns als Christen darum täglich, den vor uns liegenden Wettlauf zu laufen, indem wir über den Himmel nachsinnen»[4].

Der Puritaner Richard Baxter hatte die tägliche Gewohnheit, «über die Herrlichkeit des ewigen Lebens nachzudenken, auf das man zugeht». Baxter hielt täglich daran fest, «den Himmel in seinen Gedanken und Wünschen an erster Stelle zu behalten». Die Hoffnung auf den Himmel brachte ihm Freude, und die Freude gab ihm Kraft. Baxter sagte einmal: «Eine himmlische Gesinnung ist eine freudvolle Gesinnung; das ist der naheliegendste und wahrhaftigste Weg, ein schönes Leben zu führen ... Ein Herz, das im Himmel ist, ist ein äusserst vorzüglicher Schutz gegen Versuchungen und ein kraftvolles Mittel, um deine Verdorbenheit abzutöten.»[5]

Solche Anmerkungen spiegeln die Ermahnung des Apostels Paulus in Kolosser 3,1-2 wider: «Wenn ihr nun mit Christus auferweckt worden seid, so sucht das, was droben ist, wo der Christus ist, sitzend zur Rechten Gottes. Trachtet nach dem, was droben ist, nicht nach dem, was auf Erden ist.» Der griechische Originaltext dieses Verses vermittelt intensiv den Gedanken:

---

[4] J. I. Packer, *Alive to God: Studies in Spirituality*, Hrsg. J. I. Packer u. Loren Wilkinson (Downers Grove, IL: InterVarsity Press, 1992), S. 171.

[5] Richard Baxter, zit. in *Alive to God*, S. 167.

«Denkt eifrig, aktiv und zielstrebig über das Himmlische nach!» Darüber hinaus vermittelt das im Griechischen verwendete Präsens den Aspekt einer dauerhaften Handlung: «Lasst nicht nach darin, über das Himmlische nachzudenken; es soll für euch zu einem fortdauernden Prozess werden!» Das sollte jeden einzelnen Tag unsere Einstellung sein.

Es ist ausserdem weise, im Sinn zu behalten, dass unser irdisches Leben vergeht. Wir sollten mit dem Psalmisten beten: «Lehre uns bedenken, dass wir sterben müssen, auf dass wir klug werden» (Ps 90,12), und: «Lass mich mein Ende wissen, o HERR, und was das Mass meiner Tage ist, damit ich erkenne, wie vergänglich ich bin» (Ps 39,5). Christen, die weise über ihre Sterblichkeit nachsinnen, sind meist diejenigen, welche die oben genannte Ewigkeitsperspektive beibehalten.

Herr, komm bald!

ANHANG:
FALLS SIE KEIN CHRIST SIND

Eine persönliche Beziehung zu Jesus einzugehen, ist die wichtigste Entscheidung, die Sie jemals treffen können. Sie ist wie keine andere Beziehung. Wenn Sie ohne diese Beziehung in die Ewigkeit gehen, werden Sie die Ewigkeit getrennt von Ihm verbringen.

Wenn Sie gestatten, möchte ich Ihnen sagen, wie Sie eine persönliche Beziehung zu Jesus finden können.

Erstens müssen Sie erkennen:

Gott sehnt sich nach einer persönlichen Beziehung mit Ihnen

Gott hat Sie geschaffen (1Mo 1,27). Und das nicht, damit Sie einfach nur mutterseelenallein und ferne von Ihm existieren. Er schuf Sie im Blick darauf, dass Sie eine persönliche Beziehung zu Ihm finden mögen.

Zu allen biblischen Zeiten hatte Gott Gemeinschaft mit Seinem Volk (vgl. z. B. 1Mo 3,8-19). Ebenso wie Gott Gemeinschaft mit jenen hatte, sehnt Er sich auch danach, Gemeinschaft mit Ihnen zu haben (1Jo 1,5-7). Gott liebt Sie (Joh 3,16). Vergessen Sie das nie.

Das Problem dabei ist:

Die Menschheit hat ein Sündenproblem, das die Gemeinschaft mit Gott blockiert

Als Adam und Eva im Garten Eden beschlossen, gegen Gott zu sündigen, stürzten sie das gesamte Menschengeschlecht, das aus ihnen noch hervorgehen sollte, in die Sünde. Seitdem ist jeder Mensch auf der Welt mit der Neigung zur Sünde geboren. Der Apostel Paulus betont, dass «durch *einen* Menschen [d. i. Adam] die Sünde in die Welt gekommen ist und durch die Sünde der Tod, und so der Tod zu allen Menschen hingelangt ist» (Röm 5,12). Weiter sagt er, dass «durch den Ungehorsam des einen Menschen die Vielen zu Sündern geworden sind» (V. 19). Das heisst letzten Endes, dass «durch *einen* Menschen [Adam] der Tod gekommen ist» und «in Adam alle sterben» (1Kor 15,21-22).

Jesus spricht oft in Gleichnissen von der Sünde, die veranschaulichen, welch grossen Schaden Sünde im Leben des Einzelnen anrichten kann. Er schildert sie als Blindheit (Mt 23,16-26), Krankheit (Mt 9,12), Versklavung (Joh 8,34) und ein Wandeln in der Finsternis (Joh 8,12; 12,35-46). Darüber hinaus lehrt Jesus, dass Sünde allgemein der Zustand aller Menschen ist und diese deshalb vor Gott schuldig sind (Lk 7,36-50).

Jesus lehrt ausserdem, dass man nicht nur durch äussere Handlungen, sondern auch durch Herzensgedanken schuldig wird (Mt 5,27-28). Er lehrt: «... von innen aus dem Herzen der Menschen kommen die bösen Gedanken hervor: Unzucht, Diebstahl, Mord, Ehebruch, Habsucht, Bosheit, Arglist, Ausschweifung, Neid, Lästerung, Hochmut, Torheit» (Mk 7,20-23). Darüber hinaus bekräftigt Er, dass Gott die Sünden eines Jeden genau kennt, sowohl die Tatsünden als auch die Gedankensünden; Ihm entgeht nichts (Mt 22,18; Lk 6,8; Joh 4,15-19).

Natürlich stehen manche Menschen moralisch höher als andere; allerdings werden wir alle Gottes unendlich hohen Massstäben nicht gerecht (Röm 3,23). Ich bin sicher: Bei einem Wettbewerb, wer wohl einen Stein bis zum Mond werfen mag, würde ein muskelbepackter Athlet ihn viel weiter werfen, als ich das könnte. Doch alle Menschen versagen bei dieser Aufgabe. Ebenso versagen wir alle, wenn wir uns an Gottes vollkommenen, heiligen Massstäben messen.

Obwohl das Problem der Sünde ein sehr ernstes ist, hat Gott in Seiner Gnade eine Lösung bereitet.

Jesus starb für unsere Sünden und macht dadurch Rettung möglich

Gottes absolute Heiligkeit erfordert, dass Sünde bestraft wird. Die Gute Nachricht des Evangeliums jedoch lautet, dass Jesus diese Strafe auf sich nahm. Gott liebt uns so sehr, dass Er Jesus sandte, um die Strafe unserer Sünden zu tragen!

Jesus betont, dass Er zu eben diesem Zweck in die Welt kam, um zu sterben (Joh 12,27). Darüber hinaus sah Er in Seinem Tod ein Sühneopfer für die Sünden der Menschheit (Mt 26,26-28). Jesus nahm Seine Sendung als Opfergang äusserst ernst, denn Er wusste, dass ohne Ihn die Menschheit mit Sicherheit umkommen (Mt 16,25; Joh 3,16) und die Ewigkeit getrennt von Gott an einem Ort grossen Leidens verbringen würde (Mt 10,28; 11,23-24; 23,33; 25,41; Lk 16,19-31).

Aus diesem Grund beschrieb Jesus Seine Sendung wie folgt: «Der Sohn des Menschen ist nicht gekommen, um sich dienen zu lassen, sondern um zu dienen und sein Leben zu geben als Lösegeld für viele» (Mt 20,28). «Der Sohn des Menschen ist gekommen, um zu suchen und zu retten, was verloren ist» (Lk 19,10). «Gott hat seinen Sohn nicht in die Welt gesandt, damit er die Welt richte, sondern damit die Welt durch ihn gerettet werde» (Joh 3,17).

Bitte beachten Sie, dass das Opfer Christi durch Seinen Tod am Kreuz Ihnen nicht automatisch angerechnet wird! *Um das Geschenk der Errettung zu empfangen, müssen Sie ...*

... an Jesus Christus als Ihren Retter glauben

Durch Seinen Opfertod am Kreuz nahm Jesus die Sünden der ganzen Welt auf sich und stellte die Errettung für jedermann bereit (1Jo 2,2). Aber diese Errettung geschieht nicht automatisch. Nur die, die sich entscheiden, an Christus zu glauben, sind gerettet. So bezeugt es Jesus durchgehend in der Bibel. Beachten Sie Seine Worte:

- «Denn so hat Gott die Welt geliebt, dass er den einzigen Sohn gab, damit jeder, der an ihn glaubt, nicht verloren gehe, sondern ewiges Leben habe» (Joh 3,16).
- «Denn das ist der Wille meines Vaters, dass jeder, der den Sohn sieht und an ihn glaubt, ewiges Leben habe; und ich werde ihn auferwecken am Jüngsten Tag» (Joh 6,40).
- «Ich bin die Auferstehung und das Leben. Wer an mich glaubt, wird leben, auch wenn er stirbt» (Joh 11,25).

Umgekehrt führt die Entscheidung, *nicht* an Jesus zu glauben, zu ewiger Verdammnis: «Wer an ihn glaubt, wird nicht gerichtet; wer aber nicht glaubt, ist schon gerichtet, weil er nicht an den Namen des einzigen Sohnes Gottes geglaubt hat» (Joh 3,18).

Endlich frei: Alle Sünden sind vergeben!

Wenn Sie an Christus als Retter glauben, geschieht etwas Wunderbares: Gott vergibt Ihnen alle Ihre Sünden. Jede Einzelne davon! Er entfernt sie vollständig von Seinem Angesicht. Sinnen Sie ein paar Minuten über die folgenden Verse nach, die von der Vergebung sprechen, die diejenigen haben, die an Christus glauben:

«In ihm haben wir die Erlösung durch sein Blut, die Vergebung der Sünden, nach dem Reichtum seiner Gnade» (Eph 1,7).

«... und ihrer Sünden und ihrer Missetaten werde ich nicht mehr gedenken» (Hebr 10,17).

«Glücklich, wem Übertretung vergeben, wem Sünde zugedeckt ist! Glücklich der Mensch, dem der HERR die Schuld nicht zurechnet und in dessen Geist kein Trug ist!» (Ps 32,1-2).

«Denn so hoch der Himmel über der Erde ist, so übermächtig ist seine Gnade über denen, die ihn fürchten. So fern der Osten ist vom Westen, hat er von uns entfernt unsere Vergehen» (Ps 103,11-12).

Eine solche Vergebung ist in der Tat wunderbar, denn niemand von uns kann sich den Himmel verdienen oder gut genug sein, um Gottes Gunst zu verdienen. Aufgrund dessen, was Jesus für uns getan hat, können wir das Geschenk der Errettung ohne Gegenleistung empfangen. Dieses Geschenk wird uns allein durch die Gnade Gottes angeboten (Eph 2,8-9). Es wird unser, indem wir unser Vertrauen auf Jesus setzen.

Schieben Sie es nicht auf!

Es ist gefährlich, die rettende Bekehrung zu Christus aufzuschieben, denn Sie wissen nicht, an welchem Tag Sie sterben werden. Was, wenn das schon heute Abend wäre? Jeder muss sterben; das «ist das Ende aller Menschen» (Pred 7,2).

Wenn Gott jetzt Ihr Herz berührt, dann steht Ihnen jetzt die Möglichkeit offen zu glauben: «Sucht den HERRN, solange er zu finden ist; ruft ihn an, während er nahe ist» (Jes 55,6).

Treten Sie durch Gebet in Seine Nachfolge!

Möchten Sie Ihr Vertrauen auf Jesus setzen, damit Ihre Sünden vergeben werden und Ihnen dadurch eine ewige Wohnung bei Ihm im Himmel sicher ist? Wenn ja, dann beten Sie folgendes Gebet mit mir. Beachten Sie bitte: Es ist nicht das Gebet an sich, das Sie rettet; es ist der Glaube in Ihrem Herzen, der Sie rettet.

Machen Sie darum das folgende Gebet zu einem schlichten Ausdruck des Glaubens, der in Ihrem Herzen ist:

Lieber Jesus,
Ich möchte eine Beziehung zu Dir haben.
Ich weiss, dass ich mich nicht selbst retten kann, denn ich weiss,
dass ich ein Sünder bin.
Danke, dass Du für mich am Kreuz gestorben bist.
Ich glaube, dass Du für mich gestorben bist, und nehme Dein
freies Geschenk der Errettung an.
Danke, Jesus!
Amen.

Willkommen in Gottes ewiger Familie!

Wenn Sie das obige Gebet mit gläubigem Herzen gebetet haben, kann ich Ihnen unter Berufung auf das Wort Gottes versichern, dass Sie jetzt zu Gottes ewiger Familie gehören. Sie werden alle Ewigkeit bei Jesus im Himmel sein. Willkommen in Gottes Familie! Ich werde Sie eines Tages im Himmel sehen.

Was folgt als Nächstes?

Kaufen Sie sich eine Bibel und lesen Sie täglich darin. Lesen Sie mindestens ein Kapitel pro Tag und schliessen Sie eine Zeit des Gebets an. Wenn Sie noch nie zuvor die Bibel gelesen haben, empfehle ich Ihnen, sich eine leicht verständliche Übersetzung zu besorgen wie etwa die «Neues Leben»-Bibel. Ausserdem empfehle ich Ihnen, dass Sie am besten mit dem Lukas-Evangelium anfangen.

Schliessen Sie sich einer bibeltreuen Gemeinde an. Bringen Sie sich dort aktiv ein. Schliessen Sie sich einer Bibelstudiengruppe in der Gemeinde an, sodass Sie regelmässige Gemeinschaft mit anderen Christen haben.

BIBLIOGRAFIE

Allen, John. *The Global War on Christians: Dispatches from the Front Lines of Anti-Christian Persecution.* New York: Image, 2016.

Ankerberg, John, u. Dillon Burroughs. *Middle East Meltdown.* Eugene, OR: Harvest House, 2017.

Barna, George. *America at the Crossroads.* Grand Rapids, MI: Baker, 2016.

Barna Group, Hrsg. *The Bible in America: The Changing Landscape of Bible Perceptions and Engagement.* Ventura, CA: Barna Group, 2016.

Barnhouse, Donald Grey. *Revelation: An Expository Commentary.* Grand Rapids, MI: Zondervan, 1971.

Briggs, Kenneth. *The Invisible Bestseller: Searching for the Bible in America.* Grand Rapids, MI: Eerdmans, 2016.

Dyer, Charles. *The Rise of Babylon: Sign of the End Times.* Chicago: Moody, 2003.

Feinberg, Charles. *The Prophecy of Ezekiel.* Eugene, OR: Wipf and Stock, 2003.

Fruchtenbaum, Arnold G. *Handbuch der biblischen Prophetie.* Übers. Joachim Hoene. Asslar: Schulte + Gerth, 1984.

Geisler, Norman. *Systematic Theology.* Bd. 4: *Church/Last Things.* St. Paul, MN: Bethany House, 2005.

Hays, J. Daniel, J. Scott Duvall u. C. Marvin Pate. *Dictionary of Biblical Prophecy and End Times.* Grand Rapids, MI: Zondervan, 2007.

Hindson, Ed. *Revelation: Unlocking the Future.* Chattanooga, TN: AMG, 2002.

Hitchcock, Mark. *Bible Prophecy.* Wheaton, IL: Tyndale House, 1999.

———. *Iran: The Coming Crisis.* Sisters, OR: Multnomah, 2006.

———. *Is America in Bible Prophecy?* Sisters, OR: Multnomah, 2002.

———. *The Coming Islamic Invasion of Israel.* Sisters, OR: Multnomah, 2002.

———. *The Late Great United States.* Colorado Springs: Multnomah, 2009.

———. *The Second Coming of Babylon.* Sisters, OR: Multnomah, 2003.

Hoyt, Herman. *The End Times.* Chicago: Moody, 1969.

Ibrahim, Raymond. *Crucified Again: Exposing Islam's New War on Christians.* Washington: Regnery, 2013.

Ice, Thomas, u. Randall Price. *Ready to Rebuild: The Imminent Plan to Rebuild the Last Days Temple.* Eugene, OR: Harvest House, 1992.

Ice, Thomas, u. Timothy Demy. *Prophecy Watch.* Eugene, OR: Harvest House, 1998.

———. *What the Bible Says About Heaven and Eternity.* Grand Rapids, MI: Kregel, 2000.

———. *When the Trumpet Sounds.* Eugene, OR: Harvest House, 1995.

Jeremiah, David. *Escape the Coming Night: An Electrifying Tour of the World as It Races Toward Its Final Days.* Dallas: Word, 1990.

LaHaye, Tim, u. Jerry Jenkins. *Are We Living in the End Times?* Wheaton, IL: Tyndale House, 1999.

LaHaye, Tim, u. Thomas Ice. *Charting the End Times.* Eugene, OR: Harvest House, 2001.

LaHaye, Tim. *The Beginning of the End.* Wheaton, IL: Tyndale House, 1991.

———. *The Coming Peace in the Middle East.* Grand Rapids, MI: Zondervan, 1984.

MacArthur, John. *Die Mac Arthur-Studienbibel.* Übers. Hans-Werner Deppe u. Martin Plohmann. 9. Aufl. Bielefeld: CLV, 2017 (2002).

Newell, William. *Revelation Chapter-by-Chapter.* Grand Rapids, MI: Kregel, 1994.

Pache, René. *The Future Life.* Chicago: Moody, 1980.

Pentecost, J. Dwight. *Prophetie aktuell: was bald geschehen muss.* Wetzlar: Verlag Hermann Schulte, 1978.

———. *The Words and Works of Jesus Christ.* Grand Rapids, MI: Zondervan, 1978.

———. *Bibel und Zukunft: Untersuchung endzeitlicher Aussagen der Heiligen Schrift.* Übers. v. Joachim Köhler u. Stefan Tröps. Dillenburg: Christliche Verlagsgesellschaft, 1993.

Pink, Arthur W. *The Antichrist: A Study of Satan's Christ.* Blacksburg, VA: Wilder, 2008.

The Popular Bible Prophecy Commentary. Hrsg. Tim LaHaye u. Ed Hindson. Eugene, OR: Harvest House, 2006.

The Popular Encyclopedia of Bible Prophecy. Hrsg. Tim LaHaye u. Ed Hindson. Eugene, OR: Harvest House, 2004.

Price, Randall. *Fast Facts on the Middle East Conflict.* Eugene, OR: Harvest House, 2003.

———. *Jerusalem in Prophecy.* Eugene, OR: Harvest House, 1998.

———. *Unholy War.* Eugene, OR: Harvest House, 2001.

Prophecy Study Bible. Hrsg. Tim LaHaye. Chattanooga, TN: AMG, 2001.

Rhodes, Ron. *40 Days Through Revelation: Uncovering the Mystery of the End Times.* Eugene, OR: Harvest House, 2013.

———. *In 40 Tagen durch das Buch Daniel: Die Offenbarung von Gottes Plan für die Zukunft.* Dübendorf: Verlag Mitternachtsruf; Dillenburg: Christliche Verlagsgesellschaft, 2018.

―――. *Five Views on the Rapture: What You Need to Know.* Eugene, OR: Harvest House, 2011.

―――. *Is America in Bible Prophecy? What You Need to Know.* Eugene, OR: Harvest House, 2011.

―――. *Northern Storm Rising: Russia, Iran, and the Emerging End-Times Military Coalition Against Israel.* Eugene, OR: Harvest House, 2008.

―――. *The Coming Oil Storm.* Eugene, OR: Harvest House, 2010.

―――. *The Middle East Conflict: What You Need to Know.* Eugene, OR: Harvest House, 2009.

―――. *The Popular Dictionary of Bible Prophecy.* Eugene, OR: Harvest House, 2010.

―――. *The Topical Guide of Bible Prophecy.* Eugene, OR: Harvest House, 2010.

Richardson, Joel. *The Islamic Antichrist.* Los Angeles: WND Books, 2009.

Robison, James. *The Stream: Refreshing Hearts and Minds, Renewing Freedom's Blessings.* Franklin, TN: Worthy, 2016.

Rosenberg, Joel. *Epicenter: Why Current Rumblings in the Middle East Will Change Your Future.* Carol Stream, IL: Tyndale House, 2006.

Ruthven, Jon Mark. *The Prophecy That Is Shaping History: New Research in Ezekiel's Vision of the End.* Fairfax, VA: Xulon, 2003.

Ryrie, Charles. *Die Bibel verstehen: das Handbuch systematischer Theologie für jedermann.* 6. Aufl. Dillenburg: Christliche Verlagsgesellschaft, 2015.

―――. *Dispensationalismus.* Bielefeld: CLV, 2016.

―――, Hrsg. *Die Ryrie-Studienbibel – Elberfelder Bibel.* 2. Auflage. Witten: SCM R. Brockhaus, 2016.

Sanders, J. Oswald. *Heaven: Better by Far.* Grand Rapids, MI: Discovery House, 1993.

Showers, Renald. *Maranatha: Our Lord Come!* Bellmawr, NJ: Friends of Israel Gospel Ministry, 1995.

Toussaint, Stanley. *Behold the King: A Study of Matthew.* Grand Rapids, MI: Kregel, 2005.

Unger, Merrill F. *Beyond the Crystal Ball.* Chicago: Moody, 1978.

Walvoord, John F. u. John E. Walvoord. *Harmagedon, Öl und die Nahostkrise.* 3. Aufl. Neuhausen-Stuttgart: Hänssler, 1982.

Walvoord, John F. u. Mark Hitchcock. *Armageddon, Oil, and Terror.* Carol Stream, IL: Tyndale House, 2007.

Walvoord, John F. *End Times.* Nashville, TN: Word, 1998.

———. *The Millennial Kingdom.* Grand Rapids, MI: Zondervan, 1975.

———. *Prophecy: 14 Essential Keys to Understanding the Final Drama.* Nashville, TN: Thomas Nelson, 1993.

———. *The Prophecy Knowledge Handbook.* Wheaton, IL: Victor, 1990.

———. *The Return of the Lord.* Grand Rapids, MI: Zondervan, 1979.

Wood, Leon J. *The Bible and Future Events: An Introductory Summary of Last-Day Events.* Grand Rapids, MI: Zondervan, 1973.

Woodward, Kenneth. *Getting Religion: Faith, Culture, and Politics from the Age of Eisenhower to the Era of Obama.* New York: Convergent, 2016.

Yamauchi, Edwin. *Foes from the Northern Frontier: Invading Hordes from the Russian Steppes.* Eugene, OR: Wipf and Stock, 1982.